一线教师常见头痛问题

于洁 徐洁 主编

JIANZHAO
CHAIZHAO

见招拆招

苏州大学出版社
Soochow University Press

图书在版编目(CIP)数据

一线教师常见头痛问题见招拆招/于洁,徐洁主编. —苏州:苏州大学出版社,2017.11
 ISBN 978-7-5672-2263-2

Ⅰ.①一… Ⅱ.①于… ②徐… Ⅲ.①中小学－班主任工作 Ⅳ.①G635.16

中国版本图书馆 CIP 数据核字(2017)第 255269 号

书　　名：	一线教师常见头痛问题见招拆招
主　　编：	于　洁　徐　洁
策划编辑：	朱绍昌　项向宏
责任编辑：	刘　海
装帧设计：	吴　钰
出版发行：	苏州大学出版社(Soochow University Press)
出 品 人：	张建初
社　　址：	苏州市十梓街1号　邮编:215006
印　　刷：	苏州工业园区美柯乐制版印务有限责任公司
E-mail:	Liuwang@suda.edu.cn　　QQ:64826224
邮购热线：	0512-67480030
销售热线：	0512-65225020
开　　本：	700 mm×1 000 mm　1/16　印张:16.25　字数:275 千
版　　次：	2017 年 11 月第 1 版
印　　次：	2017 年 11 月第 1 次印刷
书　　号：	ISBN 978-7-5672-2263-2
定　　价：	39.00 元

凡购本社图书发现印装错误,请与本社联系调换。服务热线:0512-65225020

前言 生平多阅历，胸中有丘壑

于 洁 徐 洁

偶尔有一次我们和一个九年一贯制学校的书记闲聊，说到他的学校今年新招聘教师的情况，他蹙着眉头说：因为学校还在建造中，所以暂时借地在一个旧校园里上课，比较拥挤，他的办公室边上就是小学一年级的一个班级。每天他在办公室里都可以听见班主任尖着嗓子叫："坐好！静下来！快点静下来！"可是似乎并没有什么效果。一年级的小朋友排队的时候吵吵闹闹的，队伍歪歪扭扭不成形。这个班主任就是新招聘的应届大学毕业生。面对学生如此状况，她手足无措。

很快地那位书记又换了笑容说：有一次那个班级排队从餐厅里出来，班主任还在餐厅里等几个掉队的孩子。他于是笑眯眯地摸着两个小朋友的头，夸奖这些排队歪歪扭扭的孩子说："小朋友，真乖！你们的队伍排得不错哦，还可以再整齐点吗？"孩子们就开心地把队伍排好了。他又说："以后一直这样就好啦！你们队伍排得这么整齐，你们班主任等会儿从餐厅里出来看见了，会高兴死了！"正好班主任出来了，看见往日吵闹的学生今天这样笑眯眯地安静整齐地站着等她，她实在是有点吃惊了。

那位书记感慨地说：如果这个新教师没有掌握和小朋友相处的技巧，那么她很快就会身心疲惫，产生职业倦怠感。

不由得想起一个亲戚家的孩子要读幼儿园了，第一天送他上学，父母很担心，怕他哭闹。不曾想活泼的他一看学校里有那么多小朋友，立马兴奋异常，他向父母摆手，示意他们赶紧离开，自己要去和小朋友们玩了。看到这，父母的喜悦之情难以言表。

傍晚,父母去接孩子回家,却见他全无喜色,与平日的活泼状态截然不同,见到父母,泪水在眼眶里打转,拉住父母的手,不言不语一路回家。

第二天一早起床,孩子试着和父母商量:能不能不去上学?父母有些吃惊,正色告之:不可以。他磨蹭着很不情愿地上了学。傍晚被接回家后,见了父母就开始哭泣。

回家后,小小孩子有了忧愁之色,心事重重,嘴里念念有词:我不想上学,我不想上学。

父母忧心忡忡:是什么样的教育让一个小孩子这样恐惧上学?

这两件事对我们触动很大。教育本该是一件让师生双方都觉得幸福的事情,为何走到今天却成了相看两厌、彼此恐惧?

最近,我们的班主任沙龙做了一次"教育的理想与现实"的讨论,几乎人人都有从山顶跌入谷底的经历,说出来满纸辛酸泪。

方老师说:

还在实习时,我对未来的教师生涯满是憧憬,脑海中反复出现的念头就是:我要我的学生都喜欢我。

于是,走上讲台前,我悉心请教了老教师,花了很长时间备课,教案上甚至将这堂课的每句话都写了下来。不仅如此,这一天我还特地精心地打扮了自己,为的就是给学生留下一个美好的第一印象。

我对他们和颜悦色,软言细语。而我也确确实实从他们时不时递给我的小纸条中感受到了他们对我的喜欢。但是,到了期中考试,我就慌了神。成绩几乎垫底,班级也乱糟糟的。身边的老教师们都对我说:"这样下去可不行。你必须要泼辣一点!"

在形势的逼迫下,我只得违心地板起了面孔,跟他们上纲上线。慢慢地,班级纪律好了起来,成绩也有了明显提高。但课间学生不再围着我说笑,课堂上也不那么活跃了,甚至有几个调皮男生看见我开始躲着走。

张老师说:

我的教育理想是:和学生们其乐融融,像朋友一样相处。事实是:我用严厉的方式管教、约束着他们。

第一次踏上讲台,我微笑着向学生打招呼,学生也友好地报以微笑,使我天真地以为前途一片光明。事实上,他们第二天就给了我一个下马威——作业拖到放学才交。随后,班内事件不断,拖拉作业、抄作业、打架……甚至有一次拆了厕所隔间的门。我的内心很是煎熬,经验缺乏的我不知如何是好。这时,有经验的老师向我支招,教我对待学生要严厉,要说一不二。走投无路的我决定尝试这个方法。起初效果不明显,随着我的不苟言笑、态度逐渐严厉,班内的纪律越来越好。当我终于打算舒一口气时,却发现不知何时我把自己的初衷给丢了——我是想做一个与孩子交朋友的老师的啊。而现在的我,总没有勇气跨出那一步,生怕学生又回到不服管的状态,我不敢在课堂上展现真正的自我,就这样保持着面具脸,游走在教室里……

宋老师说:

十五年前的我,刚从师范学校毕业,受到苏霍姆林斯基、夸美纽斯、洛克、卢梭、孔子等杰出教育家的影响,满怀着热情与激情来到一所农村中学。看到淳朴而可爱的学生,我觉得自己一定可以像苏霍姆林斯基一样对学生充满爱心;一定可以像陶行知那样用一件件小事来感悟每一个顽皮的孩子;一定可以像韩愈那样给学生"传道、授业、解惑";一定可以像一个个名师一样,走出自己的一条路,形成自己的教育特色……

现实中的我——忙于盯着全班孩子完成作业,忙于完成领导交代下来的一个又一个任务,忙于去听一个又一个的培训,与一个又一个的家长沟通;很想把一个班的小朋友从一年级带到六年级,养成好习惯,健康成长,但往往带到三四年级就被安排教另一个班级去了;你真心地对待学生,想尽了办法去帮助他,但他的很多不良习惯和对班级的负面影响却丝毫没有改变;你抱着负责任的态度,希望家长配合,共同管好孩子,可是家长却和你有很大的分歧,对你抱有很大的意见……

卫老师说:

《孟子·尽心上》曾有文:君子有三乐,……得天下英才而教育之,三乐也。在少年时代就有从事教师职业梦想的我,一直在脑海中勾画着这样一幅美好的憧憬:在宽敞明亮的教室里,我手捧课本,正在满怀激情地传道授业。讲台下面是一双双充满求知欲的大眼睛,他们每个人都在用心地听着课,飞快地记着笔记,每个人都勤奋刻苦、不甘示弱,他们还懂礼貌,尊长爱幼……即使有那么几个调皮捣蛋的家伙,只要我跟他们晓之以理,动之以情，肯定能教育得好。这就是我当初的教育理想，现在想想，恍如隔世。

作为一名"优等生"出身的教师，在刚踏上工作岗位的那几年，我是怎么也想不通：怎么会有那么多孩子不喜欢学习呢？作业怎么会那么差劲呢？为什么不愿意听从大人的教导呢？为什么会浪费大好时光、消极应付呢？更不能理解的是，为什么很多孩子早早就失去了纯真和善良，变得世俗和凶狠呢？现实的教育场景错综复杂又瞬息万变，一个孩子的身上折射出他的家族文化、生存环境和个性特征，一切都是那么的不一样。每一年，每一个班级，都会出现很多很多让人无法解释又无力应对的个体和问题。现实的无力感时时笼罩在我的心头，教师不是神，但常常不得不逼迫自己成为一个无所不能的人。

这些老师，如今已经在三尺讲台上站立多年，渐渐走出从理想跌入现实的痛楚与彷徨，在教育教学中有了一些底气。可当他们回首来时路时，还是感慨万千。

这些弯路可不可以少走一点？刚毕业的师范生独立带一个班级时可否多一些底气？这是我们一直在思考的问题。

都说生平多阅历，胸中有丘壑，经历得多，自然胸有成竹不慌张。那么，师范大学的学生可否在正式成为一名带班教师之前就获得一些间接经验呢？

就像孕妇在生产前就受到一些系统培训，如学习给孩子洗澡、换尿布一样，师范生在校期间接受系统的培训，有肯定比没有好。

这便是我们编写这本书的初衷。我们不介意把它称为操作手册或者说明书，也不介意可能被人说成低矮矬（因为没有高大上的理论）。写这本书的人都是站在一线的普通班主任，吃过亏，尝过痛，流过泪，所以真实。

而我们在把本书初稿投放给一线教师群中时，激起的浪花又是我们意料之外的。"这些问题也是我们一直在头痛的问题，心累，心烦！"

千里长堤，溃于蚁穴。有些貌似不起眼的小问题，却如鞋子里的一粒沙子，让你脚步蹒跚无法走远路——比如班级的卫生，班级的纪律；比如小学一年级的排队。

那么，阅过此书，再去重新审视自己的工作，相信你会渐有底气，胸有成竹。

莫怕，请跟我们来。

2017 年 10 月 8 日

（作者单位：于洁，江苏省昆山市葛江中学；徐洁，江苏省苏州市教育局）

目 录

前言 生平多阅历,胸中有丘壑 …………… 于 洁 徐 洁/1

小学低年级问题见招拆招

1. 低年级的小朋友碰到鸡毛蒜皮的事情就打小报告怎么办?
   ………………………………………………………… 周丽娜/3
2. 低年级的小朋友上课注意力很容易分散,如何帮助他们集中注意力? ……………………………………………… 刘兴平/6
3. 学生玩心太重,分不清主次,不管作业是否完成,一听到下课铃声就出去玩,怎么办? ……………………… 杨雪瑶/8
4. 低年级小朋友课间游戏不注意分寸,误伤了同学怎么办?
   ………………………………………………………… 周丽娜/11
5. 学生课间总是爱奔跑怎么办? ……………… 刘兴平/14
6. 面对家长对某位任课老师的投诉,你该怎么办? … 刘兴平/16
7. 怎么组织第一次家长会? ………………… 蒋梦雪/18
8. 碰到对班主任老师的工作"指手画脚"的家长怎么办? … 杨雪瑶/21
9. 低年级的学生不注意卫生,每天衣服都脏兮兮的怎么办?
   ………………………………………………………… 蒋梦雪/24
10. 学校要开运动会了,如何选拔运动员并合理安排好各项事务?
    ………………………………………………………… 周丽娜/27
11. 面对任课教师的告状班主任该怎么办? ……… 杨雪瑶/30
12. 班级卫生老是搞不好怎么办? ……………… 蒋梦雪/33
13. 学生缺乏自理能力,文具"丢三落四"怎么办? … 蒋梦雪/36
14. 怎么教会低年级学生排队不吵闹? …………… 周丽娜/39
15. 怎么教会学生在上课铃响后安静地坐下来? …… 刘兴平/42

小学中高年级问题兵来将挡

1. 从低年级到中年级,从中年级到高年级,班主任该如何帮助孩子尽快适应新的学习生活? ………………………… 宋雪琴/47
2. 有的孩子学习成绩是很好,但不关心同学和班级,怎么办? ………………………………………………………… 刘 燕/50
3. 进入六年级,课业负担逐渐加重,很多孩子及家长对学校的节目排练说"不",该怎么引导学生正确处理呢? ……… 宋雪琴/53
4. 有些孩子热衷于发展自己的兴趣爱好,耽误了学习,该如何引导? ………………………………………………… 王 燕/56
5. 高年级的孩子妒忌心理逐渐增强,如何营造良性竞争氛围? ……………………………………………………… 张 华/59
6. 青春期的男孩、女孩,生理、心理都有很大变化,小烦恼也随之而来,该如何陪伴他们顺利走好这一段路呢? ……… 王 燕/62
7. 班里女生太蛮横,动不动就"教训"男生,导致男生都不敢惹女生,甚至被欺负了也不敢说,如何让女生更可爱呢? … 王 燕/65
8. 沉迷游戏世界的孩子,该怎么让他走出来? …………………… 王 燕/68
9. 如何引导孩子正确看待并用好网络这把双刃剑? ……………… 张 华/71
10. 如何让班队活动、晨会课这两个阵地的活动更有系列性、实效性? ………………………………………………… 刘 燕/74
11. 如何培养一支能干的班干部队伍,进一步增强班级的凝聚力、向上力和团队意识? ……………………………… 宋雪琴/77
12. 如何让父母意识到自己教育方式粗暴呢? …………………… 刘 燕/82
13. 如何针对单亲家庭的孩子在家庭教育上进行指导? …………… 刘 燕/84
14. 面对来自爷爷奶奶的阻扰,父母该怎么办? …………………… 张 华/86
15. 当崇尚西化教育、主张"给孩子自由"的家长与班级管理有冲突时该如何化解? ………………………………… 宋雪琴/89

初一年级问题水来土掩

1. 如何做好与学生初次见面前的准备工作,做到未见其人先知其信息? ……………………………………………… 蒋金娣/95

2. 如何让新的班集体尽快运转起来? ………………… 方 莼/98
3. 如何制定让学生认同并愿意遵循的班规? ………… 方 莼/103
4. 如何开展班级文化建设才能让学生尽其才、尽其力? …… 蒋金娣/108
5. 任课老师告状的时候,班主任要做哪些具体工作? …… 蒋金娣/111
6. 新生入学适应不良怎么办? ……………………… 陈 玲/114
7. 学生作业拖拉,无法按时保质保量完成,怎么办? ……… 方 莼/117
8. 学生沉迷游戏怎么办? …………………………… 陈 玲/120
9. 班干部没有威信或太过严格引起同学的不良反映怎么办?
   ……………………………………………………… 陈 玲/123
10. 自习课如何更好地让学生进行自主管理? …………… 陈 玲/126
11. 课间追逐打闹造成小的伤害事故怎么办? …………… 蒋金娣/129
12. 如何增强学生的自主学习能力? ……………………… 方 莼/132
13. 如何争取家长的配合支持,如何指导家长有效进行家庭
    教育? ……………………………………………… 陈 玲/135
14. 如何在新入学时发现特殊家庭,并根据具体情况进行家校
    合作? ……………………………………………… 方 莼/138
15. 如何让班级家委会发挥作用,帮助学生和家长获得成长?
    ……………………………………………………… 蒋金娣/142

初二初三问题有一说一

1. 进入初二,部分学生开始对集体漠不关心,班级的凝聚力
   不强,老师该怎么办? …………………………… 王庆梅/147
2. 进入初二,如何巩固和加强学生的自律意识,使其在班主任
   不在班时能安安静静地学习? …………………… 王庆梅/151
3. 初二以后,怎样改变学生的懒惰思想? ………………… 王庆梅/154
4. 如何公平公正地评优,让学生在各项评优工作中受到教育呢?
   ……………………………………………………… 王庆梅/160
5. 进入初二,对于班级中出现的非正式团体,该怎么办? …… 王庆梅/165
6. 进入初二,怎样应对一些学生的叛逆行为? …………… 王庆梅/169
7. 如何预防和应对学生与校外不良人员交往? …………… 王庆梅/173
8. 如何遏制同学之间的攀比之风? ……………………… 王庆梅/177

9. 初二叛逆期,如何消解亲子关系不和给学生带来的负面影响? ………………………………………………………………………… 王庆梅/180
10. 临近中考,学生情绪焦虑怎么办? ……………………… 费佳玉/184
11. 进入初三,部分学生产生了学习厌倦感,怎么办? ……… 王庆梅/187
12. 初三学生出现严重偏科,班主任该怎么办? ……………… 费佳玉/190
13. 怎样帮助初三学生合理规划时间? ………………………… 费佳玉/192
14. 怎样让躺倒不干的学生动起来? …………………………… 费佳玉/194
15. 怎样教育努力后仍不能提高成绩的学生? ………………… 费佳玉/196

高中问题随机应变

1. 学生初入高中后,难以适应快节奏的学习怎么办? ……… 嵇 怡/201
2. 学生在学习上遭遇挫折,学习自信心不足,如何帮助其调整? ………………………………………………………………………… 嵇 怡/204
3. 如何帮助学生发挥优势学科,弥补劣势学科? …………… 王晓炜/207
4. 如何培养学生良好的学习习惯? …………………………… 王晓炜/210
5. 学生对以前的同学有深深的依恋,很难融进新集体,如何引导? ………………………………………………………………………… 王晓炜/213
6. 如何帮助家长改善亲子关系? ……………………………… 卫娟娟/216
7. 孩子感受不到家庭的温暖,班主任能做些什么? ………… 卫娟娟/219
8. 学生喜欢和品质不良、学习动力不足或者思想比较偏执的同学在一起怎么办? ………………………………………… 王晓炜/222
9. 高中生谈恋爱并深陷其中该怎么引导? …………………… 嵇 怡/225
10. 学生与科任教师发生冲突时,班主任该怎样处理? ……… 卫娟娟/228
11. 事不关己高高挂起,是很多同学的价值取向,如何让高中生树立更强的责任感? …………………………………… 嵇 怡/231
12. 怎样引导学生的审美观? …………………………………… 王晓炜/234
13. 班里传起流言蜚语、八卦新闻该怎么处理? ……………… 嵇 怡/236
14. 高中生痴迷玩手机,怎么办? ……………………………… 卫娟娟/238
15. 班主任如何在班级管理中处理好"自由"和"纪律"的关系? ………………………………………………………………………… 卫娟娟/241

后记一 我不想迷惑年轻的老师们 ……………………………… 于 洁/244
后记二 我曾遇见这样的老师:管子的故事 …………………… 潘其勇/248

小学低年级问题

见招拆招

1 低年级的小朋友碰到鸡毛蒜皮的事情就打小报告怎么办？

周丽娜

低年级的孩子咋咋呼呼，课间就像放出笼的小鸡，叽喳叽喳个不停。不仅是外面场地上，办公室也是热闹不断，不是这个来告状就是那个来申诉，真是剪不断，理还乱。这不，你瞧：

"奶奶叫我有事就找老师"

"老师，老师，我没弄他，他就来弄我……"

只听得像小然的声音，火急火燎地说了这么一句，还没等我抬起头来，他就一阵风地跑开了。

我继续批作业。批着批着，还是不大放心，就跟了出去。走廊里，小然正和同学玩得起劲，笑脸红扑扑的，全然没有了刚才着急的样子。

"小然，刚才是你来办公室了吗？谁弄了你啊？怎么弄的？要不要紧？"小然看看我，一脸蒙的样子。

"周老师，我没弄他，我们就是在一起玩呢。"小然还没说话，旁边的小杰倒开口了。

"嗯，我们在玩的。"小然笑笑，挠挠头说，"奶奶叫我有事就找老师。"

这下，轮到我茫然了。

"他打我耳光"

"周老师,刚刚小晨他打我耳光。妈妈说,男子汉不能被打耳光的!!"

我正在教室里做课前准备,小逸捂着脸,一脸生气的模样。

我一想,小晨平日里做事挺有分寸的,这里边儿会不会有误会呢?

"我知道了,你很生气吧?那他是怎么打你耳光的?能给周老师演示一下吗?"我请他们俩把刚才的场景再演一遍。

这一演,事情就清楚了。

原来,小晨课后去上厕所,小逸拉住了他的衣领要一起去。小晨被拉得往后仰去,站不住脚,手一甩,甩到了小逸的脸上。

我把他妈妈说的那种打耳光是什么样的演示给小逸看。这下他明白了,原来小晨是被他拉得迫不得已才甩到了他的脸,不是有意的,更不是那种侮辱人的"打耳光"。

"告状",几乎是小学老师每天都会遭遇的事情,特别在低年级。学生告状,有的是表现型,告别人的状,以撇清关系,表明自己的清白;有的是碰到问题不会解决,只有请老师帮助的求助型告状;有的是正直型,勇于检举同学的不良行为;还有的是习惯性告状,随便碰到什么情况都要跟老师讲一讲……总之,小学生的告状是五花八门。

那么,作为老师,该如何处理学生的告状呢?

老师要有一双辨明真伪的火眼金睛,能够透过告状本身了解孩子的诉求。不少学生是"伪告状",只是为了发泄一下情绪,或是寻求安慰,不是非要老师主持公道。老师可以什么话也不用说,需要做的只是耐心地听他把话讲完。有的事情,学生说着说着自己就找到了解决方法。这时,老师要表示支持,如果有可能,还可以在适当的时候引导他尝试着用更合理的方式去处理。

在低年级,由于认知水平受限,学生不能成熟地看待问题,没有一定的是非标准去判定别人的行为。所以,"他打我""他骂我""他弄我"这样关乎行为准则的告状占了很大一部分。比如案例"他打我耳光"中的小逸就想当然地把小晨"本能自卫式甩手"当成了"打耳光"。

这时,老师要帮助学生清楚地界定"打"的概念。可以利用晨会的时间,用情境演示的方式跟学生区别几个动作,如拍、碰、踢、够、摸、砸等。告诉学生:如果有同学微笑着拍拍你的肩,那是友好的表示;如果他很凶地用大力气拍,那你就要看着他的眼睛,严肃地要求对方道歉。在情境当中慢慢引导学生明辨是非,提高分析问题和解决问题的能力。

寻求家长的配合也是处理告状问题的辅助手段。有的孩子爱告状是家长"怂恿"的结果,就像案例一中,小然的奶奶护犊心切,生怕孙子在学校受欺负,让他一有情况就向老师报告,那小然就乖乖地为了告状而告状了。面对这种类型的告状,如果老师每次都郑重对待、细细过问,那就会在无意中强化学生的"告状意识"。这时候,不妨来点"无为而治",学生可能对告状就没有了兴致。当然,争取家长的配合很重要。家长的教养方式无时无刻不影响着孩子,如果遇到事情时家长正面教育、积极引导,那么孩子通常也会正视问题,不把矛盾焦点集中到别人身上。所以,在告状问题上,家长和老师也应达成一致。

让学生学会与同伴交往,是让"告状"现象自然消失的根本方法。"告状"在一定程度上反映了学生人际交往的能力,善于与人相处的情商高的学生很少来告状,也不太会成为"被告"。平时,老师要注意运用榜样的力量引导学生向身边同学学习,礼貌待人,关心同伴,尊重他人,能与他人友好相处,文明游戏。

如果"告状"背后涉及孩子的品行问题,那就要引导学生学会自省。小学生被告状时,往往出于自我保护,回复老师的第一句话就是"不是呀",第一反应就是推卸责任。碰到双方都推卸责任,难断是非时,老师要动之以情、晓之以理,让学生在自己身上找原因,在别人身上找优点;同时还要教育学生:只有宽以待人,才能大事化小,小事化了。

(作者单位:江苏省常熟市石梅小学)

2 低年级的小朋友上课注意力很容易分散，如何帮助他们集中注意力？

刘兴平

中午饭后的第一节课便是我的语文课，这学期不知教务处怎么安排的，我的好几节语文课都被安排在了下午第一节。众所周知，下午第一节课的效率不会很高，那时大家都吃得饱饱的，加上一个上午的学习活动，别说孩子了，就连我们成人也是昏昏欲睡。但为了完成教学计划和任务，我不得不强打精神去给孩子们上课。

"上课！""起立！"随着师生之间的问好结束，我们也开始了学习。今天要学的课文是《春笋》，我刚把春笋介绍结束，就有几个孩子打起了哈欠，有的孩子开始玩起了铅笔或橡皮，有的在桌肚里折纸飞机……见此情形，我故作神秘地说："孩子们，你们都是小春笋，冬天，你们都在地底下睡大觉呢！让老师看看，你们是否睡着了？"孩子们渐渐地将头趴在了桌子上，我走下去，笑眯眯地摸着一个个低下去的小脑袋，故意说："哎呀，小春笋睡得多香啊！"就这样让他们休息了几分钟，忽然我播放了春雷的声响，伴随着我的演说，孩子们学着小春笋的样子开始醒了，并渐渐往上拔……就这样，我们又开始进入了文本的学习，我让孩子们边学边想象着小春笋的样子，猜它们会说些什么；还请他们进行表演。孩子们顿时来了精神，那些注意力分散的孩子的眼光重新回到了课堂，开始投入到有趣的学习中。我为他们播放了精心准备的动画片《春笋娃娃》，可爱的春笋娃娃形象让小朋友们都专注起来了，一个个一边看着动画片一边站起来表演，不一会儿，课文《春笋》就从孩子们的口里背诵出来了！我此刻真是满心欢喜。

这是一个扭转低年级孩子注意力的案例。低年级的孩子由于刚从幼儿园进入小学，上课时间从大班的30分钟增加到了小学的40分钟，想要保持注意力的集中是比较困难的。有的孩子注意力非常容易分散，无论教室内还是教室外，只要一有点风吹草动，便会立即扭头观望；有的孩子听课听得好好的，突然就走神了，开始做起了小动作，思想上也开始游离于课堂。注意力直接关系到一个人的学习品质和学习效率。如果学生的注意力长期不集中，不仅学不到新的知识，更会给他今后的学习生涯带来不可弥补的缺憾。案例中的"我"是这样集中孩子们的注意力的：

一、精备课件，吸引注意。"我"从语文学科本身的性质——充满语文味、充满情趣的角度，再结合低年级孩子的年龄和心理特征，将精美的课件以直观的形式展示给孩子们，这样做不仅吸引了他们的注意力，还很好地提高了他们的学习兴趣。

二、抓住空白，进行想象。文本中有许多空白点需要我们教师去挖掘，去引导孩子们进行合理想象，让他们的大脑动起来，这样他们就无法再去分神想其他事情了。

三、满足欲望，展开比赛。孩子们年龄小，喜好表现，喜欢被表扬，喜欢被关注，利用这点，"我"创设一些生活场景，让学生去说、去表演，并采用"比一比，赛一赛"等方式为学生展示才能搭建舞台，学生便开始乐于学习了，注意力也相对集中多了。

此外，还要注意课前的五分钟准备，对于低年级的孩子来说，这是必不可少的，这课前的五分钟，能让学生养成做好准备的习惯。在内容设置上，可以让学生做做小游戏，或进行上一节课的内容回顾，让他们的注意力慢慢从兴奋的课间回到课堂的学习上来；此外还可以对注意力集中的孩子进行表扬、奖励，每天公布上一天上课注意力有进步的同学。

（作者单位：江苏省镇江市润州区南徐小学）

3 学生玩心太重，分不清主次，不管作业是否完成，一听到下课铃声就出去玩，怎么办？

杨雪瑶

缘起：掌纹的秘密

今年新接的班上有一个女孩叫小夏。小夏虎头虎脑的模样，响亮清脆的嗓门儿，给我留下了深刻的印象。可是不久之后我就发现小夏有一个很不好的习惯：一听到铃声就跑出教室玩，也不管作业完成了没有。每次小组长收作业，如果缺一本，十有八九就是小夏还没写完。小夏贪玩的个性，"龟速"的写作业速度，让小组长抱怨不迭。

这天语文课下课，我正在教室候课，阳光正好，很多小朋友都在教室外面的空地上做游戏。我走进教室，看见小夏的作业摊在桌面上，做了一半。

我走到教室外冲小夏招招手，她向我跑过来了。"杨老师，怎么啦？……"她边跑边问道。因为在换牙，她说话时露出了粉嫩嫩的牙床。

我拉着小夏的小手，顺手坐在了教室外的台阶上。看着握在我手心里的这只肉乎乎的小手，我故作神秘地对她眨眨眼睛："小夏，我告诉你哦，杨老师有个特异功能。"

"什么特异功能？"她一双小眼睛亮晶晶的。

"我会算命哦！"我把她圆滚滚的小手摊开，"你看，这一条一条的纹路叫作掌纹。"我摩挲着她掌心里的纹路，"你呢，这里有一条掌纹，但是在这里分成了两条,说明你有点容易分心喔。"

她有些好奇又有些害羞地笑笑。

"咦?"我拖长了声调,见她扬起小脸望着我,又继续说道:"我看到你好像有些事情还没有完成哦?"

"我作业还没做完……"她吐吐舌头。

之后的一天,我正走进教室准备上课,一扭头,咦,这个小家伙怎么在教室走廊里跳起了跳绳?

"小夏,你语文作业做完了吗?"我三步并作两步走到她的面前。

她愣了一下,摇摇头,一脸真诚地看着我说:"没有……"

我见她态度诚恳,便弯下腰和她平视,右手搭着她的肩头,轻轻捏一捏,催促道:"还不快去做……"

她朝我嘻嘻一笑,跑进教室了。

转折:温馨提醒失灵啦

几次交道之后,我决定帮帮这只"小蜗牛"。我请来了做事麻利的安安:"安安,你能做小夏专属的'温馨提醒员'吗?"

安安连连点头,毫不犹豫地答应了。

一开始,小夏基本还能听从安安的提醒,可是不久之后,安安就一脸委屈地找到了我:"杨老师,小夏根本不听我的,她只顾自己玩……"

是啊,小夏的贪玩,耽误了安安正常的课间活动,实在是委屈了安安。我摸摸她的脑袋瓜,轻声对她说抱歉。

送走了安安,我发了愁:该拿这个贪玩的"小蜗牛"怎么办呢?

尾声:最笨的方法或许最有效

我决定先从源头抓起。既然不能寄希望于孩子下课能主动完成作业,不如抓紧时间督促她在课上就把作业完成。之后,我就特别关注小夏课上完成作业的情况,看见她走神了,在她耳边咳嗽一声;看见她玩橡皮了,把她的橡皮接过来放在一边;看见她说话了,轻轻拍两下她的肩膀……总之,减少她不必要的分心,让她把精力投入到完成作业上去。这样"反复抓,抓反复"的提醒,效果还是可观的。

一段时间之后,我又把这样的"提醒"和"候课制"配套,我和各个任课老师协商,请他们在课间候课的时候特别注意小夏,多问上一句"作业完成了吗?"以此将"提醒"延伸到课下,借助任课老师的力量分担"提醒"任务。

(作者单位:江苏省昆山市玉山镇同心小学)

4 低年级小朋友课间游戏不注意分寸，误伤了同学怎么办？

周丽娜

2013年5月14日,这是一个跟往常一样普通的工作日。我们正常上班,进课堂,带孩子出操……

"周老师,不好了,小澄的嘴巴里出血了!"下午的第二节课课间,孩子们慌乱的叫喊,犹如不和谐的音符,生生地打破了安宁。"嘴巴里出血了?!"一种不祥的预感向我袭来——是舌头还是牙齿？舌头的话还好些,要是牙齿呢？是乳牙还好些,要是新长出来的恒牙呢？……就这样,心里打着小鼓,我一路小跑过去。

有人说,越是你避之不及的,越可能无法躲避。不好的预感终究成了现实。我一看,小澄同学张着嘴巴,身边围着几位小伙伴正在细心察看。正中间两只白白的大门牙没了以往的神气,中间各打开了一道弯弯的拱门,像是天牛尖尖的嘴巴,在挑衅我脆弱而敏感的神经。边上的小晨同学一脸惊慌和无措,嘴里念叨着:"我不是故意的,我不是故意的,我真的不是故意的呀。"

两只牙齿,两只已经换过的新牙齿!我甚至仍侥幸地空想,要是乳牙的话,那情况会好些。但事已至此,多年班主任工作的经验和经历提醒我不能慌乱。于是,请小干部组织小朋友们回教室,做好下节课的课前准备;把小澄同学带到医务室,请校医初步鉴定;安抚"肇事者"小晨同学,请他先回教室上课;联系小澄家长,告知她孩子的意外情况……

校医提醒我们最好去医院看看，以确定牙根是否受损。正当我准备带着小澄去医院的时候，他妈妈来了。小澄妈表示很理解，说是快放学了，自己带孩子去医院就行了。于是，在简单地了解了事情缘由之后，我们同意按照小澄妈说的办。

转身回到学校，我直奔校长室，向分管德育的曹校长汇报了事情的经过，并再次细致了解事情经过，及时做好如下记录：

小晨：今天下午体育课上课之前，我和小朋友在一起玩游戏。葭葭对我说，小澄欺负她，我就走过去想劝他不要这样。我跑到他那里的时候，因为太快了，脚里刹不住，就用手去推了他一下。

小澄：我在和小朋友们一起玩"开火车"的游戏，看见小晨向我跑过来了，然后，他把我推了一下，我没站稳就转过去摔在地上了。

媛媛：我们在玩游戏，葭葭说小澄欺负她，然后小晨就想去跟小澄说，后来的事我就不知道了。

在事情真相固定下来之后，我急忙电话联系了小晨的家长。小晨的妈妈是高中老师，虽然知道孩子不是有意为之，但一听说这样的情况，就急忙赶到了学校。没想到，不一会儿，小澄和爸爸妈妈也来了。双方家长就在这样的时机中尴尬地碰面了。

第一次坐下来，大家都能理解对方，但小澄的妈妈也有抑制不住的担心：不知道过几天会不会有松动？不知道会不会影响孩子以后的自信？不知道以后咀嚼时会不会有影响？

小晨家长则是一副勇于承担的表现：主动道歉，并表示有什么需要只管说，他们会承担相关责任。

不过，之后涉及费用的协调却不像双方口头上说的那么顺利了。小澄一方认为自己的孩子是在无准备的状态下被撞后造成伤害，应该由对方承担今后修复以及这段时间造成不便的所有费用；而小晨一方则认为孩子是未成年人，还小、不懂事，不能追究其责任，只愿意承担一半费用。双方的矛盾点聚焦到了"责任"上。最后，在学校的调解下，双方总算在磕磕绊绊、曲曲折折的循环往复里就所赔付的钱款达成了一致。

牙齿事件是学校安全事故中最难处理的情况之一。当意外事故发生时，作为第一处理人班主任不能慌乱，要按照《学生意外伤害事故处理办法》等法规的相关规定，有步骤有条理地处理。首先，要及时处理好受伤孩子的救护事宜，在第一时间告知监护人，并及时向学校汇报情况。其次，作为班主任，要在之后的协调中做好桥梁工作，肯定双方家长在处理问题过程中的正面作用，并互通信息，妥善沟通。再次，在双方产生矛盾的时候，要充分尊重家长的意愿，认真倾听并客观公正地对待。同时，要主动关心受到伤害的孩子，让他及家人得到心理的慰藉。

当事故不可避免地成为事实之后，作为教育工作者的我们，应该尽力把事故的负面影响降到最低，特别是对待当事的孩子，要本着"大事化小，小事化了"的心理去处理。当然，这并不等于不处理。班主任至少要分三个层面进行教育：对班级里的其他孩子，要教育他们懂得友爱，学会关心；对施动者来说，要适时安慰，尽量让伤害降到最低，同时要教育他学会承担；对受到伤害的孩子来说，要关照他懂得自我保护，同时在既成事实的情况下要学会承担。

学校是教书育人的场所，而安全是师生一切教育活动的基础，没有人身安全的保障，一切都无从谈起。作为班主任，我们要结合学校各级活动，踏实开展安全教育：119纪念日，认真参加消防演练；"争当石梅星"，积极诵读《弟子规》；专题讲座，学会自我保护的本领；主题班会，为自我安全出谋划策……帮助孩子在活动中懂得安全的重要性，在学习中明确自救的常识，在体验中知道避免安全隐患的诀窍。

学校的安全工作无小事，学生的安全更是牵动着千家万户。班主任要随时关心好孩子的安全问题，不仅仅是课堂安全，课外活动的安全更要注意。同时，也可以充分挖掘孩子的资源，开展"小小督查员"活动，课间巡查了解孩子们的活动情况。开展"我做文明石梅娃"活动，倡导孩子说文明话、做文明事，进行积极的自我暗示和自我监督。

（作者单位：江苏省常熟市石梅小学）

5 学生课间总是爱奔跑怎么办？

刘兴平

一阵清脆的下课铃声响起，我刚宣布"下课"，孩子们便像箭一般飞出教室，憋了一节课了，下课铃声仿佛给他们注入了一剂兴奋剂，他们有的跑出去相互追逐，有的是跑向厕所，欢呼声立即响彻学校的过道、走廊。看着孩子们欢呼雀跃的身影，我又是欣慰又是担忧：欣慰的是，孩子们天性纯真、洒脱，我喜欢他们不加掩饰的活泼；担心的是，现在的走廊过道全是大理石或瓷砖铺成的，万一孩子们跌倒，轻则擦破皮，重则会伤及骨头。学生在校园里由于奔跑引发的意外伤害事件时有发生，不得不令教师担忧，于是出于安全考虑，校领导让教师禁止孩子们在课间奔跑。可是孩子的天性就是好动，奔跑是他们最喜欢的发泄充沛精力的方式，如何能禁止得了呢？

正想着，小宇同学慌慌张张地跑来，上气不接下气地对我说："刘老师，不好啦，不好啦！刚才帅帅和翔翔同学奔跑时撞在一起啦！他们都跌倒了，翔翔的嘴巴磕到地上，脸上的皮都擦破了，嘴巴也淌血了……"我没有听完就大步流星地朝着事发地走去。这时翔翔和帅帅已经站起来了，看到我来了，帅帅有点害怕，耷拉着脑袋站在一边。翔翔一边抽泣着，一边用小手擦着嘴巴，手背上都是鲜血。我看了又气又心疼，赶紧把他拉到水池边，帮他清洗了小手和嘴巴，又让学生将他带到医务室给脸上擦破的伤口消毒，帅帅跟着我回到了教室，其他小朋友好像忽然懂事了似的，都安静地坐在自己的位置上，大气都不敢出。

我开口说话了："孩子们，刚才课间翔翔跌倒摔伤的事，想必大家都知道了。你们知道他为什么会跌伤吗？"孩子们纷纷举起小手，七嘴八舌，答案差不多一致:"是因为不听老师的劝告奔跑的,然后撞起来,跌伤的。"我语重心长地说:"大家说的是啊,你们看看,下课奔跑的危害性多大呀!由于过道和走廊的空间不是很大,下课走动的人又多,所以不适合在这里奔跑,大家喜欢奔跑不是什么坏事,但只限于广阔的空间,如在体育课上,去操场上奔跑、锻炼,是可以的。"孩子们纷纷点头表示赞同。"那如何避免课间奔跑呢?"我顺便抛出了这个问题。大家想了一会,都举手表达了,有的人说:"找个课间小监督员,进行轮流站岗,专门抓奔跑的人。"有的同学说:"自己想跑时,及时提醒自己,不要跑,会摔倒。""我们要做文明人,下课出去要在走廊和过道的右边走,不能横冲直撞。""如果大家都做得好,我们就给他加一颗星。"……真是人多智慧多啊!看着大家这么活跃,点子这么多,我真的很佩服他们!

由此可见,对于低年级孩子课间喜欢奔跑,可以采取以下一些方式:

首先肯定他们爱奔跑并没有错,如果有序地奔跑,不仅可以锻炼身体,发泄过剩的精力,还可以以更好的状态投入下一节课的学习。

要让孩子知道为何不让他们在走廊或过道里奔跑,是因为空间狭窄,人多,奔跑的速度快,容易刹不住,从而引发相撞事件。

让学生自己选出课间小监督员,课间小监督员的职责是在课间巡视走廊和过道,提醒奔跑的孩子不要奔跑,提醒他们走路要靠右边。

在班上定期评选"文明行走红领巾",给予小红花或星星的奖励。

如果让学生课间有事可做,他们就不会总想着出去奔跑了,可以引导孩子们做一些安全的小游戏,如猜拳、过山洞、击鼓传花等游戏。也可激励孩子们和好书交朋友,下课做好准备工作后,可以阅读自己喜欢的图书。

(作者单位:江苏省镇江市润州区南徐小学)

6 面对家长对某位任课老师的投诉，你该怎么办？

刘兴平

今年，我也跟着孩子们升入了三年级，我仍担任他们的语文老师，可数学老师换了，原来是一位从教20多年、经验丰富的女教师，今年换成了一位大学刚毕业不久的年轻男教师。刚开始，我心里有面小鼓敲得七上八下：这个小伙子比我儿子只大了两三岁，他教三年级数学能行吗？转眼半个学期过去了，每次的数学小练习，我都会关注我们班的成绩在六个同轨班中的位置，因为之前的一二年级，我们班基本都排在年级的第一第二名。观察下来后，我悬着的心放了下来，新来的小老师虽然教学经验不太丰富，但他虚心好学，每次上课前，他都会虚心请教办公室的老教师如何处理教学上的重难点。每节课后，他都认真批改作业，对学困生也非常有耐心，并且很可贵的是，他对学生要求严格，要求学生每天的作业必须在学校完成并订正好了才能离开学校。

然而有的家长对这些却浑然不知，将自己孩子成绩不理想归咎于老师的教学水平和能力。这不，我下班后就接到了珊珊奶奶的电话，她是个急性子，说话语速又快、语调又高："刘老师，不好意思打扰你了，我想问下珊珊现在的数学老师的情况。"我以为这个老大姐又发挥热心肠，准备替小伙子做媒了，谁知她接着说："我家珊珊在一二年级的时候数学每次都没有低于90分过，可是进入三年级后却考了好几次八十几了，怎么回事？是不是数学老师太年轻了，不怎么会教书？"我听后，知道了这个家长的用意：她不放心我们的老师，自己孩子掉队了，以为是老师的原因。我想我应该和她好好聊聊了。我就告诉她，我们班的满分孩子比其他班多，我们班的优秀率也和以前一样高,总体成绩没有下降。她听了疑惑地问:"那我家珊珊学习怎么没有以前好了?"我说:"那就多找找珊珊自身的不足吧,比如上课是否专注地听讲?作业遇到不懂时是否主动积极地去问、去解决?抄写数字时是不是粗心了?等等。"珊珊的奶奶一听,想了一会说:"老师说得对,我们还以为是老师的原因呢,原来问题出在了珊珊自己的身上,我回家好好和她聊聊。谢谢你刘老师!"从那以后,珊珊奶奶再也不说数学老师的教学有问题了,我很好地维护了我们老师在家长面前的形象。

从这个案例可以看出:当家长对某位任课教师进行投诉时,比较好的做法是:第一,不能人云亦云,要进行实际的观察和了解,毛主席曾说过"没有调查,就没有发言权"。第二,要站在教师的立场和家长进行沟通和交流。因为我们是一条战壕里的战友,即使同事有做得欠妥的地方,我们可以私下进行交流沟通。第三,引导家长从自身找原因,而不是单单从老师身上找答案。

(作者单位:江苏省镇江市润州区南徐小学)

7　怎么组织第一次家长会？

蒋梦雪

对于很多刚接手新班级的班主任来说，9月才开学，老师连学生的名字都还没记全，对每个学生的情况更是缺乏了解，此时开家长会，没有什么可说的。因此，许多班主任会选择在期中考试以后根据学生成绩及在校表现召开家长会，这样一来老师与家长就学习问题便有了可谈之处。但如此家长会以成绩为出发点，开家长会的目的表面看是促进家校联系，实际上却将教师、学生与家长推向了三个对立面，由此往往会引发以下几个问题：教师还未了解每个学生的家庭情况就以成绩及在校表现对学生有了先入为主的印象；家长还未知晓老师的教育思想与理念，却已知教师对自家孩子的看法；学生也会因开学初的表现而被分成了三六九等——而这些并不利于家校之间的合作。要知道，一次成功的家长会，不仅能促进班主任与家长的沟通，而且"家校合力"将对老师的日常教育工作起到"四两拨千斤"的作用，其重要性不言而喻。

5年前，我接手了新的一届一年级新生，并担任了一(2)班的班主任。在我看来，第一次家长会是家长与教师之间相互认识的隆重仪式，因此，组织召开好第一次家长会对我之后的工作影响甚大。

为了组织召开好第一次家长会，我从以下几个方面着手我的工作：

首先，充分准备是组织好第一次家长会的质量前提。

班主任的工作也得赶上时代潮流，如今的微信、QQ远比短信、电话方便得多，那就要将发达的网络技术利用起来。因此，开学前我便建立了班级家长微信群，并且打印下二维码，在报名当天发给家长，让家长扫二维码加入班级群。之后，我又逐个对照，确保每个家长都已入群。在家长群中，我先与每个家长打招呼认识了一下，然后简单地阐述了一下我的教育理念以及家长群要求，并告知家长我们即将要召开第一次家长会，让家长先有一个心理准备。由于我校为寄宿制小学，家长只有在周五才到校接孩子，所以我将家长会的时间安排在了开学第一周周五的下午。

在拿到班级学生名单及家长名单后，我第一时间便仔细翻阅，及时了解班级学生及其家庭情况，并且在开学第一周内，我尽量将班级中所有学生的姓名与其小脸对上号，同时为每位学生的表现记上一两句话，作为家长会上与家长个别交流时的备用。我想，如果家长能够知道老师不仅对自己的孩子有印象，而且还能对自己的孩子评价一两句，他们心中一定会很高兴，家长会在我这里找到自己孩子的存在感，这对于我的工作一定是有益的。

第二，合理安排家长会的内容是第一次家长会的过程保证。

第一次家长会，我从自我介绍、教育理念、工作思路及带班措施等方面安排家长会的内容。同时，我认为，为了取得家长们的支持，在家长会进行的过程中，我们要注意说话的艺术，采用一点技巧。就比如这一次家长会，我告诉家长们：开学前，我花了三天的时间来记忆学生名单及其家庭情况；开学后这一周里，我每天下班回家，在处理完家务、孩子熟睡后，便开始为班里孩子们记录点滴，每每深夜才就寝；家长会前一晚我更是对家长会发言稿进行了反复修改与练习。虽然都说班主任是天下最小的主任，可是我认为我肩上的担子却不轻，因为班主任需要对每一个孩子负责，对每一位家长负责。我的这一次"自我推销"无疑是成功的，最后赢得了家长们的热烈掌声，更赢得了他们日后的尊重，因为我对工作的认真已经在家长心中植根了。

在家长会上，我对家长们也提出了建议：我认为家长应该意识到自己也是教育者，别只看孩子的成绩，更要看孩子的为人。家长要在人格上成为孩子的榜样，同时又和孩子一道成长。

第三，成立家委会是家长会的后续延伸。

如果家长会是家校沟通的有效方式，那么家委会则是家校合力促成长的重要保障。家长会上，我提议家长们成立家委会，这样可以更好地形成家校合力。家长会后一周，通过老师与家长共同的努力，我们成立了家长班级，选举了家长班级的班干部，由这些班干部领导家长班级里的其他家长一起配合学校老师的工作。

李镇西校长曾说过:"我建议年轻的班主任在开学之初就召开一次学生家长会,原因很简单,应该尽早把自己的教育思想和设想告诉家长们,因为每一个家长都应该是你的教育同盟者。"

(作者单位:江苏省常熟市外国语小学)

8 碰到对班主任老师的工作"指手画脚"的家长怎么办？

杨雪瑶

都说家长是班主任老师的"最佳合伙人"，可如果你的"合伙人"对你的工作"指手画脚"，你该怎么办呢？

一、摆正心态，积极看待

如果遇到对班主任工作"指手画脚"的家长，我一定会先摆正心态。与其和家长较劲、抱怨，不如换个角度看待这个问题。

开学初，有一位新老师在班级群里发布了一张孩子们在教室里读书、写字的照片，由于是一年级，家长们对孩子在学校里的情况非常好奇，所以照片一发布就引起了家长们的热烈讨论。这时，有一位自家孩子个子比较高的家长在群里不咸不淡地说了一句："每次发照片只看得见前面几个，后面的孩子看都看不清。建议老师从后往前拍。"

班主任老师发照片本是好心，此话一出，发照片的老师很是尴尬。面对这位家长的"指手画脚"，我会想，这位家长还是非常关心孩子的学习成长的，这比每日加班应酬，把教导孩子的责任全部推给爷爷奶奶，对孩子不闻不问的家长要好许多。因为绝大多数家长的"指手画脚"是没有恶意的，归根到底还是为了孩子。做好自己的心理建设后，在面对这位家长时，班主任也会多一份淡定和从容。

二、自我反思,及时"充电"

在家长对班主任工作提出不同意见时,班主任也应进行自我反思。随着教育水平的提高,"高知"家长也越来越多,有的甚至有海外留学的背景。

在从教之初,我曾经遇到过这样的家长:父母均是研究生学历,同时也是班级家委会的成员,对孩子奉行"快乐""自由"式的教育,父亲向我提议小学生不必做抄写作业。在接到家长的这则建议时,我进行了慎重的思考,之后决定采纳这位家长的部分意见,将每天的抄写词语变为在家自由默写一遍词语。结果发现,虽然笔头的作业变少了,但是默写的情况却大有改观。

从这件小事中我认识到,在遇到不同意见时,班主任不必一棍子打死,可以问问自己:家长说的是不是自己忽略的?有哪些意见是可以为我所用的?这样做可以将家长的意见转变为对自己工作"精益求精"的动力。班主任还可以通过阅读教育类书籍更新教育理念,博采众长,将家长的意见转变为工作中"充电"的方向。

三、以心换心,真诚倾听

当然,我们有时也会遇到一些蛮不讲理、鸡蛋里挑骨头的家长。这些家长的"指手画脚"通常只是因为自己家孩子受到了"委屈"。眼里只有自己家孩子的家长,缺少的是一种将心比心的换位思考。这时,班主任老师更要拿出十二分的耐心,以真心换真心,做到"以生为本"。

调换座位是家长"指手画脚"的主要阵地。"我家孩子视力不好……""他注意力不集中……""他说他同桌影响他……"我接到过很多家长的来电,绝大多数的要求都是调换座位。这时候我一般会让家长把话说完,再将心比心和他说明座位安排的用意,我希望家长能理解班主任老师作为班上五十几个学生的"大家长"的苦心,并将孩子身上存在的问题深入浅出地和家长说明,引导他在归因时不要一味地将责任推卸到他人身上。老师的真诚倾听,使家长内心的苦闷得到了排解;以心换心,家长也理解了班主任的不容易。

四、专业加持,寻求合力

作为班主任,全面的个人素养和过硬的专业本领是非常必要的。面对班上五十几个孩子身后站着的一百多位家长,纵然班主任有三头六臂,恐怕也很难招架。如何让家长更好地体谅老师的良苦用心呢?

我觉得可以从利用好班级QQ群或者微信群做起。在班级群里,除了发布学校通知、每日的作业、孩子在校情况外,还可以转发一些家庭教育的文章与家长们共同品读。这些文章的作者正是班主任的"代言人",转发这些文章,可以将班主任的管理理念慢慢渗透给家长,让家长在"润物细无声"中认可班主任。一旦家长不再用挑剔的眼光看待班主任的工作,慢慢放弃对班主任工作的过多干涉也只是时间问题。

是啊,家长是班主任的"最佳合伙人",既然是"合伙人",家长参与班级管理就是非常有必要的,如果拒绝倾听家长的合理诉求,这样的合作是要"崩盘"的。反之,如果家长的"过度关心"影响到了正常的教学秩序,同样也不利于合作的长期维持。彼此尊重,"参政"而不"干政",是家校合作、携手共赢的基础。

(作者单位:江苏省昆山市玉山镇同心小学)

9 低年级的学生不注意卫生，每天衣服都脏兮兮的怎么办？

蒋梦雪

我们学校是寄宿制小学，大部分学生在一年级刚入学就寄宿在学校了，家长周一送来，到周五放学才接回家，孩子的整个学习和生活都交给了学校老师和生活阿姨。最近的班主任例会上，学生处领导反复与各班主任强调学生的仪容仪表问题，主要表现在以下几个方面：

1. 有时天气很热，孩子穿着厚厚的衣服，满身大汗；有时天气比较凉，孩子却又穿着单薄。

2. 有些学生尤其是低年级的孩子，经常因为穿着不当而感冒，然后鼻涕总是挂在鼻子上，加上不爱卫生，一张小脸整个就像个小花猫。

3. 很多孩子没有饭前便后勤洗手的习惯，平时活动以后也不洗手，两只小手总是墨墨黑，像是从煤堆里出来的一样。

4. 低年级的学生不会整理物品，每天课桌里、座位边上总是垃圾一大堆，脏兮兮的。

5. 有的学生不会处理自己的宿舍内务，周一换下来的脏衣服忘了拿给生活阿姨洗，结果到了周五还是穿着周一的脏衣服。

面对这么多问题，班主任老师甚是头疼。每周五，家长来校接孩子看到自己的孩子邋里邋遢像个小叫花子，便找班主任理论。而班主任要管理班里几十名学生，即便筋疲力尽或许也无法做到面面俱到，所以我想：从源头上改变低年级学生的不注意卫生才是治本之法。

培根说过："习惯真是一种顽强而巨大的力量，它可以主宰人生。"小学低年级阶段是学生个人卫生良好习惯养成的关键期，培养良好的健康行为习惯必须从点滴抓起。面对低年级学生身上存在的问题，我主要从以下几个方面着手：

首先是"教学"。

低年级学生普遍年龄在七八岁，家庭教育较好的孩子已养成一些好的卫生习惯，而大部分孩子在家都是被宠在手心的"小公主""小王子"，自理能力较差。在我们看来简单容易的事情，在学生看来未必容易，这个时候就需要班主任什么事情都要从小做起，班主任必须忘记自己，从学生的角度出发，看看哪些是他们不会而需要学习的。比如，我会教孩子们如何整理自己的本子、铅笔盒与书桌：本子要从上到下依次从小到大叠整齐摆放在课桌里或课桌上；铅笔盒里的铅笔要有规律地摆放整齐。我会教孩子们如何将衣服穿戴整齐，纽扣要对齐再扣，领子要翻好；我会告诉孩子们要勤洗手、勤剪指甲；我会教孩子们如何扫地，必须拖地才能将垃圾处理干净；我会教孩子们吃完饭就擦干净嘴巴，如果流鼻涕要及时用纸巾将鼻涕擦干净；等等。

接着就是"行动"。

把每一条学生必须学会的好习惯都教给孩子们以后，就要督促他们持之以恒地去做。亚里士多德说过："总以某种固定方式行事，人便能养成习惯。"孩子们只有不断地实践与行动，并且反复练习，才能将老师所教变为习惯。在此期间，教师一定要耐下性子，要知道习惯的养成并非一朝一夕，要允许学生犯错。

为了督促孩子们养成良好的卫生习惯，班级还少不了的便是规则。班主任要与学生一起根据本班实际情况制定适合的班规，比如：设立检查小组长，课间检查学生是否将自己的课桌都整理干净了；设立餐桌长，饭后提醒学生及时擦干净嘴巴和洗手；等等。在设立岗位进行监督的同时，班主任必须意识到，设立这些岗位的目的是提醒孩子们养成良好的习惯，而并不是要对违反规则的学生进行惩罚，一味处罚并不利于孩子良好习惯的养成，因此，班主任必须把握这个"度"。

第三便是"观察"。

在把好习惯教给孩子并且督促孩子养成的同时，班主任要做的便是细心观察。班主任需要时时刻刻留心观察，看看孩子们在哪些习惯的养成上做得比较好,哪些习惯的养成上较差点,原因是什么;还要观察哪些孩子做得比较好,哪些做得不太好,是什么原因导致的。通过观察和分析,班主任要及时调整养成好习惯的方法,思考如何能够让孩子更好地养成好习惯。

第四是"联系"。

孩子好习惯的养成离不开家长的配合,如果很多家长不会教孩子,那么在老师教给孩子们好习惯以后,家长便要配合老师,一起督促学生将好习惯坚持到底。班主任应该多与家长联系,将自己的教育理念与思想及时地传达给家长们,让家长们支持并配合自己。我相信,家校合力一定事半功倍。

最后便是"宽容"。

孩子毕竟是孩子,在养成好习惯的过程中难免会犯错,不管是家长还是老师,都应允许孩子犯错。我们要做的是引导孩子养成好习惯,而不是孩子一犯错便惩罚。

如果今天孩子用衣袖擦鼻涕将自己变成了小花猫,我们不妨拧一把热毛巾帮他擦干净,并温柔地跟他说:"你看,把鼻涕擦干净了,小脸是不是很舒服呢?"

如果孩子的双手因为调皮玩耍或沾满笔芯颜色而变得黑乎乎的,不妨递给他洗手液,让他把手洗得干干净净的。

如果孩子把衣服弄得脏兮兮的,不妨带他回宿舍换一件干净的。

老师的工作之一就是:让学生从点滴小事做起,利用多种形式让学生学会做好个人卫生。

(作者单位:江苏省常熟市外国语小学)

10 学校要开运动会了，如何选拔运动员并合理安排好各项事务？

周丽娜

一年一度的体育节，是除春秋游外孩子们最盼望的盛会了。

这不，咱们班的几个运动健将都跃跃欲试，准备一展身手了。班会课上正式选拔运动员，平时就是活跃分子的小苗同学格外积极，直嚷嚷着要参加60米跑步比赛，为班级争光。

"他不行的，跑得还没有我快呢。"不知是谁着急地说。

"那么，你们认为哪些同学有实力可以参加这项比赛，和别班的运动员一决高下呢？"我问。

体育委员小天站起来说："周老师，男生中我和涛涛的跑步成绩最快，女生是……"体育课，我拜托顾老师就这几个比赛项目进行了赛前测试，小天按照成绩来推荐，于是，我们就这样产生了各比赛项目的备选运动员。

正当我准备按照成绩先后公布选拔结果时，一眼瞥见小苗翘着嘴巴，沮丧着脸——这个小家伙有情绪了。

"好，这些运动员备选，大家再讨论一下接力赛的选手哦。"趁着他们讨论的空档，我走到小苗身边："你很想参加跑步比赛，对不对？离比赛还有半个月，你可以用这段时间加紧锻炼，要是成绩比过涛涛和小天，你就上。或者，你可以选择参加其他比赛，像接力……"

还没等我说完，小苗就抢着说："我就是想参加，什么比赛都可以！我真的可以参加接力赛吗？我太高兴了！！"

小家伙激动得有点忘乎所以了。

讨论结束,单项赛选的都是有望争夺名次的种子选手,团体赛和游戏活动参照体育成绩,更多地尊重了大家的意愿,鼓励所有人都参与进来。这么一来,就顺利地把运动员选好啦。

还剩下一些没有运动细胞又不爱好体育的同学怎么办呢?不能都当观众吧?

"大家想想,咱们还能以什么方式在运动会中为班集体服务呢?"在大家纷纷议论之后,我们决定:美术手工好的设计制作加油牌,嗓门儿大的就当啦啦队长,组织大家给运动员加油鼓劲,联合起来就是宣传部;内向斯文、心思细腻的,就组成后勤部,给运动员管理水杯,提供巧克力、点心等补给用品;还有文笔好善于鼓动的,当然成了小记者,负责向广播点投稿……

"周老师,我觉得还要有纪律部,有些同学太调皮了,会随便跑到别的地方去的。"

相如说得很有道理,我接着她的话建议道:"要不咱成立一个保障部,负责纪律管理、陪伴运动员、进行检录提醒等?"

大家鼓掌通过了。好,万事俱备,就等运动会开幕啦。

运动员是全体同学的盛会,可有的时候却成了几个体育拔尖学生的舞台,碰到场地有限时间有限,学生在固定的区域内排排坐,甚至连班级同学的比赛都不能看清。如果班主任管理缺位,学生要不就三五一群散漫晃荡,要不就你追我跑吵闹不堪,碰到能量大的调皮蛋,甚至会引发安全问题。所以,运动会时,班主任会很累,既要照顾好运动员,又要眼观六路,关心好班里的其他孩子。其实,从前期准备到运动会顺利开展,都是班主任进行班风建设和品行教育的契机,也是培养学生集体主义观念的好时机。

民主推荐,体现主体性。

运动会的参赛运动员人数一般都有限制,不能做到人人参与,所以确定人选要慎重,不能班主任一人说了算。全班同学根据体育成绩进行民主推荐的方式,公开、公正,这样得到的结果更具说服力。再者,学生认可自己选出的运动员,比赛时一定会大力支持。当然,对于整个推选过程,班主任先要有计划,注意全盘把控,尽量避免重复,在成绩相差不大的情况下,要考虑学生的主观意愿。

重在参与,保护积极性。

运动会是竞技比赛,总要决出胜负,但如果太看重结果,难免会失望遗憾,甚至会对参赛的同学失去信心,这不利于积极班风的形成。班主任要引导学生秉着"重在参与"的心态参赛,鼓励选手注重竞赛的过程、准备训练的过程和不断自我突破的过程。班主任也要注重其他非运动员参与意识的培养,引导大家投入到为班集体服务中。这样淡化比赛结果,反而更能增强集体凝聚力。

各司其职,发挥自主性。

学生的个性爱好和能力特长都是有差异的。有的学生内敛文静,不喜欢体育运动,有的学生运动机能差,动作不协调,不愿意参与体育竞赛,这些学生可能更情愿做旁观者,默默为运动员加油鼓劲。班级就像一个圆,班主任要在了解每位孩子特点的基础上,引导所有人紧紧围绕班级核心开展活动。除去运动员外,后勤服务、宣传组织、纪律管理都可以设置成为班级出力的小岗位,发挥学生自主管理的作用。

这样一来,运动会就真正成为全体同学的盛会了。

(作者单位:江苏省常熟市石梅小学)

11　面对任课教师的告状班主任该怎么办？

杨雪瑶

智商不够，情商来凑

"哎哟，这可怎么办哦，小 M 这次数学期中考试只考了 60 几分，差点不及格。小杨，你可得好好管一管。"期中考试后，我接到了数学老师的一起投诉。

咦，这才二年级，怎么情况这么不乐观呢？更何况试卷内容本身也不难，小 M 的语文学得还不错呢，这应该不是智商问题。接到投诉后，我准备抽空和他的母亲联系一下。

这天放学，趁着小 M 要打扫卫生，我把他的母亲请到了一边。

"杨老师，小 M 这次数学只有 60 几分，这可怎么办哦？"还没等我开口，小 M 妈妈就拉着我的手问。

"小 M 妈妈，小 M 这次数学情况的确不太乐观，平时他在家里学习情况如何呢？"我也开门见山。

"他啊，喜欢读书，每天一到家就抱着语文书哇啦哇啦读……"

"数学呢？"

"他不喜欢数学，每天只肯读语文书……"焦急的母亲面露忧色。

"既然他喜欢读书，可不可以让他做完数学口算之后，把口算题再大声地读出来？"我略一沉吟，试着说出了我的想法。

"好，我试试！"

过了好一阵子，小朋友们又迎来了一次数学测验。"小 M 这次怎样?"见数学老师在登记分数,我主动凑上去询问小 M 的情况。

"他呀……这次还行,有 80 几呢。"数学老师皱着的眉头总算松了不少。"脑子蛮灵活的,就是蜡烛!"我掩面笑了。

再过不久就是圣诞节了。这天,数学老师前脚刚到办公室,小 M 后脚就跟了进来,怀里还抱着两个"平安果":"数学老师,今天是平安夜,祝您圣诞快乐!"他的一双小手本来就小,抓着两个大苹果还挺吃力的呢,数学老师笑着接过去了。

接着小 M 就走到了我的跟前,我笑嘻嘻地瞧着他,见他凑近了,顺手刮了一下他的鼻子:"你小子哦!"

是呀,做老师的,最珍贵的还是师生间绵绵的情谊。如果遇到投诉告状,不妨先修复师生感情,曲线救国。

查明原因,有的放矢

"小杨,你们班的小 G 上室外课根本收不住啊。"体育课下课,体育老师扯着冒烟的嗓子走进了我的办公室。

我忙递上一杯温水,刚准备开口问具体情况,隔壁小办公室的窗户又拉开了,美术老师探出了头:"对对对,4 班的小 G 一到上课那简直了,不听指挥!"

这个连环投诉让我一时有些招架不住,我阴沉着脸进了教室。呵,小 G 果然在座位上上蹿下跳。"杨老师来啦!"好事的学生喊了一声,小 G 赶忙缩着脖子坐好了。

我环顾教室一圈,眼神自然扫过小 G,没做停留。

"琪琪,你出来一下。"我喊了班长一声。

"刚刚的体育课有什么特殊情况吗?"

"小 G 在体育老师示范的时候捣乱,体育老师让他站到一边他还不好好站……"琪琪向我描述了一下事情的经过。我微微点头,请她回去了。

下午,孩子们都在教室外面的空地上活动,我对小 G 招招手,他跑过来了。

"小 G,我看你跳绳跳得不错,你喜欢上体育课吗?"

"喜欢!"他眉开眼笑脱口而出,顿了一顿又道:"也有点不喜欢……"

"怎么不喜欢了?"我好奇地瞧着他。

"体育课不能想玩什么就玩什么……"他有点难为情地笑笑。

"上任何课都不能想玩什么就玩什么呀。"我纠正道。见他脑袋有点低了下去,我立刻接道:"不过……"我故意拉长了语调吸引他的注意力,"体育老师说需要一个辅助小教练,来帮她在做示范动作的时候维持纪律。"语毕,我冲他眨眨眼睛。

"我想做!"他立马起劲了。

"我说了不算,你自己去和体育老师说,顺便再向她道个歉。"我说完便转身走了,余光里看见一个兴冲冲的身影跑向体育办公室,我笑了。

任课教师会向班主任投诉,原因多半是学生一时的不懂事。接到投诉后,班主任不宜带着怒气立即"兴师问罪",将"怒气"撒到学生头上。可以先向其他同学侧面了解具体情况,等情绪平复后再来处理学生这头的工作。

(作者单位:江苏省昆山市玉山镇同心小学)

12　班级卫生老是搞不好怎么办？

蒋梦雪

中午午自习走进教室，值日班长就一脸沮丧地走上来跟我报告："蒋老师，今天卫生又扣分了。"我问："是什么原因扣分呢？""讲台边上有垃圾，值日生却一个都不愿扫。"值日班长抱怨道。

既然班级卫生成了班级常规的老大难问题，我想就直接趁势开一个生成型班会吧！于是，我跟班里的学生说："各位同学，请大家停下手头的作业，我们要开一个班会，主题就是'班级卫生老是搞不好怎么办？'"我继续说道："刚刚值日班长向我报告说，今天我们的卫生又扣分了！我倒不是批评值日生，只是我们班里每个同学都做过值日生，也看过其他同学做值日，为什么我们班级的卫生总是搞不好呢？原因在哪？我想要解决'班级卫生老是搞不好怎么办？'这个问题，我们首先得知道为什么搞不好，你们说对吧？"

所有学生都低着头，一片安静，看得出来大家都在认真思考。

过了一会，班长举手说："我发现我们好多同学做值日不认真或者说是不会做值日，有的同学连扫地怎么拿扫帚都不会，扫地时都是推着扫帚扫，扫完后地上还是有许多垃圾碎屑，这样就直接导致拖地的同学拖地的难度增加，得边拖地边把大块垃圾往外带！"

其他同学听了连连赞同，气氛变得活跃了。又有同学举手说道："有的值日生责任心不够，比如负责扫地的同学每人是负责两组的，但是有时候垃圾正好处在两组交界处，两个值日生就相互推托，我也不高兴扫，你也不高兴扫，就像今天扣分的地方是讲台边上，那里没有明确到底是哪个值日生扫,结果就没人管,所以才会导致扣分。"

"对对对。"底下学生说道。

又有同学说道:"我觉得除了值日生,还有不是值日生的同学,有的同学比较自私,只管自己不管他人,比如到放学时,有的同学在归书包时发现自己课桌里有很多垃圾,他懒得把垃圾扔进垃圾桶,就直接把垃圾扔在地上等值日生来扫,其实把垃圾扔进垃圾桶只是举手之劳。"

有同学赞成道:"是的,有的同学还没有公德心,走读的同学课桌里隔了一夜总是会出现不知来源的垃圾,大多是食物包装,肯定是有人吃了随手扔在里面的。"

大家讨论得很热烈,于是我总结道:"大家说得都非常好,其实你们通过细心的观察已经发现了问题所在,那么既然找到了原因,我们就应该一个一个有针对性地解决它。下面,请各位同学拿出一张纸,针对我们所找出的问题,写下你觉得有效的措施。"

课后,我将学生们的建议进行了归纳整理,最后拟出了如下措施:

1. 进行大扫除比赛,选出最好的扫地、拖地、擦窗等方法,然后让实施得最好的同学向其他同学传授技巧,比如扫地怎么扫更干净,玻璃按什么步骤擦更干净等。

2. 各司其职,明确分工。将班级的每一处都进行细细的划分,每个角落都必须有专人负责。不能存在没人管理的落空地方,班级扣分追究个人。每个人都该做好本职工作,不给别人增添麻烦,比如扫地的同学就该将地面能扫掉的垃圾都扫掉,不给拖地的同学增加麻烦。擦黑板的同学应该将散落的粉笔头捡掉,不给扫地的人增添麻烦。负责饮水机的同学发现地面有水就该及时拖掉,以免他人踩过滑倒。不是值日生的同学更不该将垃圾随意丢在地上等待值日生去扫掉,而应该及时扔进垃圾桶。负责倒垃圾的同学要及时关注卫生角,一旦发现垃圾桶满了就要及时倾倒。总之,每个同学要做好自己的事情,不给他人增添麻烦,尽量多做,不要少做。

3. 奖惩分明,一视同仁,绝不徇私,一切以集体利益为前提。保持卫生不扣分那是做给别人看的,真正做到教室干净整洁才是最重要的。将卫生情况与积分卡挂钩,做得好,奖励积分卡,做得不好,同样也有惩戒,比如说去校园里捡垃圾,保持校园干净,或者负责班里花草一个礼拜的浇水任务等,都可以获得积分奖励;反之则相应地扣除积分卡积分。

最后，如果班级中存在一些顽固分子，不愿做值日或者总也做不好值日，那么班主任还得找点其他的事务让其负责，总之要"因材施教"，细心地去发现和找寻学生的长处，并给予学生发挥优势的平台，让每个学生都能有事可做、有位可待。

（作者单位：江苏省常熟市外国语小学）

13 学生缺乏自理能力，文具"丢三落四"怎么办？

蒋梦雪

"蒋老师，我的铅笔不见了！"刚下课，班里的小郑同学就跑到讲台边上告诉我这件事，这应该是他本周第四次不见文具用品了。我问道："那你想想看，你上一次用这个铅笔是什么时候呢？""我忘了，不记得了！"他可怜巴巴地看着我。我很无奈，只好让下了课在课间活动的孩子们都回到位子上："各位同学，大家安静下，回到位子上，小郑同学的铅笔不见了，大家帮忙找一下，看看在哪里？"孩子们得令后立马找了起来。过了一会，孩子们纷纷说："老师，我这里没有！""老师，我也没找到！"我又问小郑："小郑，你的铅笔是什么样子的？"他支支吾吾的也表达不清，最后，我只能跟他说："小郑，那你只能再找下，实在找不到也没办法，以后记住要保管好自己的物品！"他应了一声："哦！"

我并没有把这事放在心上，以为小事一桩，谁知下班刚到家就接到小郑妈妈的电话，接起电话，对面就传来小郑妈妈尖锐的声音："喂，蒋老师！我问你，怎么我们家孩子的东西总是不见？今天不见橡皮，明天不见铅笔。我这周末才给他买的五支铅笔，今天回来就剩一支了！这上学上得就像在吃铅笔，你们老师也不管管？"听完小郑妈妈的话，我气不打一处来，我强忍着怒气，用依旧客气的语气劝慰小郑妈妈道："小郑妈妈，您先不要着急、不要生气，今天小郑不见铅笔这事我知道，当时也让同学们一起都找过了，但是没有找到，明天我再去找下。只是不管找不找得到，我觉得小郑保管物品的能力咱也得培养培养，总不能让他养成一直'丢三落四'的习惯，您说对吧？"好不容易说服了小郑妈妈，放下电话，我不由得陷入了沉思：文具丢三落四的情况不只在小郑身上存在,现在的孩子很多都会出现这样的情况,自己的东西总也保管不好,必须想想办法来帮助孩子改正这个"丢三落四"的坏毛病。

　　通过对班里孩子们的观察,我发现,孩子们"丢三落四"的坏习惯不只表现在文具用品的不见上,还表现在书本、作业本忘记带,老师布置的作业总是会有学生忘记做或者漏做等。那究竟是什么原因导致了孩子们的这些坏习惯呢?归结起来,还是因为现在的孩子家庭条件都较富裕,大部分孩子的父母都是独生子女,两家人家就一个娃娃,疼得不得了,到了"孩子你只要管好学习,其他你什么都不用管,饭来张口,衣来伸手"的地步,爷爷奶奶外公外婆包办所有事情。有的学生上学是这样一种场景:早上上学前,奶奶做好早饭,爷爷负责整理书包;晚上放学时,外公带着手机把黑板上的作业拍成照片,孩子自己就不用抄了;晚上写作业,外婆给削好铅笔、备好水果;做完作业,由父母对照作业表看看有没有漏做——孩子上学,成了全家大人一起上学。我还记得,曾经班里有一名学生,周一到校被发现作业未完成,问他为何不做回家作业,他答曰:"因为爸爸没有告诉我有这个作业。"这样的回答,让我好气又好笑。长此以往,孩子的自理能力越来越差,又怎么会不"丢三落四"呢?

　　为了改掉孩子们"丢三落四"的坏习惯,我从以下几个方面展开了我的工作:

　　首先,与家长交流沟通,形成统一战线。我觉得孩子"丢三落四"多数与家庭有关,家长包办太多,孩子的自理能力就无法得到锻炼与提高,因此,我首先要和家长交流与沟通,请家长在家里注意培养孩子的自理能力,孩子力所能及的一些事情要尽量让孩子自己处理。与孩子学习有关的一切事情,都应由孩子自己来完成,包括整理书包、记录作业、检查作业等。同时,家长也应该尽量让孩子完成一些力所能及的家务活,这样不仅能提高孩子的自理能力,也能让孩子建立责任心意识。

　　其次,作为班主任,我们应该教给孩子们一些好的习惯,避免自己的"丢三落四"。比如,文具总是不见,我们可以要求孩子们给自己的文具用品做上特有的记号,或写上名字或贴上标签,那样即便是一时间忘记放哪了,找到的可能性也比较大。我们也要教孩子们一样东西哪里拿的用完了就要放回哪里,不能因为嫌麻烦就随便一放,这样下次再用时就会很方便了。又比如,"好记性不如烂笔头",如果担心自己记不住作业内容或者老师的话,那就随身带好一支笔和一本小本子,有什么事情担心自己会忘记的,就及时记下来。

除此以外,班主任还可以在班里设置一些小岗位,让自理能力较强的学生来担任,以此引导和督促其他同学。对于"丢三落四"习惯较严重的同学要更加关心,帮助他们改掉坏习惯。

习惯的养成不是一朝一夕的,因此,帮助学生改掉"丢三落四"的坏习惯,需要长期的坚持。

(作者单位:江苏省常熟市外国语小学)

14 怎么教会低年级学生排队不吵闹?

周丽娜

低年级阶段是行为习惯养成的关键期,但这个时期的孩子受到年龄特点的制约,没有一定的规则意识。所以,作为班主任要想方设法,通过各种小妙招,多方位地引领学生养成良好的行为习惯。就拿排队来说,怎样才能让低年级学生安静不吵闹呢?看看这些班级都是怎么做的。

趣味儿歌来明理

"铃声响,教室静,起立立正,桌面清;小步走,快速找,调整距离,不推挤;快静齐,小嘴闭,腰背挺直,很神气。"

新生夏令营开始上课了,陆老师正在跟小朋友们念儿歌。仔细一听,这首儿歌可不简单呢,从铃声响开始,一步步把要做的事都涵盖在儿歌里了。

"小朋友们,铃声响了之后,我们先要安静下来,然后起立、立正,把桌面上整理清楚……"陆老师按着整队的步骤慢慢跟孩子们讲解,"怎样才能快速排整齐呢?我们要小步子走路,找到大概的位置,记住你的前后都是谁,再调整好距离,腰背挺起来,小嘴闭闭紧。真神气!"

这样朗朗上口的儿歌充满节奏感,便于学生记忆,比起正儿八经的说教来得生动活泼,深受低年级孩子的欢迎。在一遍遍的诵读中,学生就把动作要求和儿歌的文字对应起来了,再加上老师之后的演练,知行统一起来,印象更为深刻,慢慢养成习惯就不难了。

"嘘":拷贝不走样

丹丹老师的"拷贝不走样"真是绝了。

"叮铃铃",喇叭里响亮的铃声催促孩子们出操啦。丹丹老师班的小朋友们怎么还在玩游戏呢?

你看,丹丹老师站在队伍的前头,面向学生,举起右手,伸出食指,轻轻放到嘴边做了个"嘘"的动作。像接到了命令一般,男女生两排队伍便开始了"拷贝不走样"。第一个小朋友也学着丹丹老师的样子,煞有介事地把"嘘"的动作传递给后边的同学。碰到调皮捣蛋的,倒也乐在其中,虽然嬉皮笑脸,但也能安静地完成传递任务,并且能克制住自己讲话的冲动。

就像多米诺骨牌一样,拷贝到最后一位同学,依然乖乖不走样。

丹丹老师无疑是智慧的,她深知低年级孩子好动的特点,用学生喜闻乐见的游戏方式,寓教于乐,养成教育于无声处。

像这样儿童化的教育方式还有很多,比如我们何老师就形象地边示范边要求小朋友说:我们的小嘴巴上有一条隐形拉链,咱们要当好小主人,在不能说话的时候,要把这条拉链拉起来。

班级自治,我能行

严谨细致的李老师推行班级自治,从小就培养孩子们的自我管理能力。不管是出操、放学,还是去专用教室上课,学生路队总有得力的小干部把它管理得井井有条。

在这秩序井然的背后,是李老师"教学生学会管理"的努力。李老师说,班级小岗位有明确的职责,路队长负责整队和路队秩序维护,并进行记录。对于表现好的同学,有一定的表扬和奖励措施;对于表现不好的同学,在问明原因后要进行批评教育。对于一些后进分子,李老师要亲自带着重新学习排队、行进等。几次下来,面对李老师的一丝不苟,捣蛋鬼也不敢再调皮了。

比起班主任的严格管理,学生的自觉自律更有利于良好品格的形成和发展。只有营造班级正气,充分发挥小干部的功能,老师坚持做好引导和示范,才能真正培养学生做到"老师在与不在一个样"。

有事可做，一举两得

放学铃声响起，低年级各班的小朋友们就背着书包开始排队啦。

邵老师是一位老班主任，工作自有一套，她所带班的队列有点儿不一样。

只见她们班的孩子在她的示意下有条不紊地走出教室，找到自己的位置后，便开始背诵起《三字经》来。晚出来的小朋友也很自然地边背边悄悄站到队伍里。不一会儿，大家就都到齐了，诵读的声音也越加响亮了。

孩子们就在整齐的队伍中专注地诵读经典，等待家长的到来。

凭借三十多年的工作经验，邵老师知道要从源头上阻断学生讲闲话的念头，就不能让他们的嘴巴闲下来，背诵无疑是比较适合的方式，而《三字经》是学校学生行为规范教育的依托，学校每周都会按照《三字经》中精选的内容进行主题教育，每月选出符合条件的学生评为"石梅之星"。邵老师就是这样利用排队时间反复念，强化教育，促进明理导行；同时，又让排队更加秩序井然。

班主任对学生有爱，对班级有心，治班智慧就会源源不断……

（作者单位：江苏省常熟市石梅小学）

15 怎么教会学生在上课铃响后安静地坐下来？

刘兴平

"叮铃铃",清脆的上课铃声再次响起,我早已站在教室门口候课了,看着孩子们嬉笑着从各个地方跑向教室,我在门口指挥他们不要拥挤。面对这群刚从幼儿园毕业不久的孩子们,我更多的是喜欢他们,虽然他们对小学的一些常规还不能很好地遵守,但我相信通过训练,他们能很快适应并遵守学校的常规制度。这不,上课铃声响了,可还有些孩子在座位上嘻嘻哈哈地说笑,还有的在"咕嘟咕嘟"地喝水;桌上的准备工作也是良莠不齐,有的同学早就将语文书摆放整齐,趴在桌上等我进去上课了,可这些乖娃儿毕竟是少数,大多数孩子还是没有能很快进入准备上课的状态。我快步走近讲台,用目光扫视了一下教室,我看到了静息好的孩子小雯,于是拿起一个大拇指的贴图,微笑着走到她面前,弯腰笑眯眯地把大拇指贴在了她语文书的扉页上。我又重新回到了讲台上,轻声地问大家:"孩子们,你们知道我为什么把大拇指奖励给小雯吗?""我知道,我知道!是因为小雯静息得好!"急性子的小鹏同学不等站起来就回答了。"不对不对,是因为小雯一听到上课铃声就静息了,而且她的语文书早就摆放好了。"小杰同学也不甘示弱,大声发表了他的观点。我耐心地听着,此时的孩子们也渐渐平息下来,认真地听着。我点头赞许着:"是啊,孩子们,你们已经是小学生了,不再是幼儿园的小朋友了,小学生要遵守规则,铃声就是命令,就是让大家迅速安静下来坐在座位上,并趴在桌上静息好,等老师来上课。小雯同学做到了,所以老师要奖励大拇指给她,你们下一节课能不能也像小雯那样,铃声一响就立刻坐下来静息好呢?""能!"孩子们异口同声地答道。我高兴地点了点头。下一节课虽然不是我的课,但我和孩子们有了约定,我要观察他们是否记得自己答应过我的事。我看到大多数学生能像小雯那样静息,心里很是欣慰。后来我又教给孩子们一个口诀——"铃声响,静息好"。此后的上课铃声一响,便有值日班委大喊一声:"铃声响,静息好"。经过提醒,大家都能很快地安静下来,坐在座位上等待老师来上课。任教我们班的老师纷纷向我反映,我们班的常规比原先好多了。我听了心里暗暗自喜:秘诀就是"铃声响,静息好"。

综上案例可知,要想让低年级的孩子们在上课铃响了以后能迅速安静地坐下来等老师上课,老师本人必须做到以下几点:首先要用包容之心谅解他们。因为低年级的孩子年龄还小,活泼好动是他们的天性,但良好的常规是好好学习的保障和基础,虽然我们教师要理解这样的行为,学会接纳,但不是姑息忍让这种行为。第二,要学会仔细观察,找到榜样。"榜样的作用是巨大的"。教师要为学生树立一个可模仿的榜样,要对这个榜样极力表扬、鼓励,让孩子们知道这个榜样就在他们身边,从而促使他们去学习、去效仿。第三,利用学生的好胜心理,展开小组竞赛。低年级孩子的好胜心非常强,他们渴望被他人关注、表扬。教师可以抓住这一特点,针对课前准备工作做得好和铃声响后能迅速安静下来的学生进行表扬,并适当地奖励些小奖品,如橡皮、铅笔等,以此来促进学生做好常规。

一个好的习惯的养成,非一朝一夕,我们教师必须要有耐心和恒心,从刚开始的严格训练,到最后的放手,期间要有一个较长的过程,教师在此期间要扮演好引导、监督、评价的角色,从而使学生能在上课铃声响过之后迅速、安静地坐下来。

(作者单位:江苏省镇江市润州区南徐小学)

小学中高年级问题

兵来将挡

1 从低年级到中年级，从中年级到高年级，班主任该如何帮助孩子尽快适应新的学习生活？

宋雪琴

小天，他的名字很有趣，叫谢天，所以小朋友们会开玩笑地叫他"谢天谢地"。谢天学习上一直很认真，字写得特别端正有力，他作业上方方正正的字体可以让我一下子就想到他的笑脸，那一笑，眼睛都眯成了一条线。他的父母是普通的公司员工，但是工作都不在本市，经常周末才能够回家，他和姥姥生活在一起，由姥姥照顾他的生活起居。

他很早就加了我的QQ，有时候回家作业遇到问题，就会用到QQ的一个功能"戳了你一下"，然后问问题。他父母不在身边，但小家伙一直很自觉，很老实，也很正直，不让人担心。他个子不高，坐在第一排，经常一起玩的是班级里几个小女生，很可爱，四个人一起聊天、画画、开玩笑，还戏称这个小团队为"四小只"，这几个孩子聪明、机灵、活泼、可爱，是非常好的学习小团体，有时候交给他们一个小任务，完成得又快又好！

五年级了，"四小只"中的一只因为家里的原因，回老家念书了。慢慢地，好像他们几个在一起玩的时间就不多了，小天开始和另外一个女孩小慧走得很近，下了课两个人就凑在一起玩一种"斗笑"的游戏。小慧是四年级的转学生，学习基础比较差，对数学和英语学习非常抗拒。

一天晚上，小天又"戳了你一下"，我回了一句"在"，他却没有问我学习的问题，而是和我说了一件事：原来小慧每天早上很早去学校，是因为晚上她数学作业和英语作业从来不写,第二天很早去学校抄,问谁抄呢？就是她的好朋友——小天。小天觉得矛盾极了,一方面,她是自己的好朋友,不给她抄,她会觉得他没义气；另一方面,他又觉得小慧做得不对,觉得她再这样下去,接下来的学习会更差。他内心纠结了特别久,才鼓起勇气和我说这些话,但说完的同时他又特别担心：第二天如果我去批评小慧,他和小慧可能连朋友都没得做了。我明白,这阶段的孩子已经从对父母老师的依恋转化为对朋友的依恋,友情与道义,义气与是非,让小天这孩子纠结了,在他把作业给好朋友抄的那一刻,良心让他过不去,逼得他透不过气来。怪不得最近看他的笑容少了,成绩也有所下滑,原来心里藏着这么一件事。我安抚他我会处理好这件事,并告诉他,老师的目的也是为了帮助小慧,让他放心。当我终于不露痕迹地处理好小慧抄作业的问题之后,小家伙才终于露出了笑脸。

　　一个周五,小天妈妈给我打电话要请假半天,说要带孩子去验血,原来小天快六年级了一直长不高,班里很多同学都一米七以上了,她很担心孩子的发育情况,就带孩子去看一下"儿童保健科"。当天晚上,我看到孩子的QQ签名变成了"烦——"。我和孩子QQ聊天,他诉说了自己长不高的烦恼,我就和他讲了一个故事：以前我带过一个学生,到初三了,个子还在一米六出头一点,爸妈特别担心,也看了很多医生,想了各种办法,吃药、拉伸都没有用,后来到了高二,突然一下子蹿了上去,长到了一米七八,医生说,男孩子的发育普遍要比女孩子晚一点,而且在男孩子中,发育也有早晚的差异。我告诉小天,注意休息,营养均衡,加强锻炼,身高的问题也别太放在心上。

　　期中考之后小天连续三次语文考试都在90分以下,看得出他自己也不满意,他妈妈看了成绩后也是很急切地和我打了几个电话。孩子说：考试没考好,回家被妈妈打了,爸爸还好,安慰他要努力！但是他自己却不知道该怎么努力,抄写默写,阅读练习,都很认真地做了,他不知道该如何提高。我拿着他的三张考试试卷,把他叫到我的办公室,和他分析：试卷的失分题当中一部分是漏了标点,写了错别字,这部分要定下心来认真做！但是阅读理解一块扣分比较严重,基本上都要扣4~6分,很明显看出来,孩子对文本的理解有偏差,我和他一起把读语段、理解语段的方法再读了一遍,小天有了恍然大悟的感觉。我又从书架上找了两本"国际大奖小说"系列的书塞给他："多读课外书,有助于培养语感,提高阅读理解能力,这两本书,老师就送给你了,等你把它读完了,你来和老师说说你的感受,我们也可以讨论一下,好吗?"

　　小学六年,学生从刚进学校的懵懂孩童,到个子一米六十几的大孩子,从低年级到中年级,中年级到高年级,在生理、心理上也会存在较大的差异。随着社会的快速发展,现在的五六年级阶段的孩子已经能从网络以及其他各种媒体上了解很多知识;但同时,也越来越没有防备地接触到很多不良的资讯。他们有着比以前更大的学习压力,需要老师和家长的帮助与支持;在交友上也需要正确的引导,需要学会明辨是非。他们面对的是生理和心理双重的快速变化,要面对的问题也更复杂,需要老师更多的关注,老师也要努力走进孩子的"心",提供更及时的帮助,只有这样才能让他们健康成长!

(作者单位:江苏省苏州市吴中区吴中实验小学)

2 有的孩子学习成绩是很好，但不关心同学和班级，怎么办？

刘 燕

我相信每一个班主任都期待自己所带的班级是这样的：班集体有着浓厚的学习氛围，同学们积极向上、团结有爱、尊师重教。但是，往往理想永远是我们追求的梦想：班级里总有调皮捣蛋的学生，总有上课不遵守纪律的孩子，总有拖拉作业甚至不做作业的孩子……形形色色的问题层出不穷。于是，班主任在本来就繁忙的工作之余，还要解决各类问题。

尤其是在依然崇尚分数的今天，很多家长都会这么教育孩子："班级里的事情少管，你要管好自己，提高自己的分数才是最重要的，活动啊什么的都少参加！"家长们看到的是自己的孩子为了同学和班级的事情忙碌，担心孩子浪费了自己的时间，也担心孩子因此分心而成绩下降，他们站在家长的立场只是看到了自己的孩子这个个体，而没有体会到团体的力量。

但是，作为班主任一定要清晰地认识到：未来的竞争绝不只是分数的竞争，我们要培养的也绝不是考试的机器。任何一个班集体都应该成为一个温暖的学习共同体，唯有在这样的集体中，每个个体才会感受到来自集体的温暖，才能赋予自己更多前进的动力，最终才能成长为一个真正幸福的人。哪怕是坐在路边为他人鼓掌，那不也是一种幸福吗？

我想起了绘本故事《石头汤》：三个和尚，阿福、阿禄和阿寿，行游在一条山路上，他们想要弄明白什么会使人幸福。当和尚们出现时，惊恐的村民们立刻关紧了门窗，熄灭了灯火。这些村民长年在艰难岁月中煎熬，心肠变得坚硬,不愿接纳任何人。可是,和尚们巧妙地诱使他们用石头来煮汤,村民们发现他们不自觉地付出了很多,而获得的回报则更多。于是村民们明白了:分享使人富足。于是我们也便读懂了:只有善于分享的人才会获得真正的幸福!

我喜欢绘本故事,不仅仅因为绘本都有温暖的画面,更主要的是因为绘本总能在故事中隐藏着让人容易接受的道理。小学阶段,无论是低年级还是高年级,孩子们一样喜欢绘本,爱听绘本故事。有时候与其给孩子讲道理,不如给孩子讲故事。

记得本学期期初,我新接手一个四年级的班级,尚未和孩子们见面,我就给家长们写了一封信,信中我提到:"在我的心目中,最好的礼物就是平时积极主动配合学校的工作,心里不仅有咱班的老师,还有咱班的所有孩子。孩子的同学是孩子在小学学习生活中最好的伙伴,伙伴优秀了孩子才会更优秀。所以,任何时候都要想到咱班所有的孩子。……这样的集体不仅有老师的关心,还有几十位父母的关爱,孩子们也才能感受温暖幸福成长!期待咱们班的孩子也能幸福成长!"于是,开学后孩子们不断地感受到来自同学和家长们的温暖:小刘的妈妈和小徐的妈妈积极为大家统一购买了本学期需要共读的书,小李为全班购买了餐巾纸,小徐带来了姑姑自己做的洗手皂,小陈买来了美化班级环境的绿色植物……

每一次,我都适时地在全班同学面前表扬这些心中有班级、心中有他人的好孩子,于是,当同学或老师有困难的时候,孩子们也更愿意伸出援助之手:英语顾老师和小李同学在假期把脚扭伤了,小刘和小舒同学主动申请给她们端每天的中午饭,风雨无阻。以往惹是生非的小刘每次端着老师的饭菜,那个自豪感溢于言表!见着她的老师说,这孩子每个毛孔都透着激动!其实为老师端饭是很辛苦的,每天小刘得提早去吃饭,再按时给老师端饭,但是孩子不觉得辛苦,这个"苦差"无形中成了孩子的荣耀,每天的端饭也拉近了和老师的距离,以前总被老师们嫌弃的她如今也有了用武之地,感受到了在这个集体生活中存在的价值——原来每天她都很重要呢,这跟分数没有任何关系,却让孩子感受到了自己成长的力量。

小李脚扭得比较厉害,平时活泼好动的她如今只能乖乖地坐在座位上,每天享受同学给自己送饭,但她居然还在课堂上传纸条写同学的坏话。一得知这个消息,我就找她谈话,让她回忆在她脚扭伤期间同学们对她的好,再反思自己的行为,她也认识到了自己的错误。

于是我又选择了一首现代诗歌《学会感恩 凡事感恩》和孩子们一起晨诵:"……生活的每一天,我都充满着感恩情怀,我学会了宽容,我学会了付出,我懂得了回报。所以,每天,我都有一个好心情,我幸福生活着每一天。"

成绩好未必会让一个人真正幸福,但是如果孩子懂得了分享,学会了付出,懂得了回报,那么,我相信,这个孩子的人生一定是幸福的,这个孩子自己的成长一定也是幸福的。

好的教学是对学生的亲切款待,它让教室成为一个有温度的学习共同体!

(作者单位:江苏省苏州新区枫桥实验小学)

3 进入六年级,课业负担逐渐加重,很多孩子及家长对学校的节目排练说"不",该怎么引导学生正确处理呢?

宋雪琴

齐齐,性格特别开朗活泼,无论是学习还是兴趣爱好,各方面都发展得很不错:打得了篮球,耍得了击剑,表达能力很强,还能弹一手优美的吉他……他属于那种脑子特别活,学什么都上手很快的孩子。

学校活动经常会找他,因为他总能快速掌握要求,并把任务完成得很好。五年级代表学校参加击剑比赛,捧回了好几个奖杯;学校研究性学习展评,又请他当主持人进行宣讲,因为他临场反应能力强……

但到了六年级,各门功课的学习任务渐渐加重,知识内容也比以前要难,齐齐有时候活动任务一多,就出现了好多次拖拉作业、回家作业不写的情况,有几次他作业没写,却和我说写了但本子忘在家里了,老师的敏感提醒我有问题,果然在孩子的书包里发现了几本并没有完成的作业本。当时的我特别生气,拿起电话就想让孩子家长来学校:居然胆子大到敢欺骗老师了!但看着孩子因惭愧而低下的头,拨号键我并没有摁下去,我让孩子中午来我办公室。

回到办公室以后,我和齐齐妈妈打了个电话,孩子妈妈没接(孩子妈妈是舞蹈老师,有时候要上课),于是我给孩子妈妈发了条短信,询问了孩子最近回家学习的情况。没过多久,孩子妈妈就回复了一条短信:"老师,齐齐的成绩下降得厉害,他本来做事效率就不高,磨磨蹭蹭,有时候晚上写作业写到11点多,直接趴在桌子上睡着了,这怎么行!以后学校的活动也好,班级的活动也好,什么都别让他参加了,一心搞好学习才是!"

看来孩子不是真心不写作业,实在是时间上安排不过来啊!

我又找了学校负责击剑教学的老师和综研学科的老师,他们都反映齐齐是个非常不错的苗子,好好培养,很有前途,如果放弃就可惜了。

中午的时候,齐齐拿着补好的作业来到了我的办公室,一开口:"老师,对不起,我不应该骗你,我想好了,以后学校的活动我还是都退出吧。""你舍得吗?""不舍得,可是——"看得出,孩子太不舍得放弃这些精彩的活动了。

"击剑老师和综研老师觉得你表现得非常好,如果放弃也挺可惜的,但是耽误了学习,影响的可是你的小升初啊!"他的头垂得更低了!"那你想既参加活动又学好文化知识吗?"

齐齐低着的头猛地抬了起来,看我的眼神里也有了光芒:"真的吗?老师快说,有好办法吗?""六年级功课多了,难了,你既要完成作业,又要参加训练,还要写综研课的记录,周末还要练习篮球和吉他。如果不能兼顾,你看是否能放弃其中的一样呢?"犹豫了好久,他说:"那要不综研课的报告就让小袁去写吧,她的文采也比我好!但是老师,我实在不想放弃我练了三年的击剑。"

"我觉得你肯定能兼顾好训练和学习!但最关键的还得你自己努力,要改掉磨蹭的小毛病。你行吗?"

"我一定努力!"

于是,我和孩子一起分析了每天的活动安排,制订了如下计划:

1. 放心班去练习击剑。

2. 大课间参与综研实验和训练主持内容。

3. 充分利用下课的10分钟以及自习课的时间完成课堂作业(请同桌帮助监督)。

4. 如果由于训练没有上到课,一定要找老师或者同学把问题搞懂。

5. 到家减少休息发呆和吃零食的时间,利用好吃晚饭之前的半个小时,不能再等到吃好晚饭才开始写作业(请家长监督)。

6. 最重要的是学会时间管理,利用一切可以利用的时间。比如:早上早起10分钟进行英语和语文的朗读,坐公交回家的路上也可以完成背诵等作业。

7. 每天要保证在9点之前睡觉,这样才能保证第二天上课的质量。

看到这样的计划书,齐齐信心满满地说:"老师,我一定会努力的!"

我马上找他的同桌提出了互帮互助的要求;又电话联系他妈妈,沟通了他在校活动中的精彩表现,临近比赛,放弃非常可惜,我请他妈妈配合监督,让孩子学会时间管理,这样做既不耽误学习,又能发展自己各方面的能力。

一周过后,看得出,孩子脸上的笑容又回来了,作业也没再出现过拖拉现象,同桌说他下课除了上厕所,基本都在完成作业,有时候,小组作业他还是第一个交。

一次,他由于训练,小作文没有听到作文要求,便来我办公室问我。作文题目是《享受_____》,他抓耳挠腮了半天:"老师,你觉得我可以写什么题材呢?"我适时点拨了一下:每次你去练习击剑的时候享受吗?享受流汗的快乐吗?享受和队友们一起训练的愉快吗?享受比赛时的紧张吗?享受胜利时的喜悦吗?"对啊!这是多好的话题啊!谢谢老师!"这篇作文,他写得很认真,也写得很好,修改过后,我在全班朗读,同学们都对能参加击剑训练羡慕得很,他的脸上也都是骄傲。

和孩子妈妈沟通的时候,孩子妈妈也说,有时候他回家忘了学习,只要提醒一下,很快地就去写了,现在每天还能多下来不少时间和弟弟玩,还能看看课外书,看来关键不是节目排练影响了学习,是孩子没有学会时间管理啊!

一个月后,孩子的期中考试成绩出来了,很稳定;后来孩子代表学校去参加苏州市击剑比赛的花剑项目决赛,捧回了一座银色的奖杯,在那天的日记里,孩子这样写道:"看着这座奖杯,我觉得,我这几个月的努力没有白费!……"

是的!孩子,上天不会辜负任何一个努力向上的人!

(作者单位:江苏省苏州市吴中区吴中实验小学)

4 有些孩子热衷于发展自己的兴趣爱好，耽误了学习，该如何引导？

王　燕

"这次妮妮单元考试才考了83分，班级平均分都不到啊！"坐在我前面的周老师"痛心疾首"地说着。妮妮是我们学校一个教师的孩子，属于"多才多艺"的能人。一二年级的时候学习成绩还能在班级中名列前茅，但是到了四年级后，感觉学习成绩有下滑的趋势。

"她的成绩怎么会这样呢？应该是一个聪明孩子啊！"因为我和她母亲是好朋友，心里自然也很着急。"她啊，你看呢，早上到教室看不到她人影的，去参加合唱团了。傍晚去教室又看不到她，去参加鼓号队训练了。听说周六周日还要参加舞蹈训练班，真够忙的！哪有时间订正作业，哪有时间复习功课啊！"周老师不禁摇了摇头！

看来这个孩子真是兴趣广泛啊，但这样下去总不是办法，得找个机会和她妈妈交流一下。正好周末几个闺密小聚会，她妈妈也在其中，于是我便和她妈妈聊起了这个事情。"我也没有办法啊，她就是喜欢，我和她说不要参加那么多了，可是她不听，说不愿意放弃……"她妈妈也是一脸无奈。"兴趣广泛自然没有错啊，但是问题是她现在文化课学习的时间都被挤占了，我觉得你应该和她谈谈，如何做到学习、兴趣两不误。"我诚恳地表达着我的建议。"嗯，确实是有点严重了，正好这次考得那么差，我来和她谈谈吧。"

"咦，妮妮这次默写全对啊，很久没有默写全对了！"周老师惊喜地说着。哦，看来上次与她妈妈谈了之后有效果哇，她们是怎么谈的？用了什么方法?我倒是很好奇。中午吃饭时正好看到妮妮的妈妈,于是我便坐过去和她一起吃,顺便问问她。"今天听周老师说你家妮妮默写全对啊,不错啊!"她妈妈一听可乐了:"是吗?昨天我看她自己在那里复习呢,看来那次谈话很有效果啊!""你怎么和她谈的啊?我也学习一下。"我一脸期待。"你和我说了后,晚上我就找她谈,我就把现状和她分析啊,让她反思学习成绩怎么会下降那么快。然后我们一起针对原因想办法。她也意识到问题的严重性了,所以倒也很诚恳,只是仍然不肯放弃自己的那些爱好。我也不逼她,但是我要她制订一份计划,把自己的时间分配一下,做到学习的时间不做无关的事情,训练的时候认真训练。哦,还有,我教了她一招,利用好自己的'碎片'时间,比如,周六去上舞蹈训练班的时候,路上要花40分钟时间,我提醒她可不可以利用一下,她说可以用来背诵语文和英语。哈哈,看来效果真的不错啊!"

我们经常会看到一些孩子在才艺表演上胜人一筹,经常参加各种比赛,并且获得名次,但是学习成绩却不怎么理想。从加德纳的"多元智能"理论来说,每个人的智力都有独特的表现方式,每一种智力都有多种表现方式,所以,我们很难找到一个适用于任何人的统一的评价标准来评价一个人的聪明和成功与否。作为老师,我们不能单一地以学习成绩来衡量一个孩子,但是也不能就此放松对孩子的引导,因为小学阶段是为孩子未来人生打基础的阶段,各科的学习仍然是最重要的事情,要引导孩子合理安排时间。上面事例中的那个孩子妮妮,因为合理安排了自己的时间,最后学习成绩逐步提高了。

(1)引导制订计划,合理安排自己的时间。一个人的时间是有限的,精力也是有限的,在兴趣爱好方面花的时间多了,在学习方面花的时间自然就少了。那么,如何平衡这种关系呢?比较理想的做法是:引导学生制订计划,把自己有限的时间做一个合理的安排,做到"兴趣爱好"和"学习"两不误。

可以引导学生把自己的时间以时段划分出来,列出下面这样的表格(见下页),然后和学生一起讨论,在这些时间段中可以安排什么事情,把一些"碎片"时间利用起来,日积月累,也可以达到惊人的效果。比如早上起床后,可以背背单词,背背课文。在到校的路上,也可以背一背。午休的时间比较长,如果放学后有训练的安排,那么就要利用好这段时间,完成一些作业的订正或者提前做一做回家作业,安排一些复习巩固的练习,这样就不会因为放学后的训练而耽误作业的完成。表格的最后一列是为了督促学生进行自我检测,以此引导学生坚持下去,最终成为自己时间的主人。

时间段	可以安排的事情	完成质量
早上(未到校)		☆☆☆
中午(午间休息)		☆☆☆
放学		☆☆☆

（2）通过具体事例,让学生懂得学科知识的重要性。在一些热衷于发展自己兴趣爱好的孩子看来,文化课的学习只是"副业",因此只要应付一下就可以了,他们觉得自己将来的理想是当"舞蹈家""歌星",只要把舞蹈、唱歌练好就万事大吉了。这些孩子在内心就没有认识到学科知识的重要性,要改变这样的情况,就必须让他们认识到学科知识的重要性。比如,让孩子给亲戚写信,书信是生活中常用的一种应用文体,在人际交往中发挥着重要的作用,一封信能体现一个孩子的语文水平,一封情意深厚的书信,一个个端正娟秀的字迹,可以给人赏心悦目之感。相反,一封错别字很多、词不达意还不能清楚说明事情的信会让人心生反感。可以让孩子利用数学来分析家庭的收入和支出,预算家庭的重大开支;社会的发展对于英语的水平提出了更高的要求,可以让孩子利用所学的英语与外国朋友建立一些联系,看懂一些物品的英文用法说明书……以上做法实际上就是用生活来教育孩子:现在的文化课学习并不是无关紧要的,是为将来的学习和生活打基础的,这样学习文化课的重要性就会在孩子心中生根。

（作者单位：江苏省苏州市吴中区碧波实验小学）

5 高年级的孩子妒忌心理逐渐增强，如何营造良性竞争氛围？

张 华

"张老师，评三好学生时小 A 在拉票！而且还说不要投小 B 的票，所以这次小 B 票数少了。"教育局会议回来的路上，手机跳出这条信息，我顿时蒙了。每次评选三好学生，我都将他们的平时、调研和期末成绩公示出来，再根据平时表现综合进行推荐，然后进行无记名投票，公开唱票，统计票数确定三好学生候选人。由于班级里教师子女比较多，为避免家长的多想，我都是根据成绩排名、投票排名，再加上任课教师的投票排名，综合这些因素加出总分进行排名，最后汇总出三好生名单。我自认为是公平公正地在进行评优工作，没想到，海面看似平静，底下却波涛汹涌。仔细分析，小 A 和小 B 成绩不分上下，每次调研或期末考试时，他们自己都将单科和语、数、外三门课的总分进行排名，结果总是不相上下，相互之间是竞争对手。这次拉票，也许是小 A 有了危机感，便产生妒忌心理，做出了这样不够理智的举动。

如今，择校热直升，一张三好生奖状也许就会直接影响孩子择校的结果，不仅家长重视奖状，对于六年级的孩子来说，他们自己也十分清楚这一切。当今的教育浮躁、功利，孩子的妒忌心陡增，这样的社会环境无疑也给我们班主任的工作带来了挑战。

记得培根说过："嫉妒这恶魔总在悄悄地、暗暗地毁掉人间最好的东西。"从学生的心理发展特征来看，进入小学中高年级，学生的妒忌心渐渐产生：见别人的成绩超过自己，不是见贤思齐，而是在背后对其进行打击，或者通过不良手段来超越他人。长此以往,不仅影响学生自己的情绪,更影响同学间的关系,严重者甚至视对方为"敌人",影响身心健康。然而,很多现象的出现都有其两面性,穿过"妒忌",另一面同样也有阳光。那如何来营造良性竞争氛围呢?

一、转变教育观念,树立全面育人的观念

在中考、高考的指挥棒下,无形中产生了竞争,这样的竞争同时也蔓延到了小学中高年级,一次次书面练习、调研,无形中给孩子和家长带来了竞争的压力。

班主任,作为学生健康成长的引领者,作为班级教育活动的主要组织者和实施者,在日常的教育教学工作中起着至关重要的作用,必须以新课标的实施为契机,在课堂教学、班级管理、课外活动等教育教学过程中充分贯彻以人为本的观念,一切从学生的实际需要出发,一切为学生的健康成长服务。同时,还必须积极开展家长学校、家访等活动,帮助家长树立正确全面的育人观,寻找正确的教育方法,引导家长科学、智慧育人,努力让孩子的这份好胜心驱走妒忌的阴霾,寻找到那一缕阳光。

二、改变评价标准,让每个孩子都有机会得到认可

对孩子的期望值不能太高,不能将成绩作为唯一的评价标准。老师对考试成绩不要排名,对成绩不够理想的孩子不能当面批评或数落,他们更需要呵护与鼓励。同时,老师还要引导家长对孩子的奖励决不能只看其成绩,也不能因疼爱和喜欢就对孩子的品德、能力过分赞赏,或者因自己的孩子在某方面不如别人,就经常埋怨、指责孩子。

对孩子的评价应重过程、轻结果,建立学生个性发展档案,记录学生的成长足迹,注重学生的纵向提升。期末评优时要将学生一学期的表现作为主要条件,关注学生各方面能力的发展。

绿叶形状不同,颜色也有差异,但是它们都能给大自然带来生机。一个班级的学生也是如此,他们都有闪光的一面,教师应该努力让他们发挥优势,在班中尽显精彩。评优应以德为先,设立多种评优项目,不能只评几个三好生和优秀干部,还应设立特长、品德、行为等方面的单项奖,相信在这灿烂的阳光下,"妒忌"之心没有存在的土壤。

三、搭建成长平台，树立良好的自信心

每个人都应该在班集体中有实现自己价值的平台和机会。因此，我们老师更应该完善班级管理制度，实现"人人都是管理者"的理念，除了班干部竞争上岗，定期轮换之外，还应根据实际情况设立多个岗位，给每位学生表现自己、展现才华的机会，让学生认识到每个人都有价值。

坚持活动育人。班级应经常开展丰富多彩的活动，让更多的学生在活动参与的过程中得到锻炼与提升；同时，还要让学生感受到自己是集体中的一员，不可或缺，大家在一起共享乐，共分忧。

四、运用心理学理论，正确认识妒忌心

妒忌心理是一种于人有害、于己不利的不道德心理。妒忌者常常处心积虑、耗费心机去算计人，消耗了不少才智和精力，而且妒忌他人的优越性，其内心也会很痛苦。因此必须彻底清除妒忌心理，树立起正确的自我形象。

班主任可以充分利用晨会和班会，对学生进行正确的心理引导，或借用一些具体的案例让学生深刻认识妒忌的危害。丰富多彩的班会活动可以让学生真切感受到集体的温暖，班级同学友好相处、携手共进的重要性。

当学生出现妒忌心理时，可以组织他们做一些心理游戏，让他们在活动中体验这种心理带来的危害。还可以采用心理换位的方式，让学生学会尝试站在对方的角度去思考，通过这样的体验让学生驱散妒忌心理。

人都会有一种渴望成功的愿望，有一种要超过别人的冲动。因此，教师可以在日常的交流中，采用心理暗示让他们感觉"我很棒！我能行！"以此来暗示这类学生，给他们前进的驱动力，并使他们朝着明确的目标努力，做最好的自己。这种心理暗示有助于驱散因妒忌而产生的消极心理，让妒忌成为一种强大的动力，激励或唤起勇于探索和超越自我的力量，使自己有所作为。

总之，作为教育工作者，我们要充分重视学生的妒忌心理，分析每位学生产生妒忌心理的原因，并积极加以引导。同时通过家访等途径，使学校教育与家庭教育相结合，形成合力。只有这样，我们的教育才会落到实处，才会使每一个学生都沐浴在阳光下，健康快乐成长！

（作者单位：江苏省苏州市吴中区宝带实验小学）

6 青春期的男孩、女孩，生理、心理都有很大变化，小烦恼也随之而来，该如何陪伴他们顺利走好这一段路呢？

王 燕

下了课，我和几个好朋友一起在走廊里踢毽子。突然，小安急忙扔下毽子飞奔向厕所，大家都没太多注意，我笑着说："一定是拉肚子了！"于是我们接着玩，"怎么还不出来？"小晶仰着头问。"那咱们去找找她吧！"小静瞧着小晶说。"好！"于是我们俩一个飞奔急忙到了厕所，小声叫道："小安，你在哪？""在这儿！"小安轻声说。"你掉里面啦？"小静笑着说。"你们有纸巾吗？"小安急忙问。"有啊，你咋了？还不出来？"小晶和小静不耐烦地说。"快，把纸拿来！""哦！"

数学课上，老师正滔滔不绝地说着，可小安却趴在那里动也不动。小安平常上数学课虽不积极发言，但也不开小差啊！很快数学老师发现了小安的异常，说了小安一句。

不一会儿，课结束了，小安又急忙疯狂地直奔去了厕所，我们俩也悄悄跟着去了。"小安，你和屎壳郎聊天呢？""你别乱说！你们两个进来吧！""我们可不想跟屎壳郎聊天啊！""不想就算了，哼！""那好吧！"我们答应了下来。走进去后发现小安在流血，我们给小安的纸上都是血，我们吓得嘴张得很大很大："你怎么了？生病了吗？怎么流血了呢？要不要告诉老师呀？……"我俩没了主张。"没事的，不要告诉老师！拜托你们了！"小安竭力阻止我们。我俩见她这样也只好作罢，只能好好地照顾她。中午吃饭，我还把我的汤让给了她……

故事里的"小安"正在经历一个女孩子成长中必经的发育阶段，而她的同伴显然还没有做好相应的心理准备，显得有点惊慌失措。这些孩子，他们的生理正在发生着变化，而处在这个变化阶段的孩子对自己的这些变化又特别好奇，他们有迫切了解的愿望。

从上面的案例可以知道，这些孩子已经步入"青春前期"，生命已经向他们敞开了一扇通往更为多彩世界的大门，在这样一个重要的门口，作为老师应该做些什么才能让他们顺利通过呢？

每个孩子青春种子萌芽时，最先发生微妙变化的就是他们的身体。这些身体上的变化，有的是"显见"的，有的是"隐秘"的，作为老师，要有"预见"，做好必要的前期"辅导"，让孩子能从容面对自己的身体变化，使心理上的波动小一点。

（1）自然而然地进行知识的"导学"。对生理发生变化的孩子，为了避免"状况"来临时的"惊慌失措"，老师应该提前对孩子进行生理卫生知识的教育。现在这类教育读本已经很普遍了，在诸如《品德与社会》中也有提及，教师可以在讲述那些内容的时候自然提及此方面的知识，给孩子们一些"预警"。

既然是每个人都必须经历的发展过程，教师在与孩子讲述这些生理变化的时候就要做到"自然而然"，不要表现出大惊小怪，让孩子懂得这些变化是自然的，没有必要惊慌。要抓住生活中的教育契机进行讲解，不要显得很刻意，如当孩子讲到身边同伴的变化时，老师可以此为话题，进行相关的知识普及。还可以让父母带孩子去书店，为孩子精心挑选一本相关的书籍，指导孩子学习。父母可以先学习一下，然后有针对性地"导读"。

（2）由浅入深地教育孩子保护自己和他人。在讲解这些生理卫生知识时，要做到"由浅入深"，从最基本的知识入手，让孩子逐步懂得该怎么做，该如何面对发生的一切。进而讲解发生这些变化的原因，其中的道理及这样应对的重要性，让孩子懂得自己正在慢慢"长大"之中，感受到成长的自豪；也懂得因为这份"长大"会带来的一系列问题和责任，注意自我保护，不去伤害他人。

（3）悉心关注孩子的细微变化。有些孩子可能会对这些变化产生厌烦心理，觉得太麻烦，思想上也忽视它。教师要给予悉心关注，告诉孩子只有正确对待，才能为以后的健康成长奠定坚实的基础。教师还可以在那些特殊的日子里，给予孩子必要的关心，引导他们转移注意力，充实自己的生活。在日常生活中，教师要经常询问和观察，当孩子身体出现异常时，要让其及时就医，以免因为治疗不及时而酿成大问题，造成身体上的伤害。

总之，教师要呵护好孩子的身体，帮助孩子健康快乐地度过这个特殊的时期。

（作者单位：江苏省苏州市吴中区碧波实验小学）

7 班里女生太蛮横，动不动就"教训"男生，导致男生都不敢惹女生，甚至被欺负了也不敢说，如何让女生更可爱呢？

王 燕

说到学生小然，所有任课教师都一致反映：这个女孩子"厉害"的。用他们的话说，只要她在教室里，就会一切正常，秩序井然，有的老师在还没有她在的效果好。小然是我们班级的老班长了，说"老班长"，是因为从一年级开始她就是班长，直到现在五年级，她还是班长。我有一次听到女生在她背后说她是"女王"，我心想：这个名字还挺贴切的，看她在女生中那种"说一不二"的架势，还真有点"女王"的气概。有她在，我这个班主任就轻松多了。

"王老师，小杰哭了，您快去看看吧！"啊？小杰可是我们班男生中出了名的"好说话"了，脾气好，文质彬彬的，谁欺负他了啊？我赶紧跑到教室，只见几个男生围在小杰周围，一个个义愤填膺的样子。"出什么事情了？"我拨开人群，看到小杰正趴在桌子上，肩膀抽动着，看来真的很伤心啊！"小杰，怎么啦？"可是不管我怎么问，他就是趴着不肯说。边上几个男生有点奇怪，眼神一直往小然那里瞟着，但是又闪烁不定。再看同桌的小然，今天也有点不对劲，脸红红的，看看小杰，又看看窗外。这两个人肯定有事！

我单独把小然叫出了教室："说吧，怎么回事？"我料定问题一定出在小然身上。"老师……其实也……没有什么事情啊……"她吞吞吐吐。"那怎么小杰哭成那样了？""他……他也真是的,这样就哭……"看吧,就知道小然有问题。"不要让我猜了,快点说说你怎么他了？"我有点不耐烦了。"老师,真的没有什么事情啊,他写字的时候过界了,我就轻轻推了一下他,结果他就哭了！真是的……"就为这事？似乎真的没有什么啊！肯定不止这些吧？

我又把小杰叫出了教室,他终于不哭了。看着他一脸委屈的样子,真是令人心疼啊！"小杰,小然说因为你写字的时候过界了,她就轻轻推了你一下,是不是这样？""老师,哪里是轻轻地啊,她打了我好几下呢！"小杰叫了起来。"哦,打你了啊,但是你是男子汉嘛,女孩子打两下就要哭啊？"我有点不理解了。"老师,您不知道,自从和她做了同桌,她一不高兴就打我。不借书给她看,打；她问我问题,我不理,她又打……她的拳头可厉害了,老师您看！"小杰卷起衣袖,哇,他的手臂上有几块红肿的地方呢！这小然,下手还真狠啊！"老师,其实我早就想和您说了,我不喜欢和她坐,她就是一个'霸王'！"小杰低着头,轻声说着。"那你怎么不和我说呢？"我也急了。"我……我想您一定站在她一边的,才不会相信我们说的呢！"他很委屈地叫着。边上几个男生也开始附和："就是啊,她欺负我们,我们都不敢和您说！"也是啊,班级里的事情我几乎让小然全权处理,因此长久以来我对她的信任让同学们觉得我完全站在她一边了。这样下去可不行啊！小然是个敏感要强的孩子,当面直说并非好办法。怎么办呢？

正好本单元要求的大作文内容是给同学或亲人写一封信,于是我灵机一动：让同学们来给班里的同学写写信吧,让他们把自己一直以来很想说又说不出的话都倾诉在信中,也许能让我看到孩子们的真心,找到教育的突破口呢！

"小然,你是我们的老班长,你学习成绩好,能当好老师的小助手,我们都很服你。但是你在很多事情上却表现得那么霸道。就说小杰吧,他可是我们男生中的'绅士',我们有什么问题也喜欢请教他。为什么我们不愿意请教你呢？因为你动不动就来一句'这么简单,你还不会啊？'让我们很难堪。教了一会儿我们还不会,你就会动手打我们的头,那么'凶',实在不敢靠近你啊……"一个男生在信中这样写道。

"小然,作为和你一样的女孩子,我觉得我要真诚地告诉你,女孩子不能那么凶巴巴的,有时候虽然你明明是对的,但是你老要'动粗',害得我们女生都不敢找你玩。你知道男生都在背后叫你什么吗？——母老虎！你还记得上次评选'三好生'吗？那么多男生都不选你，后来还是王老师力挺你，你最后才没有失掉这个称号。我都替你捏了一把汗呢！小然，我妈妈说女孩子就该温柔、善解人意一些，虽然我觉得现在社会上女强人很多，但是我还是喜欢你温柔可爱的时候，我想大家一定也是这样想的……"一个女生这样写道。

这些孩子的话，这些同龄人说的话，比我这个老师说的更加管用，更能激起小然的共鸣。小然看了这些同学的信后，陷入了长久的沉思。她是一个懂事的孩子，我相信她一定能读懂字里行间的那份期待！

渐渐地，我真的发现小然变了，再没有发生与小杰闹矛盾的事情，在管理班级的时候也不那么霸道了……期末评选"三好生"，她全票通过！

小学阶段，女生占据着"班干部"的"大半壁江山"，有的甚至全部是女生，有些女生因此很"傲气"。而这个时候，光靠教师的引导是不够的，还要发挥"朋辈"的力量。同龄人的话往往更能切中要害，让那些女生看到自己在别人眼中是怎么样的人。孩子在进入青春前期后更加看重同龄人的看法，也更在乎自己的形象，因此可以采用本文事件中的办法，通过书信的方式来让孩子们畅所欲言，让孩子们在文字中感受各自的真心。也可以通过座谈、班会的形式，让大家在活动中了解各自的想法，确立正确的观念。

对于"霸道"女生，还可以通过推荐阅读杰出女性传记来引导其从人物的成长中感受到什么样的女孩子才是最具魅力的。还可以让其阅读一些女作家的作品，从字里行间感受女性作家独有的温柔及爱，逐渐改变那些"霸道"的行为，变得温柔可爱起来。

（作者单位：江苏省苏州市吴中区碧波实验小学）

8　沉迷游戏世界的孩子，该怎么让他走出来？

王　燕

　　走过德育处的门，看到里面站了很多人，有老师、家长，还有一个长得高高大大的男孩子。肯定又是发生什么大事情了！德育处就是一个"是非"之地，只要学生打架了、摔跤了、逃学了……总之只要哪个学生身上发生了事情，德育处就是"三堂会审"之地——教师、家长、学校领导一起教育。

　　我轻声问姚老师(班主任)："这是发生了什么事情？"姚老师指指那个男生，痛心疾首地说："就是这个小军哇，又是两天不来学校上课，结果又泡在网吧打游戏了！"听姚老师这样一讲，我突然想起来以前听办公室老师说过，六年级有个出了名的孩子，上学是"三天打鱼两天晒网"，不在学校的日子就是去网吧打游戏了，看来就是这个"小军"无疑了！孩子成了这样，家长难道不管管啊？真是令人费解。再看看那对父母，父亲盯着孩子，眼中似乎冒出了火，气得话也讲不出了；那个母亲呢，一味地说着："你怎么能这样呢？你为什么总要去打游戏？……"而那个孩子呢？耷拉着脑袋，一声不吭。看来父母拿这个孩子真是没有办法了！

　　"三堂会审"的结果就是：第一，父母每天把孩子送到教室里；第二，放学以后父母准点来接；第三，休息日父母要关注孩子的活动。父母连连点头同意，之后便离开了学校，那孩子也回到自己的班级去了。姚老师看着那孩子的背影，无限惋惜地对我说："这个孩子其实真的很聪明，都是家长造的孽啊……""为什么这样说呢？"我很疑惑。"他的父母啊，只顾自己做生意，家里钱倒是赚了很多，但是孩子就这样丢掉了，不管不问的！""难道这个孩子成了这样，他们也不着急、也不管啊？"我惊讶。"管？他们连孩子晚上睡在哪里都不知道,你说他们管什么啊?"姚老师气愤地说。真是太不负责任了!"你看着吧,家长现在答应得倒很快,坚持不了多久的,又要推托自己忙,让老师多照应。"姚老师摇着头走开了。

果不其然,那个孩子来学校上学不到四天,又不见人影了!老师打电话询问,家长说自己正在外地出差。就这样,那孩子又处于"无人管束"的状态了。

"怎么办呢?这个孩子这样下去就全毁了啊!"姚老师又急又气地说着。我完全理解她的心情,每当看到那种本来可以成"才",最后却因为种种原因而自暴自弃的学生时,作为老师总会既不甘心又很无奈。作为她的好朋友,我很想帮她一把。"你有没有想过他为什么沉迷游戏世界?我觉得从他的家庭情况来看,他无法得到来自父母的关爱,而在虚拟的游戏世界里,他一定获得了在现实世界中无法得到的东西,因此他走不出那个世界。"我的话让姚老师陷入了沉思……

"你知道他有什么特长吗?"我希望找到突破口。姚老师想了想说:"好像篮球打得不错,上次听体育老师说的。""那你和他谈谈,让他参加学校的篮球社团呢,也许能转移一下他的注意力。""好的,那我就试试吧!"姚老师的眼中充满了希望。

四天后,吃饭时我坐到姚老师旁边问道:"怎么样?他愿意去参加篮球社团吗?""愿意的,听说一去因为表现好,社团老师让他当队长了呢!"姚老师很激动。"是吗?真好!那这两天他到校情况如何?"我接着问。"不错不错,每天都能来学校。"看来有效果了。"我从你那里得到启发,我安排了班长和他结成学习小组,放学后到他家里和他一起做作业。所以,他回家作业虽然做得很少,但是也能做一点了,真是大进步啊!"看着姚老师欣喜的眼神,我的眼前仿佛出现了一个孩子明朗的笑容,多好!

孩子沉迷游戏,绝大多数是因为现实世界没有给予他们希望得到的东西,诸如成就感、关爱、刺激……而虚拟世界可以给予,因此他们流连在那个虚拟的世界里,从中感受着自己存在的价值。要让他们走出那个世界,就要努力让他们感受到现实世界的美好。班主任要努力营造一个良好的班级氛围,让同学们都来关心这个孩子,给他帮助和温暖。还可以努力挖掘这个孩子的优点和长处,在班级中为其特设一些岗位,让其发挥出作用,让他感受到自己有"用武之地";也可以组织班级活动,给他搭建舞台,让他展示出自己的另一面,增强他的自信心。

沉迷游戏的孩子，家长大多疏于沟通，孩子在家庭中没有倾诉的人，只有在游戏中敞开心扉。要改变这样的状况，班主任务必与家长沟通，引导家长行动起来，抽出时间来与孩子进行交流，尤其是五六年级的孩子，他们的身心成长正处于人生的重要关口，需要家长及时引导。在沟通时，家长一定要注意自己的态度，因为这个阶段的孩子自我意识逐渐增强，家长如果一味强硬，孩子是不会听进去意见的，反而可能与家长对着干，这样就无法达到教育效果了。家长还要多组织一些家庭活动，例如出游、聚会，让孩子转移注意力，走出游戏的世界，回到现实世界，回到人群中，并慢慢融入其中。

（作者单位：江苏省苏州市吴中区碧波实验小学）

9 如何引导孩子正确看待并用好网络这把双刃剑？

张 华

有家长反馈，QQ名为"柯南"的孩子在QQ上发信息，那些话根本不是六年级孩子应该说的，我一看，确实如此。放学后，我在教室陪几个学生完成作业。突然小张妈妈进来了，于是我和她进行了交流。在交流中我提醒小张妈妈：孩子平时可能上网时间比较多，影响了作业质量，临近期末，更需要合理安排时间。这时，我就趁机问孩子们："我们班级谁上网比较多？"结果几个孩子七嘴八舌地说了好几个学生的名字。我连忙又说："那他们经常在网上交流些什么呀？"突然，小张说："上次小蔡在网上发了一段话，他换了名字。"

走在回家的路上，我在思考：既然事情已经出来了，我该怎样跟学生讲呢？这样的事情，在班上大张旗鼓肯定不恰当。孩子们在使用网络时出现问题，靠堵不是妙招，需要我们老师适时疏导，让孩子们正确使用网络。然而学生又处于似懂非懂的年龄，男女生相互有好感，朦朦胧胧，也是正常现象，如果堵，容易使孩子们产生反感，甚至适得其反。

第二天上作文课，题目是《我喜欢或崇拜的人》，我于是说道："我喜欢的人，可以是老师、同学、家人等等。"然后我就组织学生进行交流，孩子们纷纷说出了自己喜欢某个人的原因：乐于助人、成绩优秀、爱好广泛，女孩子长得漂亮，男孩子长得很帅，在篮球场上英姿飒爽……大家说得都很好！我接着对学生说道："每个人都有自己的优点或长处，我们利用网络可以进行交流，谈谈对同学的欣赏，并且说出理由；我们可以与自己的父母、朋友交流，甚至与自己在阅读中所欣赏的人进行交流，在分享中，我们可以从这些值得欣赏的人身上受到启发。"于是我建议孩子们利用双休日在群里展开讨论,主题就是"我欣赏的同学"。听到这一建议,孩子们兴致很浓,决定利用双休日的时间进行交流。我也参与了他们的讨论,看到他们你一言、我一语,聊得起劲,我感觉这是一个契机:QQ 群,可以成为学生锻炼成长的平台。第一次交流后,我顺势进行引导,组织他们讨论:我们还可以利用网络做些什么呢?见大家畅所欲言,我便让最喜欢上网的小蔡和小金作为负责人,召集大家进行讨论并开展活动。我继续说道:"活动前,可以跟我简单汇报一下,说不定我还可以提出一些合理建议。"他们也一致认为这是个不错的设想。后来,孩子们在 QQ 这一平台上开展了不少丰富多彩的活动,如以"宝带桥"为题进行研究性学习,孩子们上网搜索宝带桥的历史、修建情况、设计者、目前的情况等方面的知识,了解与宝带桥有关的人物、事件,或者与宝带桥相似的各种桥的文字、图片,收益良多。又如,以"树"为话题,上网搜资料,了解不同季节、不同地区、不同品种的树的特点,在网上进行交流。类似的主题还有"花""草""航天飞机""苏州园林""水八仙"等,这样的主题探究活动丰富了孩子们的课余生活,拓展了知识面,更重要的是起到了引导他们正确运用网络优势的作用。他们还成立了不同的小组,如新闻播报组——上网了解国内外的大事,网上分享,利用晨会交流,名人传记组——搜索名人故事,定期召开专题班会,创新发明组——搜索了解最近的一些新发明,使大家开阔眼界,生活智多星小组——搜索各类生活小妙招,解决自己实际生活中的一些疑惑,有些小妙招还带回家与家长分享。孩子们还利用寒暑假,在网络平台上一周举行一次"空中课堂",大家一起交流假期生活,进行才艺展示等,虽然没有见面,但网络让彼此的心仍然凝聚在一起。

"忽如一夜春风来,千树万树梨花开"。互联网一出现,便以它的交互性、即时性得到了迅速普及。网络让世界变成了地球村,交流、互动如此方便,不出家门便能购物、缴费、工作。网络又像一本百科全书,谁也难不倒"度娘",她会帮我们找到自己不知道的知识。网络又像一个游乐场,点击鼠标、敲打键盘,便能在充满趣味和刺激的游戏场中游玩。这样的世界,比课堂教学不知生动多少,比双休日的课外兴趣班更自由、更快乐!然而,天真、善良、脆弱的孩子们对很多情况还缺乏明辨是非的能力,对于网络这个充满诱惑的世界,他们又缺少筛选能力,往往会沉迷其中而无法自拔;甚至有可能在聊天中被不法分子获取信息,为其实施犯罪创造便利条件。

面对这些潜在的威胁,担心是无济于事的,重要的是帮助孩子建立起一道内心的防护墙和杀毒网,保护孩子心灵的纯净与健康。因噎废食,阻止孩子上网,拒绝孩子接受新生媒体也是没有道理的。其实堵不如疏,越是阻止,孩子对此越充满好奇。我们教师、家长一定要善于引导学生用好网络这把双刃剑。

首先,让学生树立正确的网络观,提高明辨是非的能力。

孩子在初步接触网络时好奇心很重,而且对网上内容没有明辨是非的能力。由于有很多孩子沉迷其中,不少家长便选择了让孩子远离网络。"如果错过互联网,与你擦肩而过的不仅仅是机会,而是整整一个时代。"王峻涛的这句话其实就告诉我们,逃离并不是最佳选择,我们必须去面对,家长和老师必须帮助孩子正确选择网络信息源。明确孩子上网的范围,收藏一些适合孩子学习浏览的网站,让孩子在这些健康网站上找到学习和娱乐的兴趣。老师和家长还应通过网络安全程序屏蔽不适宜孩子浏览的网址,防止孩子不小心掉进漩涡。此外,老师也可以定期利用晨会、班会介绍一些网络陷阱,让学生了解不健康上网的危害,逐渐提高他们明辨是非的能力。

其次,要丰富网络活动,发挥网络的正能量。

网络是一个精彩的世界,它具有极大的魅力。网络既给德育工作带来了挑战,也为德育的实施提供了有效的手段。网络道德教育如果采用传统的教育方式或手段必然显得枯燥呆板,难见成效。教师应采用生动活泼的形式和正面疏导的方式对学生进行教育。我们可以利用网络"润物细无声"地进行网络道德教育。就如我上面案例中所提到的丰富多彩的德育实践活动,这类活动有助于充分发挥网络的正能量,使他们的综合素养得到提升。

最后,发挥家校携手的力量,挖掘网络的最大优势。

对中小学生进行网络道德教育,不仅是学校的任务,还需要社会、家庭的密切配合。学校要加强与家长的联系,指导家长与孩子共同创设绿色健康的家庭网络氛围。学校应该在校内营造一个大环境,全方位进行网络道德教育。在家庭教育指导中,要求家长在家处处以身作则,健康上网,"随风潜入夜,润物细无声",让自己的一言一行成为孩子们学习的最好榜样。一旦发现孩子沉迷网络,宜疏不宜堵,应耐心、正确地进行引导,多一点陪伴,丰富孩子在家的生活。

总之,网络和学生的学习与生活密切相关,需要教师正确合理地引导、教育,切忌"一棍子打死",学生上网学习尚处于起步阶段,要注意引导和保护。只有这样,才能更好、更快地让孩子们的"未来"与国际接轨。

(作者单位:江苏省苏州市吴中区宝带实验小学)

10 如何让班队活动、晨会课这两个阵地的活动更有系列性、实效性？

刘 燕

> 阳光之爱可以融化冰雪，春风之爱可以萌发草木，雨露之爱可以滋润禾苗……没有爱，就没有教育。
>
> 人生是一条漫漫长路，但只要拥有一颗充满爱的心灵，人生就是一次愉快的旅程。
>
> ——摘自《爱的教育》

六年的小学生活，一个人一生中最为纯真的岁月，作为小学老师，尤其是班主任，我们究竟给孩子留下了什么？当这些孩子成人后，回首这六年的时光，又有多少温暖的片段留存在他们的记忆中？

是的，我十分肯定地相信，唯有那些让孩子感受到温暖的一刻，才会永远留在记忆深处。而说到温暖，很多人也许会联想到给孩子的关怀：给孩子系一次鞋带，带孩子去医院，抑或给孩子一个拥抱……其实，我们都忽略了班队活动、晨会课这样的集体生活，在某种程度上它们更让人记忆犹新。

在我们常规的印象中，班队课就是节目表演，比较糟糕的就是班主任训话，晨会课等同于常规训练课。其实我们可以想象得到，这样的课堂也许确实能收到短期的效果，学生迫于班主任的威严也许不敢造次，就算要违规也只能偷偷摸摸。但是，学校是什么地方？那是生命拔节的地方，是孩子成长的乐园。如果孩子在这样的课堂上感受到的只有"规则"，那么他(她)的心中是否也如一片沙漠？我们需要"温和而严格"的教育，"温和"在前，只有让孩子亲其师才会信其道。

每天短短的晨会课是常规训练最好的时间，最好利用几分钟时间表扬一下前一天或者近期某些方面有进步的孩子，一来是早上时间，批评过多容易影响孩子一天的情绪，有的时候反而会吓到那些比较乖巧的孩子，二来表扬更容易让孩子接受，可以让那些没有被表扬到的孩子暗暗反思自己还有哪里做得不够，以争取下一次晨会课能让老师表扬到自己。

都说好孩子是夸出来的，班主任完全不必吝啬自己对孩子的表扬，但要注意的是表扬一定要有针对性。每周的常规训练一定要有计划性，可以在周一的晨会课上将一周计划告知孩子，要怎么做、做到什么程度都要让孩子心中有数。例如要求孩子学会整理，告诉他们课后要及时整理好下节课的书本，课间休息时要整理好课桌里面，书本摆放要有序。然后班主任就要在课间的时候注意观察，发现做得特别到位的，可以将整理得特别整齐的课桌或桌面拍照，第二天晨会课的时候把照片展示给全班孩子看。相信孩子们都是向上向善的，看到老师眼中的榜样，他们一定也会悄悄地模仿。而对于被表扬到的孩子来说，那就是一种坚持下去的力量呀！当然，常规训练也绝不仅仅是一周时间就可以达到预期要求的，需要长期的、反复的训练。

由于班队活动更注重孩子在整个活动过程中的收获，因此首先要确保孩子参与的积极性，其次是要精心设计活动的过程。记得有段时间班上孩子玩游戏现象比较严重，听说孩子们比较爱玩"赛尔号"的游戏，如果班队课上以说教为主显然无法拉回沉迷游戏的孩子的心，于是我精心设计了一节班队课——《"赛尔号"健康生活之旅》，这节课分"美的发现""有氧学习"和"健康加油站"三个板块。"美的发现"是带着孩子们一起领略大自然的美，感受大自然蓬勃的生命力，并与地震等自然灾害的场面形成一个鲜明的对比，从而让孩子体会到生命是多么的珍贵，我们一定要享受生命中的美好。"有氧学习"部分则提供了几种利用课余生活走进大自然的方式，如和家人一起爬山、挑野菜、采橘子等，让孩子们明白：原来除了网络游戏外，我们可以做的事情还有很多很多。"健康加油站"则是提醒孩子们，学习之余还需要锻炼，需要运动。整节课孩子们参与的热情很高，一边玩，一边学，虽然老师没有提到网络游戏，但是实际上给孩子的触动是大的：原来除了游戏，我们可以做的事情还有很多。

生命的影响具有遥远的可能性，只要有一点希望，我们都要念念不忘——今天做的,将来必有回响。教育的伟大不是创造了多少辉煌,而是为将来提供了多少新的可能。

而要让孩子拥有一颗充满爱的心灵,首先我们老师要学会爱,要让班队活动、晨会课洋溢着温暖,那是作为班主任所能给孩子的爱的力量。

(作者单位:江苏省苏州新区枫桥实验小学)

11 如何培养一支能干的班干部队伍，进一步增强班级的凝聚力、向上力和团队意识？

宋雪琴

  我刚接现在这个班的时候是三年级，走进这个班级，昨天刚和副班主任排好的桌椅已经歪歪斜斜，地上零星出现了一些纸屑纸片。接下来的两个礼拜，班主任工作进行得尤其烦琐和忙碌：早读需要我进去叫了领读员，领读员才会走上讲台领读；收作业的时候，组长收了交给课代表却不知道还有哪几个同学没有交，需要我去一一查；要出黑板报了，谁负责出、谁去查找资料、谁负责文字、谁负责设计也需要我去一一安排；放学后值日生经常忘记值日，然后出现桌椅混乱和一大整组不扫的情况，我每天跟在后面做扫尾工作——我每天必须提早20分钟来学校，晚上要在学生全部走光之后才能离开教室，每天都感觉特别忙碌，但是——非常低效！

  9月10日，教师节，有心的小球带上自己的好朋友小妙很早就偷偷地来到学校，在黑板上写下"教师节快乐！"还用花朵和彩带的图案装饰得非常漂亮。我心想：这不正是出黑板报当宣传委员的好材料嘛！

  每天放学的值日，小悦同学总是勤勤恳恳，把最后的垃圾倒进垃圾桶，才和我说了再见离开教室。小悦这么认真负责，不正是当劳动委员的好材料嘛！

  语文课上，小桑的朗诵总能给人如沐春风的感觉，而且表达能力特别强。这不正是当组织和文娱委员的好材料嘛！

我查看了以前的学籍资料,原来班级中的小吕是大家公认的"学霸",说话很有威信,而且人缘也好,下课了,很多同学都喜欢围在他的身边,这正是当班长的苗子呀!

……

在同学的推荐、老师的推荐和孩子们的自我推荐下,班干部的人选一个个确认了下来。第一次班委会的召开,明确了每一位班委的职责(附表格),在班委们的讨论帮助下,第二天劳动委员也把值日表交了上来(附值日表),一个个小干部上任了。

10月,学校开展"唱红歌,颂祖国"活动。班会课上,我宣布完这件事之后故意问了一下:"班级里唱歌好的同学我听说挺多的,但是,还缺一个组织者,需要由他来组织大家进行排练,有谁想来当这个组织者吗?"好几个小朋友跃跃欲试,我的目光看向了组织委员小桑,他其实特别想当,但是心里又不是很有底,所以,小拳头捏得紧紧的。当他与我的眼神对接之后,他鼓起了勇气,举起了手,我说:"就让我们的组织委员来组织这一次活动,也希望在他的带领下,这次比赛能圆满成功!"

下课之后,小桑就摩拳擦掌,开始招募参赛选手,他很聪明地想到动员的办法。他对每一个选手说:"参加班级活动,是为班级争光,为了班级,参加比赛那是应当的!"很快,他就组织了一支近20人的参赛队伍。招募好了的下一步就是排练,距离比赛还有20天左右的时间,排练的时间也比较紧,练习就安排在中午吃好饭之后的40分钟左右和放学之后的半小时,小桑和班级里的文艺骨干商量下来,决定用《黄河大合唱》作为比赛曲目,还可以安排二重奏,选好两个声部的同学,排好队形,打印好歌词,找好配乐……

练习了没几天,数学老师来我办公室讲:"宋老师,你们班合唱的小朋友,好多课堂作业都不做了,这样下去可不行啊!"我找到小桑,和他说了这个情况,想看看他怎么处理。没想到他反应很快:"老师,我把任务都安排给他们了,他们也知道怎么唱了,一方面我让他们抓紧点时间完成课堂作业,另一方面,我们中午缩减20分钟练习,我觉得问题不大!"

为了让有限的中午20分钟利用得更加充分,小桑每次排练前都会在讲台上大声地喊:"练合唱啦——""某某某,练合唱啦——"

一天晚上,我的QQ头像突然闪动了起来,小乐同学在QQ上和我说:"老师,我想退出合唱队了!"我马上问:"为什么?""小桑太过分了,我们中午有时候写作业晚了一两分钟,他居然骂我们,还用尺子敲我们的桌子,今天还敲到我手了。"我安抚了小乐，并希望他还是能继续练习合唱，为班级争光，至于小桑，我会提醒他注意方式方法。

第二天，我把小桑找来，了解这件事，他觉得小乐不肯练，错在小乐，我和他讲了曹操断发和负荆请罪的故事，告诉他作为管理者最重要的是以德服人，威信的建立并不是靠武力的，管理同学也要注意方式方法。他很聪明，明白了我的意思，给小乐道了歉，小乐也保证了会准时参加训练。

到了比赛那一天，整齐划一的队伍，二声部的重唱，变换的队形，创意的演出，我们班赢得了高年级组的最高分，在晨会总结时，大家都把掌声送给了小桑，小桑也得到了莫大的鼓励。

三年下来，黑板报只要把主题交给宣传委员；运动会只要把通知交给体育委员；每次活动，副班长和宣传委员早就布置好了黑板和报头，组织委员拿起话筒就是主持人，八项常规检查的红旗总是贴满黑板的公告栏……班主任老师只是提醒者、指导者、建议者，真正参与班级管理的是这些班委和全体同学。

优秀的班干部不是自动产生的，在一次次活动中，老师不仅要细心地发现他们身上的能力，让班干部们明确职责，还要教给他们组织和团结同学的方法与技巧，并让他们在工作中得到锻炼。这样，小干部们才会得到成长，才会让班级成为孩子们自己参与管理的班级，才能更让孩子们有班级的主人翁意识，进一步增强班级的凝聚力。

附：班干部工作总体要求及具体工作一览表

全体班干部的工作要求：

1. 以身作则，要求别人做到的事情，首先自己应该做到。
2. 对自己高要求，无论是在学习、劳动还是工作上。
3. 尽心尽责地为了班级，全力服务好班级，一切为了班级，为了班级的一切。
4. 及时发现问题，及时做好老师和同学们之间的沟通工作。
5. 班委之间团结协作，不推卸责任。
6. 及时向班主任反映班级问题，提出相关的意见。

职务	工作内容
班长	班长领导好全班的班干部,定期举行班干部会议,商议班级管理相关事宜; 若班级中有突发事故,及时处理并向老师汇报; 全面关心班级的卫生、运动、学习、文娱、宣传等工作; 留心观察班级,了解班中的动态,及时发现问题,及时和老师沟通反馈; 代表班级参加学校的相关会议和活动; 每月底组织班委会会议。
副班长	协助班长做好工作; 两位副班长共同负责中午的午间纪律; 班长如果不在,副班长代替班长处理相关事宜; 在不能召开班委会议的时候,和班长共同针对班级里的不良情况想出及时处理办法。
学习委员	及时发现同学们存在的学习上的问题; 发现学有困难的同学,安排学有余力的同学组成学习小组,及时帮助,及时跟进; 发现抄作业等不良学习现象时要反馈给老师。
组织委员	组织班级的相关活动,如班级活动、少先队活动等; 根据学校通知,组织相关人员进行排练,参加学校活动。
劳动委员	排好值日生表; 督促值日生完成值日工作; 如果发现脏乱现象,应及时安排相关同学进行清扫; 负责在每周大扫除的时候安排好任务,督促清扫; 早上提早5分钟到校,放学督促值日组长安排好任务。
宣传委员	负责每一期黑板报的出版工作; 班级需要布置教室以及黑板的时候,组织相关人员一起完成。
体育委员	在集会、早操、升旗仪式、体育课的时候,集合好队伍,如有同学请假应及时向老师汇报; 阳光体育运动会的时候,做好组织、统计和登记工作。
各科课代表	每天将回家作业和课堂作业从小组组长那里收齐,整理未交名单,并将作业交到老师办公室; 负责在老师上课前将需要打开的电脑和其他仪器打开,需要下发的本子练习册等发好; 每天放学前将回家作业记录在黑板上; 帮助在各科学习上有困难的同学。
各小组组长	每天将语、数、英等各门功课的作业收齐整理好,有缺漏的将未交同学的名字写在便签条上,贴在最上面一本本子上,并在名字后面注明原因; 为方便整理检查,每组按照座位顺序,从第一排到最后一排整理。

附：值日表

	扫地	擦窗瓷砖	排桌椅	擦黑板理讲台
星期一	周凡越　吴震岳	施桐羽　袁悦航	代宇宸　张梓悠	★王典
星期二	王翔　马艺铭	吴颖璇　李朵朵	程东灿　秦硕	★伍远修
星期三	桑梓霖　陆府涛	朱凯瑞　李辰辰	夏烨城　沈晨	★谢天
星期四	卫天艺　余梁凯	唐诗琪　杨妙妙	陈泽华　李泽宇	★梁佳乐
星期五	★吕禹泽　闵钰涛	顾靖怡　仇嘉艺	杨镇齐　张薛佳	虞晨杰
包干区（每天中午进行打扫）	擦瓷砖	扫地		
	戚子心★　顾家嘉	★吕梦慧　吴顺东　芦嘉琦 宋晨旭　韩亚颖　龚昀韬		
倒垃圾		★蒋蔡悦　骆健斌　张宇峰		

（作者单位：江苏省苏州市吴中区吴中实验小学）

12 如何让父母意识到自己教育方式粗暴呢?

刘 燕

对于养育孩子,张文质老师认为"温和而严格"的教育是最恰当的教育。在"温和"中孩子才能成长,在"严格"中孩子才可以学会自律。

绝大部分的所谓问题孩子,其实问题的根源在父母身上,要么溺爱,要么暴力。而父母一方如果教育方式比较粗暴,还会导致亲子关系比较紧张,孩子对于父母的教育比较抵触,那么,如何让父母意识到自身存在的问题呢?

记得上一届班上有个孩子小刘,妈妈工作在外地,只能一周回家一次,孩子平时跟着工作忙碌的爸爸。爸爸早出晚归,看到孩子表现不好就采用暴力手段来教育。有一次孩子告诉我,爸爸罚他跪楼梯。还有一次,因为他看课外书入迷了,爸爸索性把孩子的书撕了。这样的事情发生得多了,我找孩子的爸爸交流,他说:"我们小时候父母都是这么教育的,不是成长得挺好嘛?棍棒底下才会出孝子!"爸爸深信"棍棒"教育,认为只有这样孩子才会听话。但事实是,小刘在班级里处理同学矛盾的时候,往往也是用动手打人来解决问题,常常惹是生非,要么就是趴在课桌上,成天无精打采。为此,我很伤脑筋。

就"暴力"教育问题和小刘爸爸沟通后,我找到了问题的根源:一是孩子爸爸崇尚"暴力"教育,二是孩子得不到来自父母的正常关爱。

于是,针对小刘爸爸的"暴力"教育理念,我专门给班级家长写了一封信,发在了班级的博客里,信中表达了我的不同观点:"……很明显,孩子需要的绝非是'暴力'。非但如此,甚至长期处于'棍棒'教育下的孩子会产生极大的逆反情绪,逆子的各种惨绝人寰的做法我们时有耳闻。在这样的家庭中,'父慈子孝'这四个字已经荡然无存。逆子自有法律对他(她)进行惩罚,但孩子的父母亲真的就没有一点过错吗? 天下的父母应该从一个个血淋淋的事实中得到警醒,在教育孩子的时候应该采取多种更为科学的方式,要明白,家庭暴力的最终受害者往往是施暴者本人!……看过《中国英才家庭造》的读者应该都记得,王金战老师有个读高三的女儿,王老师发现女儿在做功课的间隙,出房门时眼睛总要看向正开着的电视。在了解到女儿的想法后,王老师全家一起约定:高考前把电视封起来,直到孩子高考结束。事实证明,孩子确实很争气,考取了北京大学。而王老师女儿这样的情形,不也经常在我们的家庭生活中出现吗? 当我们呵斥孩子不懂事、不自觉的时候,我们难道就真的没有一点自省吗? 有呵斥的时间,有棒打的工夫,就不能蹲下来走进孩子的内心吗? ……"班级家长纷纷留言表示赞同我的观点:对待孩子绝对不能仅仅靠"暴力"教育。

针对小刘缺爱的现状,我又多次电话联系小刘的妈妈,反复表达我的观点:孩子还小,在成长的过程中需要的不单单是父母的金钱,更需要来自父母的关爱,如同小树苗,健康成长需要阳光和雨露,否则怎么可能成长为参天大树呢? 了解到孩子的现状后,妈妈经过反复思考,最终决定放弃外地的高薪工作,回到孩子身边。于是孩子开始了一点一滴的变化:衣服穿戴整齐了,不再总是穿过短的裤子;上课有精神了,回家睡眠足了;脸上笑容也多了,不再总是和同学打架了……毕业那年,孩子的妈妈还利用自己所学的专业知识,给全班孩子上了一节化学启蒙课,生动而又精彩。

从妈妈缺席孩子的成长,到积极参与孩子的学校生活,我看到的是一颗慈母的心。妈妈的改变带来了孩子的改变,当然,随着妈妈的改变,爸爸也在悄悄发生着变化。

父母是孩子的镜子,父母改变孩子也会改变,父母对自己的一举一动的检点,是首要的和最主要的教育方法。

(作者单位:江苏省苏州新区枫桥实验小学)

13 如何针对单亲家庭的孩子在家庭教育上进行指导？

刘 燕

失落的一角彷徨地停在一旁，等待有谁路过将它带走。它遇到的人也不少，有一看就知不相宜的、不懂配合的、自私的、很多缺陷的、像恶狼般吞噬很多人的、精选细选的或胆小的，总之无论谁来到都可以试一试，结果当然是失落的人更失落。好不容易等到了，却又因自己的成长分开了，终于，失落的一角在大圆满的提醒下学会了依靠自己，并最终磨掉了棱角，改变了形状，学会了滚动！

单亲家庭的孩子，就像这失落的一角，在成长过程中总是多了更多的问题：有的父母不管，孩子彷徨终日；有的爷爷奶奶管，却总是自卑的、怯懦的；有的在父母之间钻空子，双方都管不到，孩子的学业也荒废了。

在孩子的内心深处，父母是绝对不能替换的。一个孩子的童年如果生活在父母无私的关爱中，那么我们有理由相信这个孩子的内心是温暖的，同样，他(她)也会把这种温暖传递给周围的人。反之，如果一个孩子得不到父母双方的爱，那么这个孩子的成长是有阴影的，是不健全的，甚至会影响到他(她)未来的家庭生活。

其实，孩子之于父母，可能是父母最大的财富，也可能是父母最大的悔恨，所以孩子是父母最大的事业，教育好孩子，绝对不是一件可以随便应付、随时可以退出的工作。因此，作为班主任，对任何一个孩子，无论他(她)来自于什么样的家庭，一定要主张父母管，要让父母时刻意识到自己的责任，千万不要因为各种原因把教育孩子的责任推给别人，哪怕是推给离异的另一方。

不管婚姻的状态如何,父母双方都应关心和参与孩子的生活,让孩子感受到,爸爸妈妈虽然离婚了,但他们依然是自己的爸爸妈妈,依然是爱着自己的。而孩子,虽然生活在残缺的家庭,但依然能享受父母的关爱,那么孩子即使如失落的一角,会有失落,会有彷徨,会有遗憾,但必然会在挫折中健康成长!

但如果孩子在父母之间钻空子,父母双方都管不到,又当如何呢?

首先,问题虽出在孩子身上,但根源还是在父母身上。因此,教师最好能找来父母双方,让他们心平气和地坐下来好好谈一谈,就算为了共同的孩子,也应该找出问题的症结,否则永远解决不了问题。

其次,父母双方虽然因为各种原因分手了,但是与孩子的亲子关系永远不可能改变,因此双方必须积极地面对孩子的问题,确立好教育孩子的共同规则。孩子只有遵守规则,才能获得真正的自由。否则,父母的规则不统一,孩子当然就容易钻空子,而且由于父母不生活在一起,因此往往很难发现问题。

最后,也是最关键的一点:父母双方要达成共识,就是要让对方随时能见到孩子,不能让孩子认为离异的父母就是相见眼红的仇人,如果是这样,对孩子的伤害会是加倍的。父母要珍惜平时和孩子的每一次见面机会,要让孩子感受到父母的真切关爱,而非忙于生计后残余的爱。

我们有理由相信,哪怕是失落的一角,最终也有可能获得圆满。哪怕是单亲家庭的孩子,只要父母正确把握爱的尺度和方式,孩子也依然能够成长得更健康、更自信!

我们对儿童所做的,都会开花结果,不仅会影响他的一生,也会决定他的一生!所以,无论是父母还是老师,我们都要不忘初心!

(作者单位:江苏省苏州新区枫桥实验小学)

14　面对来自爷爷奶奶的阻扰，父母该怎么办？

张　华

如今的家庭结构大都是"6+1"模式，每个孩子都在长辈们爱的羽翼下成长，特别是爷爷奶奶、外公外婆，他们对孩子的爱近乎溺爱，更令人担忧的是，当父母对孩子进行教育时，他们往往会站在父母的对立面，过分地袒护、满足孩子——两代人在教育孩子时出现了明显的代沟。

记得有一次家访时，在交流完孩子的学习情况后，我对家长说：进入三年级，孩子的学习用品还不会自我管理，课桌里乱七八糟，课桌上也是叠了一层又一层，铅笔、橡皮掉在地上也不知道，问这是不是他的，他总是摇头。这时，妈妈无奈地对我说："一年级时，我就按照你的要求让他自己整理自己的学习用品，可每次我还没说完，奶奶就冲过来说：孩子还小，这些事情就让奶奶来吧！三年级的时候，我说孩子已长大，自己的事情应该完全能自己做了，可奶奶说，孩子学习够辛苦的，这点事就让奶奶来代劳吧！有几次，我看老人在厨房，就要求孩子自己的事情自己做，结果孩子忙了一会儿就大喊起来：奶奶，我好累啊！就这样，他的保护伞又来了！"家长无奈地跟我诉说着。

走在回家的路上，我思索着：如何让这位奶奶认识到问题的所在呢？必须让事实说话。于是，我利用值晚班的时间，到学生宿舍拍摄他们睡觉前的一系列情况，第二天早晨提前到校，拍摄早晨起床后的一系列情况，然后在班上利用晨会进行分享，并发到班级QQ群，让家长们在家和孩子们一起观看了解。

我又在班级对家中孩子学习、生活的主要负责人进行了一个调查，然后根据调查情况,有针对性地开展了一次祖辈的家长会。后来我又组织了穿衣、系鞋带、整理书包等的操作比赛,并创设一些情境,让孩子们来说说解决问题的办法。

这一系列活动,没有说教胜似说教。(外)祖父、(外)祖母们看到了孩子的表现,对孩子存在的问题也看得一清二楚,发现了差距。会议一结束,祖辈们便拉着自己的孙子、孙女说:你怎么这么慢的?这个怎么也不会?很多孩子哭诉着说:"因为平时你早帮我把这些事情做完了!"这时,奶奶才恍然大悟:"知道了,都是奶奶的问题!没关系,我们从今天起就多做多练,争取赶上去!"

由此可见,与爷爷奶奶沟通,还是需要用事实说话。代沟影响了教育的方式。面对这样的情况,父母或教师也需要用智慧、用技巧将正确的教育理念传递给祖辈们。

一、以尊重为前提,借力传递教育理念

父母要感谢祖辈帮助带孩子,当双方在教育孩子的问题上出现代沟时,父母首先要肯定祖辈的"经验之谈",然后幽默而有针对性地对孩子进行肯定。比如说:利用吃饭的时间,读老师发的孩子中午用餐结束后主动擦桌子的表扬信,然后说:其实,我们孩子在家里也能够做得很好!并迅速行动,安排孩子做端碗或洗碗之类的工作。在这样的情况下,爷爷奶奶就不太会阻止了。

当孩子沉迷网络游戏,父母进行教育时,如果爷爷奶奶阻止,父母可以寻找契机,在聊天中提到有类似情况的同事或朋友的孩子,或者网络上的报道,让他们从这些血淋淋的事实中受到震撼。

二、寻找契机,帮助定位称职配角

如果老人过分宠爱孩子,父母可以寻找相关的学习资料与其分享,还可以带着爷爷或奶奶一起到学校参加家长学校活动,让老人从学校教师的讲话、家长的交流中受到启发,慢慢转变观念,知道隔代教育无法取代父母对子女的教育,祖辈应该清楚地定位好自己在家庭教育中的配角地位,做到不错位、不越位,并学会与时俱进,接受新的、科学的育儿理念。

年龄的差异往往会导致思想观念的差异,两辈人也很有可能形成代沟。

自然的产物我们没法阻止,但是我们完全而且应该有能力、有机会去阻止或者改变。融洽的关系能带来美好的心情,前提是彼此尊重,真诚交流,耐心倾听,然后坐下来慢慢沟通、讨论,在教育孩子问题上达成一致:父母是教育孩子的主角,祖辈是抚养孩子的配角,每个人都要扮演好自己的角色,代沟自然就被填平了。

(作者单位:江苏省苏州市吴中区宝带实验小学)

15 当崇尚西化教育、主张"给孩子自由"的家长与班级管理有冲突时该如何化解？

宋雪琴

随着中西方各种交流的增多，西方的很多教育理念也传到了中国。各种教育类书籍摆满了书店的书架，《爱和自由》《蒙台梭利手册》《华德福教育》《正面管教》《如何说孩子才会听，怎么听孩子才肯说》等很多书都传到了国内，里面的很多教育理念在育儿界备受推崇，同时对国内的学校教育也产生了一些影响。家长们变得更关心教育，更"懂"教育，也更大程度地参与了教育。这在一定程度上起到了积极的作用，但其中也有些家长在接触这些理念的时候，断章取义，只看到里面的自由，忽视了规则；只看到孩子有自己的个性，忽视了教育和陪伴的作用；只看到孩子有自己成长的需要，忽视了家长的适时引导……这些家长往往对未来抱着一种盲目的信心，用一两个侥幸成功的例子安慰自己，觉得孩子会自由地发展，盲目地认为不用管孩子孩子也会自然成才……

刚进这个班，前面一个个子矮矮的小朋友就引起了我的注意，他叫小齐，胖胖的脸蛋，很可爱。但是他上课从来没有坐相，要么趴着，要么斜躺在凳子上，被提醒后刚坐好，没多久又斜躺下来了。几次作业下来，我发现他字写得特别潦草，再加上刚开始用钢笔，涂涂改改，写得极不认真。

我发现这个孩子和其他孩子不太一样，他个性非常强，独来独往，我行我素，想做什么就做什么，上课觉得无聊了，就打开课外书自顾自看起来。

到了秋季,天气凉了,还经常穿凉鞋、中裤上学。同学们都不愿意和他交朋友,而他也不懂如何与他人相处。于是他就和班级另一位经常打架的孩子一起,用一种"打"的方式来舒解自己交友的欲望。

我一直想知道:他这些行为和表现背后的原因是什么?

我向一二年级的班主任了解情况,她讲了一件事:一年级的时候,一天写习字册,因为小齐写得不认真,字乱写,所以放学老师就把他留下来,帮他擦了让他重写,但是来接的爸爸看到之后却很意外地直接走到小齐边上说:"走,回家!"说完也不和老师做任何沟通就拉着孩子走了。

我也和小齐的妈妈电话联系,妈妈在电话里说:"老师,我们崇尚的是西方教育,孩子不用多管,应该尊重孩子的个性,让他自由发展,不能多约束他。他想怎么样就怎么样好了!"于是我退了一步,和家长说:"在某些方面,应家长的要求,我不管他,但是在学校管理、班级活动上,我们对他还是和其他孩子一样,做同样的要求的。"

我知道,和家长争论这样的教育理念孰是孰非是没有结果的。持有这种教育理念的家长尊重孩子,也更能看到孩子的进步,不一味地打骂孩子,也不一味关注孩子的成绩,更关注孩子心理的成长;但是,这样的孩子往往不愿意遵守规则,不愿遵守学校的规范,不懂得和其他同学友好相处,不会交朋友。

我首先做的不是正面处理小齐的问题,而是管理好班级,营造好氛围,让孩子能够在一个良好的氛围里受到潜移默化的影响。他周一升旗仪式的时候一直不穿校服,和家长沟通了也没有改变,每次八项常规的仪容仪表分,我们班都少了0.1,班会总结的时候,八面红旗也总会少了一面,同学们都为这一面红旗拿不到而遗憾。可是,在连续三个礼拜之后的又一个周一,大概是有点不好意思了,他竟把校服带上了,而且在升旗仪式的时候穿上了,周末仪容仪表的红旗贴到墙上的时候,我大大地表扬了他。

又一次,上语文课,一个全班都不知道答案的问题,他举手回答了,而且答得非常到位,我马上表扬了他:"你们看小齐,到底是课外书看得多,这个知识都知道,大家都要像他一样多看课外书、多学知识才是!当然,如果小齐能在课外多看些课外书就更好了!"小家伙听了我的话,既高兴又有点不好意思,而在这以后,他在课上看课外书的次数明显减少了。

我把他很多做得好的地方反馈给他父母,也多和孩子父母沟通,说他真是很棒,有很大的进步空间。孩子家长对我的态度也温和了起来。渐渐地,孩子特别喜欢我,我这个老师的影响甚至超过了他的父母,孩子回家会说:"爸爸,妈妈,这是我们老师说的,这样做更好!"

他的改变也收获了同学们的友情和尊重,他有了更强的自尊心,更在乎自己的形象了。

当"中餐"遇到了"刀叉",当自由宽松的西化教育理念遭遇了国内学校和社会的规范,当这两者产生了分歧,老师们需要智慧地在两者之间取得平衡。适时地帮助家长厘清自由和自私、个性和规则之间的区别。在班级里营造氛围,用良好的环境去影响孩子,让家长看到孩子努力后更好的一面,争取家长的支持,这样的教育会事半功倍。

如果家长缺乏甄选能力,拿到一本教育类的书后,不问自己孩子的具体情况,不看孩子生活的社会和学校环境,拿来套上就用,那就会出现很多问题。同时,新时代也对老师提出了新的挑战,需要老师和家长做更多的沟通,做更多的指导,一切为了孩子,为了孩子的一切!

(作者单位:江苏省苏州市吴中区吴中实验小学)

初一年级问题

水来土掩

1 如何做好与学生初次见面前的准备工作，做到未见其人先知其信息？

蒋金娣

8月31日是初一新生报到的日子。同学们坐在教室里，双眼盯着我，听着我发出这样那样的指令。家长们拥在窗户前，看着教室里面发生的一切。

这些还是小学生模样的新生，很多来自不同小学，之前他们中的大多数人是互相不认识的，我做的第一件事是点名。每点到一个同学，我都要附上我的评价，如："你喜欢运动哦，希望在接下来的校运会中能一展风采"；"你字写得很好的啊，不管什么时候都要保持哦"；"你的视力不太好，电子产品要少接触啊"；"喜欢读书的人将来必成大器，在过去的几年里你读了不少书，到了初中，这个爱好要继续保持并优化！"听着我的点评，孩子们乐滋滋地坐了下来。第二个环节是排座位。初定和最后确定座位，我是有话要说的，那就是视力问题，并建议学生要少盯手机和电脑屏幕。

每每这时，窗外都会传来家长们的议论："呀，这个老师不得了，什么都知道"；"我家孩子就是这样的……"

其实，哪里是我什么都知道，有备才能无患，我只是提前备了课，对学生的信息做了个初步的了解。对于新班主任来说，这也是很重要的开学第一课！那通过什么渠道了解班级学生的基本信息呢？

答案就在一张表格里，一张《小学生毕业登记表》里面已经记载了学生的基本信息。

班主任首先要看那张表格上学生的照片和姓名，这样，在和学生见第一面的时候会有一种似曾相识的感觉,就是这个环节起了作用。另外,预先看一遍学生姓名的写法和读法,就不至于在点名的时候出现误读。我一直记得班级一位学生的名字是"珩衍",开学典礼上,被颁奖的领导读成了"衍衍",以至于珩衍同学在"每日一记"里说:"我的名字今天又一次被读错了,从小学到现在,我也习惯了,被读准确反倒是件怪事了。"

此外,表格里面还有学生的出生年月,老师要关注学生的生日,必要的时候会派上用场的。学生父母亲的基本信息是要看的,主要是了解其父母亲的工作情况和文化程度,孩子的问题很多时候就是家庭教育的问题,这有助于班主任在日后发现并处理学生在学习生活中出现的一些问题(如作业完不成,沉迷游戏,联系不到家长等),能换个角度看待问题缘起,也能有意识地注意到自己是不是越权管理了。

第三是了解表格上记载的学生在小学时的学业情况。包括六年级毕业考试成绩,虽然那些成绩是以优秀、良好、及格、待及格的等第呈现的,但也可以从这个结果反推学生的学习能力,如偏科、接受能力的强弱等。对于这些信息,班主任要做有心人,有些学生学习能力确实有限,在施教过程中,要适当对其降低要求和标准,并与任课老师协商制定这类学生需要达成的学科目标。当然,这些学业成绩也将是学科代表和班干部选拔的一个参考依据。

最后,表格中记载的学生视力、所获荣誉、班主任评语等信息也是有大用处的。前者是在安排座位时要考虑的细节,荣誉栏中会有学生特长的呈现,那是挑选班级或学校活动的"台柱子"或班干部候选人的参考依据。小学班主任的评语那一栏必须仔细阅读揣摩,再委婉的评语总能有学生在某一方面需要再努力的提示。

当然,根据这张表中的信息,还可以设计一张初中三年都能用的家校联系单,如下表:

班级	姓名		性别	出生年月		生肖	是否少先队员	
籍贯	身份证号				手机		是否三好学生	
	姓名		单 位			手机	爱好/特长	
父								
母								

续表

住址			户籍地			
宅电	荣誉1		目前主要和哪些家庭成员生活在一起			
	荣誉2					
	荣誉3					

  一张《小学生毕业登记表》以及延伸出的家校联系单，可以省时省力地帮助班主任及时掌握信息，免去很多询问之烦劳。

（作者单位：江苏省常熟市第一中学）

2　如何让新的班集体尽快运转起来？

方　莼

每年秋天初一新生入学之际,很多老班主任在言谈之中都会流露出对刚毕业的学生的怀念之情,新班主任则觉得手忙脚乱、苦不堪言。今年也不例外。细细听来,他们感慨最多的是班级的运转问题。对一个成熟的班集体来说,日常运转根本不用班主任费心,卫生、纪律、作业本都有相关的班干部、课代表、小组长负责,班主任只需监督即可。而面对一个全新的班集体,班主任就得事必躬亲地进行管理,其操劳程度确实令人咋舌。难道就没有让新的班集体尽快运转起来的办法吗?

《圣经》上说,上帝用七天创造了这个美丽的世界,班主任为什么不能尝试用七天打造一个自行运转的班级呢?于是,我做了一番尝试。

8月29日,我拿到班级花名册后迅速浏览了一下——这个班级共52名学生。接着,我便先按班级人数初步设定班级事务明细安排,做了一张班级任务表(见附表1,引用自于洁老师的"各司其职表"),准备等第二天学生报到后就让他们领取任务。同时,我还准备了一张班干部任职调查表(见附表2)。

8月30日,学生报到,实到人数为47人,有5名同学经核实去了私立学校。最终我这个班人数为47人,24男,23女。这个旗鼓相当的男女比例让我欣喜,这会有利于以后的日常管理和很多活动的安排。

学生到齐后,我按照男女搭配和个子高矮给学生安排了座位,随后带他们去领课本和教辅用书,并让他们拿回教室后按种类摆放在讲台后的地面上。全部拿回来之后,我按照一人一种让他们发放。这时,我就在一旁观察,看哪几个同学做事更积极更有条理,询问并记下他们的名字。那些有投机取巧或偷懒嫌疑的学生我也同样记下了姓名。分发完毕后,我拿出书单,一边报书名及练习本数量让他们核对,一边继续观察那几个刚才我记了姓名的学生的表现,同时记录他们整理完成的速度情况。

随后,我用投影放出班级任务表,在做完介绍后,将一些如扫地、拖地的值日任务立即按照分组做了安排,如扫地由每一组的前面两位同学负责,拖地由后面三位同学负责,而一些如擦窗户、倒垃圾、课代表、组长等任务则让学生自荐领取,确定好人员我就在表格相应位置写上该同学姓名。我还告诉他们试用期为一个月,一个月后要进行全班互评考核,希望大家都能为班集体建设尽自己的一份力。并且,在这一周里,我会手把手指导他们如何做好这些工作,他们有任何不清楚的地方随时都可以来问我。

接着,我给每个学生下发了一张白纸,教他们制作席卡,并告诉他们要在自己的课桌右上角放置一个月,以便于老师上课点名和老师同学之间相互熟悉所用。

最后,我下发了班干部任职调查表,对同学们进行了曾任职情况和任职意愿的调查。在报到工作全部结束后,我根据调查表内容,再结合报到当天我所观察到的情况,拟定了班干部、课代表和组长的人选。如发书时头脑清楚、有条理的学生,就可以考虑让其担任课代表及班长等职务,如果之前有过相关经验,还要看其体会,一旦发现有思想上的偏差,如认为只要考虑老师的指令,而不考虑同学的想法,就通过谈话来对其进行引导。确定后,我电话联系了相关同学,要求明天提早10分钟到校,参加第一次班干部的短会。

9月1日早晨,我提前20分钟到校,将学生姓名写在贴纸上,等他们到校后让他们贴在胸前。接下来的两周时间里,我都会坚持这样做,以便于让师生以最快的速度相互认识和熟悉起来。

班干部到齐后,我给他们召开了短会,强调每个人的职责和工作要领,并告诉他们有问题就来找我,尤其关照值日班长要记录好大家的表现。

这一整天,我都注意观察临时班委的表现,并仔细记录下他们和其他学生做得好的地方,再根据值日班长在班级日志上记录的问题,在放学前的夕会时间进行全班和个人的肯定和表扬,对需改进的现象提出改进要求。放学后,我再次召开临时班干短会,肯定他们做得好的地方,并对有问题的地方提出整改意见。

在这一周接下来的几天中,我都保持自己对班级学生的观察,在出现问题时指导临时班干的各项工作,严格把控细节,如要求值日组长监督组员的劳动方式是否正确,拖地要等其他学生都离开班级后,还手把手教他们如何把地拖得更干净。

在一周结束时,我会根据学生的表现发放表扬小奖状,并告诉学生,在家校通开通后,我将通过短信形式向家长表扬他们在校的良好表现,鼓励他们努力适应初中的生活。

在开学前后的这七天里,我通过充足的准备和科学的计划,挑选出有能力的学生担任班干部、课代表和小组长,并通过一周时间对他们进行岗前培训、上岗考察,再通过表扬肯定,让他们清楚该做什么及如何做好,通过他们统管班级,同时将班级事务分解开,让每个学生都在班内找到自己的位置,为班级尽自己的一份力。这样,在短短的七天内,班级就能运转自如了。

附表1:班级任务表(引用自于洁老师的"各司其职表")

序号	姓名(人数)	任务	要求
1	1人	擦讲台及值班座椅	每节课后都快速擦一下,抹布自带,讲台上相关东西整理一下
2	1人	整理粉笔盒	每节课后都去整理一下,确保粉笔盒里白色粉笔居多,彩色粉笔各一支,用剩下的粉笔头及时清理
3	1人	清洁黑板槽以及黑板下面的地面	每节课后及时清理粉笔头,掉落在地上的捡起来,已经被踩烂的要扫干净
4	1人	整理班级劳动工具	随时整理,确保整齐摆放在指定位置
5	1人	多媒体一体机管理	每节课前问一下老师是否要用,放学回家前关掉。不允许任何同学在上面玩游戏,出现问题及时通知班主任
6	1人	饮水机管理	每天擦一下,早上开,放学时关,没水了通知搬水同学
7	4人	擦南面窗户玻璃	里外每天用废报纸擦一下,特别是窗户槽和窗台要擦
8	4人	擦北面窗户玻璃	只要求擦里面的玻璃,窗户槽和窗台要擦
9	1人	课桌椅排列	每次下课后检查一下,看到不整齐的立即提醒同学排齐,尤其是书包带子不能拖在地上,以免同学绊倒
10	1人	雨伞管理	雨天同学们的伞都放在一个水桶里,放学提醒同学把伞带回家

续表

序号	姓名(人数)	任　　务	要　　求
11	1人	班级资产保管	经常巡视教室,观察有无班级资产损坏,及时通知老师报修,自己准备好一堆抹布,方便同学们大扫除时用,用完洗干净晒干收好
12	4人	教室内四面瓷砖墙擦洗	要求一周擦两次,时间自定,确保干净
13	1人	教室外墙瓷砖擦洗	抹布自带,每天擦一下
14	2人	教室前门和后门擦洗	一周一次,时间自定
15	6人	出黑板报	每次接到通知后的两天内完成,粉笔槽内不得留有粉笔,踩了的凳子要擦干净归位,资料、尺等要收拾好
16	1人	数学老师的教具管理	下课后把尺、圆规等教具放好,不能丢在讲台上,要防止被同学损坏
17	1人	课前领读	预备铃响之前先自己准备好要朗读和复习的内容,预备铃响立即走到讲台前,让同学们翻开书进行集体朗读,一直读到老师进教室,课代表在过道里巡视,协助领读员工作
18	2人	扫地	门后等死角不能遗忘,每天打扫,早读课前完成、放学后完成
19	3人	拖地	每日拖地,拖把归位,早读课前完成、放学后完成
20	1人	眼保健操检查	音乐响起时,即刻起身巡视班级,提醒大家认真做眼保健操
21	1人	通讯联络	要求保持与班主任老师的及时联系,上传下达;经常性跑班主任办公室
22	2人	语文英语早读课领读	7:10前走上讲台开始领读,读到老师进教室为止
23	1人	班级日志记录	如实记录班级每天情况
24	1人	领操	组织同学排队做操,并认真规范领操
25	1人	自习课管理	坐在讲台前,管理班级,要讲原则,说话得体
26	1人	灯、门管理	教室没人时要关灯关门,天色阴暗时要开灯,保管班级钥匙
27	2人	班级总管	一个上午一个下午,提醒值日生打扫,在早晨值日生完成后总的巡视,看有无打扫遗漏;下午第一节课前巡视,下课休息时间巡视负责保洁工作

续表

序号	姓名(人数)	任 务	要 求
28	2人	包干区清洁	每日打扫并课间保洁
29	2人	擦黑板	一个上午一个下午,确保没有字印,并注意不要粉尘飞扬,用布擦拭
30	每科4人	各科课代表	2人跑老师办公室,并做好上课准备工作;一人收作业;一人登记成绩。如果4人中有人因病因事未来上学,由登记成绩者及时替补
31	1人	电风扇管理	开关电扇
32	2人	搬运纯净水	确保班级内不断水,一瓶在饮水机上,一瓶在地上,有空桶及时归还
33	2人	花草养护	确保及时浇水,如果有死亡,及时和老师沟通,进行添加
34	1人	班级宣传栏布置	根据老师所提供内容及时更换宣传栏内容
35	2人(男女各1名)	矛盾纠纷调解员	在同学有矛盾时进行调解,并及时向班主任反映
36	人数不限	志愿者	在某个项目人员不能及时到位时主动顶上

附表2：班干部任职调查表

班级		姓名		性别		出生日期	
曾任班级职务(请标明在几年级时担任)							
本学期你想担任哪项班级职务?							
你认为自己有哪些适合担任此班级职务的能力?							
你认为要做好这项班级职务应注意些什么?或怎样才能做好这项职务?							

(作者单位：江苏省昆山市娄江实验学校)

3 如何制定让学生认同并愿意遵循的班规？

方莼

班规,在一个班级的管理中起到的是契约作用。我认为,要让一群人遵守一份契约,首先要得到他们的认可,同时在这份契约中要做到权利与义务并存,这样他们才会愿意遵守。因此,在我们班,我尝试了合约式的班规。

在正式制定班规之前,我在班级展开了一次讨论。我设置了三个问题：第一,一个班级是有班规好还是没班规好？第二,班规由谁来制定更合理？第三,班规里应该包括些什么内容？在讨论第一个问题时,我给学生呈现了两个对比案例,引导他们了解班规在班级管理中的作用和好处。在第二个问题的讨论中,我在学生讨论的基础上提出我的观点,班级既是学生的,也是老师的,因此,班规的制定应由师生共商,再逐条进行投票通过,他们表示了赞成。在第三个问题的讨论中,学生提出班规中也应有老师权利和义务的相关规定。会后,我跟我们班的任课老师们交流了意见,大家都很支持这个公平公正的做法,我就代表自己和任课老师对此表示了认可。

随后,我让学生们分组讨论相关内容,并整理了他们关于班规的想法。一周后,我利用班会课在班级里开展了一次名为"我们班的班规"的主题班会,并请任课老师都来参与。首先,我阐述了自己对于班规的理解,并将合约式班规和传统班规进行了比较,请学生和老师进行举手投票,最终多数人支持了合约式班规。我还提出了：我们的班级合约,不仅有关于学生的方面,也要有关于老师的方面。这个观点赢得了全班的掌声。

接下来,我们进入了班规制定流程。我让每一组代表宣读了自己那一组的班规建议,再从中提炼出大家共同的部分,参照网络格式做了整理。关于学生的部分,主要有仪表、整队、两操、上课表现、课间安全、公共财物、值日卫生这些方面。随后,同学们自己又做出了一些补充,他们对于这部分还是轻车熟路的,我和任课老师都表示赞同,没有任何添加。而关于老师的部分,主要是按时下课、作业量合理、多表扬鼓励、批评时多考虑学生感受和课后辅导这几方面。学生们兴致勃勃地提出之后,我和任课老师们都表示了赞同,同时对于作业的用途和量做了相关解释,取得了同学们的理解。

讨论结束后,由班长执笔起草了这份班级合约。在这份特殊的合约中,甲方为学生,乙方为老师,责任平等,权利与义务共存,并且相互监督。在接下来的两周内,我们进行了试行,一开始,大家都相安无事,但两天后,几个"调皮鬼"就有些按捺不住了,屡屡犯些小错误。于是,在当天的夕会上,值日班长就提出用评分来量化大家的表现,并建议每周一次总结,把全班同学和老师的情况用得分的形式公布,还有同学提出评选每周之星。我依然用举手投票的形式听取了全班的意见,结果多数同学表示同意。于是,我们又利用班会课讨论了得分方式和评选机制。

最终,为了更好地肯定正向行为,我们制定出了一份带有得分机制和每周评选优秀的班级合约,并且合约中规定遵守合约要达一周方能获得相应得分,而违反者每次的扣分力度较大。这是按照同学们"好习惯要一点一滴培养,并要防止功亏一篑"的想法设置的。一个月后,正逢开家长会,我在家长会的第一个环节就介绍了这份合约,全班师生就在家长的见证下庄重地在这份合约上签下了自己的姓名。

在整个学期中,我们对合约的内容不断地进行着修订,尽力使之变得更为合理、更具有鼓励性。而在这个过程中,由于始终采用的是公平公开公正的方式,老师和同学们对这份合约都很认可。当有老师或同学不小心疏忽了行为时,其他人一提醒就会注意起来,班级的风气和氛围变得越来越融洽。甚至在运动会上,我们班还因为纪律和卫生管理表现突出,得到了"文明班级"的称号。

我很清楚,班级是学生的班级,也是老师的班级,只有大家都参与到规则的制定中来,并把它当回事,规则才能起到最大的作用。

附表：

初一5班班级合约

（部分内容参考网络资料制定）

甲方：初一5班全体学生。

乙方：初一5班班主任、全体任课老师。

甲方和乙方经班内讨论，为规范管理班级，创造一个更好的学习、生活环境，特制定此合约。

第一条 甲方的权利与义务

甲方权利：

- 有权利随时监督其他成员及老师的行为，并提出意见和建议。
- 有权利参加学校或班级组织的适合自己的各项活动。
- 有权利提出有益于班级建设的合理意见和建议。
- 有权利参加学校或班级组织的自身符合条件的评奖、评优。

甲方义务：

（一）纪律方面

1. 每天早上7点前进教室，按时做完并上交各科作业，坚持一周准时到校者得5分。

2. 严格遵守请假制度，请假者必须于当天早上7点前主动打电话联系班主任，事后补上书面请假条（要有家长签字），事假者必须由家长亲自提前请假，违反者扣5分一次。

3. 上课遵守课堂纪律，认真听课，做好笔记，积极思考，不做与上课无关的事，坚持一周者得10分。被点名批评者扣5分一次。

4. 自习课准时进教室，自修期间不随意走动或讲话，不看课外书，未经值日班长允许不得离开教室，坚持一周者得10分，违反者扣5分一次。

5. 严格遵守考场纪律，认真诚实地参加每一次考试，不作弊，不弄虚作假，遵守者得10分一次；如有违反者，除学校做出相关处理外，扣10分一次。

6. 仪容仪表具体要求：严禁染发、烫发、理怪发、染指甲、化妆、佩戴饰物（手链、项链、戒指、护身符等）；男生不留长发，前面不超过眉毛，两边不超过耳朵，不理碎发，女生不理碎发，不披发；衣着整洁，穿戴整齐，严禁在学校里穿拖鞋（包括球鞋式拖鞋），女生不穿高跟鞋、绣花鞋，体育课要按要求穿运动鞋；坚持一周者得30分，违规者每一项扣5分一次。

（二）卫生方面

1. 认真完成自己的本职任务，每天必须由值日组长检查认可后才能离开，如要调换工作岗位，须向值日组长、劳动委员及班主任汇报，得到认可者得5分一次，违反者罚做一周并扣5分一次。

2. 重视教室及走廊的保洁工作，不随意扔垃圾，保持自己座位一平方米之内的环境卫生，不在自己抽屉内扔垃圾，挂在课桌上的垃圾袋必须每天清理，遵守一周者得10分，违反者罚做一周并扣5分一次。

3. 遵守学校两周一次的大扫除制度，服从安排，得到认可者得5分一次，违反者罚做一周并扣5分一次。

4. 遵守以上细则，并得到流动红旗，整组成员视工作量和完成的质量情况加5分和10分（具体由值日组长组织成员间民主投票决定）。

（三）文明用餐方面

1. 领餐时，有秩序地排队，不跑跳、不喧哗、不打闹、不争抢，遵守一周者得10分，违反者扣5分一次。

2. 用餐时，以8人小组为单位，固定座位，小声说话，不影响他人用餐，遵守一周者得10分，违反者扣5分一次。

3. 用餐完毕，有秩序将食物残渣倒入泔水桶，餐盘、筷子、汤碗放到指定位置，得10分，违反者罚做一周并扣5分一次。

（四）两操方面

1. 准时参加广播操，遵守一周者得10分，迟到者扣5分一次。

2. 出操时，按要求路线进场，遵守一周者得10分，使队伍断开者扣5分一次。

3. 整队动作要快速到位，保持良好的精神状态，遵守一周者得10分，动作懒散或有些节拍不动者扣5分一次，并留在场地上重做。

4. 认真做好眼保健操，不允许在眼保健操时间内离开教室，服从任课老师和值日班长的管理，遵守一周者得10分，违反者扣5分一次。

（五）公物保管方面

1. 保管好自己的课桌椅，严禁在课桌上乱涂乱画，贴东西，遵守一周者得10分，违反者扣5分一次。

2. 除了电教委员之外，其他人不许随意使用电脑，遵守一周者得10分，违反者扣5分一次。

3. 严禁在教室和走廊内追逐打闹或打球，保持教室和走廊墙壁的干净，严禁踢墙壁，遵守一周者得 10 分，违反者扣 5 分一次。

4. 爱护教室内的各项设施，特别是在饮水机的使用过程中，不许在饮水机旁边倒水，遵守一周者得 10 分，违反者扣 5 分一次。

第二条　乙方的权利与义务

乙方权利：

- 对班级拥有管理权。
- 对于班级活动有组织权和解释权。

乙方义务：

- 按时上下课，不提前、不拖课，遵守一周者得 10 分，违反者扣 5 分一次。
- 作业量和难度要考虑到少数学习有困难的同学，遵守一周者得 10 分，违反者扣 5 分一次。
- 在学生发生问题时，先调查再处理，不辱骂、体罚学生，遵守一周者得 10 分，违反者扣 5 分一次。
- 对于学习有困难的学生，利用空余时间帮其讲解难题，不能弃之不顾，遵守一周者得 10 分，违反者扣 5 分一次。

第三条　合约的生效与其他

（一）本协议一式两份（由学生代表和老师代表签字），一份张贴于教室，一份由班主任保管，效力相同。

（二）合约双方必须对本合约中各项条款的理解完全一致，方可签字。

甲方　　　　　　　　　　　　乙方
代表人签字　　　　　　　　　代表人签字
签约日期：　年　月　日　　　签约日期：　年　月　日

（作者单位：江苏省昆山市娄江实验学校）

4 如何开展班级文化建设才能让学生尽其才、尽其力？

蒋金娣

班级文化建设评比活动将持续一个学期！当我把这个消息在班级里公布的时候，教室里沸腾起来了，有问"有奖励金么"的，有问"怎么建设"的，也有问"是不是像小学里一样在墙壁上贴上一些彩色的图画、优秀的作文"的，也有在说"展示作品啊，我什么特长也没有，拿什么展示啊"的，等等。

在我看来，班级文化建设不应该仅仅是在墙上张贴东西，更应是一种驱动学生内在精气神、凝聚班级向心力的手段和结果。听着同学们的议论，我没有想到他们是这样看待这类活动的，看来我得找点新花样给他们玩玩了。

我说："老师不管你有没有特长，每一个同学都要参与并做出力所能及的贡献。"

"啊，要死了，我什么也不会，怎么贡献啊？"东响慢悠悠地说。"只要你跟着我们一起干，你非但不会死，而且，我知道，你肯定会为班级做出应有的贡献的。"教室里顿时一阵欢笑声。

学生是班级的主人，班主任是班级总指挥。我们的班级要卫生整洁、有生活气息，还要有学生个性化的展示。我把我的这个想法和理想的班级文化环境做了说明，然后请学生观察教室里现有的场地，写出自己的布置办法。

学生围绕卫生整洁，列出了值日的细节：讲台、黑板槽的清理，洁具用品的摆放，粉笔盒的色彩和粉笔的摆放，个人垃圾袋和垃圾桶的清理及时间段，窗帘的清洗，还有图书角的清理和整理……想得真细致！他们围绕个性化展示，提供了有书法和绘画特长学生的名单，还有黑板报布置，他们建议不要总是用粉笔写东西,还可以贴些同学的作品,与文字和粉笔画配合着做。一阵讨论后,每一项工作都指定到了具体的学生,班长也领取了设计班牌的重任。这时,有学生说墙壁上也可以贴东西的,但我不赞成贴得太多、太满,我说:"有一句话'让每一面墙都说话',但老师希望能说、会说的是你们。"宣传委员说,她可以在网上买几个字将墙壁布置好。后来,班级墙壁上贴的是"奋斗""静思"两组楷体字,进门就看见"奋斗",转身就看见"静思"。最后他们围绕生活气息,讨论后黑板两侧两块固定展板的布置,最后讨论出了"寻找进步的力量"的主题,而我们班家长课堂的主题就是"寻找进步的力量",于是家长课堂的内容也有了展示的阵地。另一侧的展板,他们用来展示自己的优点。前黑板左侧是图书角,在图书角的管理上,他们想得更细致了:每天的卫生,图书借进借出的登记,定期更换图书的通知,还有班级植物养护。这些讨论完后,其实还有同学干着除了扫地还是扫地的活,怎样让这些同学也能参与进来呢?东响盯着我的脸,好像在说:"看你怎么安排才能让我也有机会做贡献?"

是呀,他的担忧也不无道理,很多时候,学校的集体活动虽然能发挥娱乐、导向、育人的功能,但是集体活动因受时间、场地、规模、要求等的限制,不能顾及班级全体学生,有些学生往往会在其中落单并最终成为"局外人"。我的班级我做主,学校的德育特色是"以活动为载体,营造文化校园",我可以组织班级微型活动呀!显性的文化布置,学生自己都安排好了,那么润心无声的活动文化就由我来拿主意了。

就这样,班级微活动悄然拉开了帷幕!

班级之星的评比,共青团员的评选,都是在我明确方向的基础上的班级海选。

定期组织的主题讨论让学生获得了好心情,于洁老师的与任课老师合影的做法给了我启示,班级活动又加入了"一周得意事"这个新成员。一周默写达标,可以赢一个与任课老师的合影,连续五周达标,可以挑选与一位校长或喜欢的老师合影,这些合影最终都定格在了班级"一周得意事"的展板上。班级颁奖仪式也是学生喜欢的活动,颁奖仪式上,颁奖的人选是不定的,或者是英语默写连续一周不重默的同学,或者是值日做得特别好的同学,或者是课桌整理得特别干净的同学,或者是连续几次问了老师问题的同学,等等。因为设置了颁奖者的门槛,成为颁奖者也成了学生特别羡慕的事。因为羡慕,所以想得到,于是学生在学习、自律等方面不但有了自我要求，还放大了自身的优点。最重要的是，颁奖者要事先向获奖的同学献上颁奖词和祝贺词，这个门槛不高，但是却能让那些后进的学生有尊严地获得参与班级文化建设的机会。东响就在讲卫生和拾金不昧上获得了两次颁奖的机会。

　　班级文化建设不仅仅是一个活动，更应该是班主任挖掘学生潜力、引导学生积极参与到班级学习生活各个方面的抓手，并最终让"我的班级"成为"我的家。"

（作者单位：江苏省常熟市第一中学）

5 任课老师告状的时候,班主任要做哪些具体工作?

蒋金娣

刚下课,英语老师就冲进办公室气呼呼地对我说:"你们班小智回家作业又是一片空白,课上讲评过后还不订正。跟他讲了,他还朝我翻白眼,还狡辩,太不像话了!每天的重默也不做了,家里父母管不管的?你请他家长过来,我要和他家长说说!"说完转身就走了。

这是做班主任经常会遇到的事——任课老师告状!任课老师告状的原因无外乎学生不做作业,作业拖拉不及时,课堂不守纪律(睡觉、顶嘴等)。遇到这样的情况,如果不能及时处理好,会让误会更深,让师生矛盾更加尖锐。

我把小智请到办公室,请他把英语课堂上发生的事情写下来,小智写道:"我今天的英语作业有两个地方没有订正好,其他都订正好了,老师就骂我,说我一直不订正,然后我就趴在课桌上了。"我翻了几页英语练习,订正好的地方批阅很少。小智解释说,是上学晚了一点,忘记交了,也就没有给老师批阅。英语老师生气肯定不仅是这个原因。我又问他今天英语默写了哪些内容,数量是多少,小智说不出来。我知道,英语老师说他作业没有订正是一个事实,也是引发她恼火要告状的一个导火线,小智每天的英语作业(口头和笔头)确实没有做起来。对于一个负责的老师来说,这是很头痛的事。小智英语学科确实一直不好,初一时还很努力的样子,但小学没有学过几年英语,基础实在差,跟不上,每天要默写,平时又不用,对他来说,要学好英语真心不容易。他爸爸也一直嫌他不努力,骂他不争气。我也曾多次建议帮他降低一点要求,但他始终不愿意。现在他处在"不愿意"和"要面子"的夹缝中,面对老师的责问,不是找理由应对,就是充耳不闻。看来我还是要说清楚"降低要求不等于老师不管"这个问题。

我对小智说:"对于一门自己不喜欢的学科,要学得很精彩是不容易的,但课程表既然开设了这些科目,那就说明学生是必须要学而且也是能够学一点的,你把自己能承受的默写数量说一下吧。"小智说:"默写英语单词倒是没有什么的,就是那些句子翻译和课文很烦,语法什么的懂也不懂,背不出来。"最终我和他约定,先把英语单词和词组默写做起来,请英语老师每天单独发一点单词或词组,我来监督他默写。当我和英语老师说这件事情的时候,急性子的英语老师说:"班主任真是太辛苦了,就是不知道他父母领不领情!"这个就不管了,学习的任务能落实下去就行,小智也同意了我的办法。但他和英语老师之间的"不愉快"情绪还没有消除呢!我说:"英语老师真是傻,其实你学不学对她没有丝毫影响,但她偏要盯着你学,估计是她心里喜欢你,又有点恨铁不成钢吧。"小智嗫嚅着说:"应该是吧。""那这样吧,为了她那点严厉的好心,我们一起去向她道歉吧,顺便把我俩的约定也告诉她,免得她以后再瞎担心、瞎上火?"小智说:"好吧。"这以后,初二到初三毕业的一个半学期中,小智的英语默写都在我的身边完成。

我不喜欢因为学生的功课或作业问题把家长请到学校。我建议英语老师把小智在英语学科上存在的一些问题以及需要改进、需要家长督促落实的地方一一罗列出来,我家访时一一陈述。当天晚上就去小智家家访,我把和小智的约定向他爸妈做了告知,也用消化不良的比方讲清楚了降低英语学科要求这件事。他父母也反思:自己是不是把孩子骂得麻木了?他爸爸说:"我们干的是粗活,以为只要拼命赚钱就是对得起孩子了,听您这么一说,我明白了,我们会督促好这个过程的。"她妈妈对小智说:"老师抓得紧,肯定不是在害你,这样我们也才能安心地工作。"

碰到任课老师告状,班主任一定要及时处理,这样才能让误会和矛盾得到及时的消除。在了解事情经过时,最好让学生用写的方式叙述,叙事也是一种处理问题的方法。书写的过程也是学生平息心中火气、自我反思的过程。此外,团结协作很重要,班主任对学生要比任课老师更清楚细致,在了解了事情的原委后,要及时积极地和任课老师沟通,并针对学科和学生个体情况与任课老师协商,落实学生能达成的一些具体目标。有时候,班主任的态度决定了事情的发展方向。双方的工作都做了以后,班主任还要让双方见面,通过学生的道歉取得任课老师的谅解和鼓励,消除双方尤其是学生的消极情绪。三是要联合家长的力量,做好学生日常学习和生活习惯的督促。学生身上出现的问题可大可小,如果没有家长的积极配合,仅靠班主任一个人的力量是无法达成教育目的的。

当然,最终要把坏事变成好事,班主任还要有随时准备吃亏的心理。

(作者单位:江苏省常熟市第一中学)

6 新生入学适应不良怎么办?

陈 玲

我们都是一家人

忐忑不安中,我们终于见面了。相信你们已经无数次地想象过新的学校,新的老师,新的同学……如今,我们终于在新的教室中见面了,是的,我想,这就是我与你们之间的缘分:刚刚好,我从初三回到初一,而你们从六年级升入初一。

我很感恩能够遇到你们,为我们同喜同悲的成绩起落,为我们共同参与加油呐喊的种种赛事,为我们生命中这紧密联结在一起的三年青春时光。

为此,我为你们准备了"见面礼"。说"见面礼"其实不太恰当,因为这是我为了让你们尽快适应周围的环境而准备的一些规则和方法。就姑且称之为"礼物"吧!

第一份"礼物"——"各司其职表"。说真的,你们每个同学都能大方自然地上台介绍自己,我很为你们感到自豪。而这"各司其职表",正是能够展现你们自身能力和特点的一份规定。我希望你们能够根据自身的特点和能力踊跃地报名。男生,多可以申报像拖地、排自行车、倒垃圾一类的工作,而女生,多可以申报像擦窗、扫地、整理讲台一类的工作。对于你们的选择,我感到很欣慰。在这份表格中,随着人名一个一个被填充、渐渐完满起来,我觉得好像看到一家人围坐在了我的面前。不错,我们现在就是一家人,我们在一起的时间甚至超过了与家人相处的时间,怎么不是一家人呢?

第二份"礼物"——"我认识了你"。为了让你们尽快地了解周围的同学,我提前布置了一个任务:在周三的班会课上,每位同学都要说出班里至少六个同学的名字,说出其中至少三个同学的兴趣爱好和他们身上值得你学习的地方。而且,你至少要让同学说到一次。任务有些艰巨,不过你们都完成得不错。想来休息的时光都被你们用来"吹牛聊天"了,我们更像一家人了！只是，你们谁都忘了来问一问我：老师，你叫什么呀？我们只知道你姓陈，还不知道你的名字呢！是啊！我们也是"同学"啊——同学习嘛！

第三份"礼物"——《夸夸我的新朋友》。原谅你们的老师第一周就让你们写作文了，其实我也想再等等，只是，构思写作的过程也是大家仔细观察的过程，要想写出新朋友的优点，就一定要进行仔细的观察、多次的接触和长时间的相处，老师只是希望大家的关系可以更亲密一些，彼此的心能更拉近一些。当我请同学把几篇较为优秀的作品朗诵出来的时候，我看到大家的脸上都露出了会心的笑容，仿佛是在告诉我：老师，我们的关系好着呢！

第四份"礼物"——"招兵买马"。出黑板报的时候，开运动会的时候，做义卖的时候，我说得最多的一句话就是——班干部和课代表们，该你们出手了，去"招兵买马"吧！我最希望看到的就是，你们紧密地团结在班干部和课代表们的周围；班级需要你们的时候，只要打个招呼，你们就可以"赴汤蹈火，在所不辞"。

第五份"礼物"——"多为他人着想"。"身体是革命的本钱，大家是一家人，要懂得互相照料。如果有同学不舒服，我希望第一个来告诉我情况的，是你。"我给大家的建议大家都吸收得不错，隔三岔五，你们就会来向我汇报同学的情况。有时候，同学之间很小很小的一点伤害，同学们自己已经解决了，你们还是不放心，还要来知会我一声。我觉得，我们的善心皆有了着落了，我们就是互相关怀着的"真家人"了，不是吗？

"我们是一家人"，这是开学的时候我就向大家强调的东西，现在，我们已然聚拢了一大步；未来，我们还要做最亲密的一家人，同进退，共甘苦。

只做自己最好的敌手

亲爱的家人们，这个世上，最可怕的会跟随自己一辈子的敌手，恐怕就是自己了。战胜自己，比战胜别人更为重要。

刚入初中的你们，一下子没法适应老师的教学方法，很正常；一下子与同学拉开了距离，也很正常；一下子觉得陷入了迷茫，也很正常……这是每个人都会经历到的一段时光，就像接下来你们即将进入的青春期一样。只是，别迷茫得太久，同学、老师和家长，会是你们平稳过渡到初中阶段的最好帮手！

苦恼不堪时,找朋友诉诉苦,天南海北地吹吹牛,他们会帮你找到轻松的方法。迷茫踌躇时,找老师寻寻法,老师会用有厚度的生命智慧为你开启一扇通往光明的门。疲累颓丧时,回到父母亲的怀抱里,跟父母撒撒娇,重温儿时的幸福时光。

抛开小学里或者光辉或者暗淡的回忆,初中将是你又一个全新的航程,既然已经起航,就要英勇无畏。你或许会留恋过去时光里那个志得意满的自己,但生活在远方,也在脚下。今天的你要优于昨天的你,明天的你要优于今天的你,如果能一步一个脚印地前行,没有人可以战胜你。

老师想告诉你,既要放眼远方,又要盯住脚下,愿你只做自己最好的敌手。等你回过头去的时候,会在蓦然间发现,原来自己已经走了那么远!

(作者单位:江苏省太仓市沙溪第一中学)

7 学生作业拖拉，无法按时保质保量完成，怎么办？

方 莼

接连两天，睦睦的语文、英语默写成绩都是零分，各科作业大片空白，任课老师们都怨声载道。而当我看到他刚交的试卷上所有的选择题答案都是A时，一股怒火从我胸中升起。我拿出手机，准备拨通他妈妈的电话，好好告他一状。

这个孩子升入初一之后，因为作业拖拉和质量不高，我已经找他谈话无数次，也与家长电话沟通和面谈了多次。虽然他的情况一直是时好时坏，却从未像这次这样"撂挑子"过。

拨号时，无数个念头在我脑中闪过，到底怎样做才更能帮到他呢？在"嘟——嘟——"的连接声中，我慢慢平静了下来，我决定还是先了解一下情况再说。

电话接通后，我问睦睦妈妈最近孩子在家的学习情况怎么样，他妈妈叹了一口气，说他最近很烦躁，只要一管，他就发脾气，爸爸妈妈提出检查一下他的作业是否完成，他都拒绝，甚至哭闹扔本子。前天，爸爸为此还揍了他。听到这些后，我那些告状的话一句也说不出口了。我转过头轻轻地呼出一口气，将心中的郁结之气尽力排出去，然后跟睦睦妈妈说：还有一个星期就要期中考试了，因为这是进初一后的第一次全市统测，老师和学生都很在乎，也很紧张，睦睦一定也不例外，这段时间，就让我们多鼓励，给孩子多一点支持吧。

挂断电话后，我决定好好跟睦睦谈谈。于是，午饭后我把他喊到了办公室外的平台上。我问他最近状态怎么这么差，他皱着眉头看着我，憋了半天说道:"方老师,初中的东西太难了,我不想学了。"我没想到他会给我这样一个答案。"太难了,所以你不想学了?"我看着他,重复着他的话,向他确认。他眨巴着眼睛,冲我点了点头。

我思考了一下,想起前不久他刚获得了学校的"十佳舞者"称号。我就问他:"睦睦,那么,街舞有很多难度高的动作,你也不会去学,是不是?那真是可惜了,下一届的'十佳舞者'看来就不会有你了。"

"谁说的?不试一试怎么知道学不会?"他立即不服气地回答我。

"那些动作太难了,还是算了吧。"我故意激他。

"我不怕难!"他憋红了脸,喊了一句。

"原来你不怕难啊!"我做出恍然大悟的表情。"那走吧。我们回去把作业订正了。不会的,我会和语文、数学老师再给你讲一遍。"

他愣愣地看着我,似乎有些反应不过来。我笑着拍拍他的肩膀,示意他和我一起回教室。他抓抓头发,有些不知所措,但还是跟上了我的步伐。

看得出,睦睦有些入了圈套的感觉,虽然不情不愿,但他还是嘟着嘴按照老师的要求把所有的作业都认真订正了。放学前,我点了六个孩子到办公室来背课文,他也在内。当他最后一个背掉课文时,我笑了笑,拿出一块瑞士糖给他,他有些惊讶地看着我。我说:"这是给你的奖励。睦睦,只要努力,谁又知道会得到什么意外的收获呢?是不是?加油吧!"

睦睦的表情从惊讶渐渐变成了喜悦,他高兴地向我道谢,然后蹦跳着回教室去了。看到他这天真可爱的样子,我不禁嘴角上扬了。

晚上,我接到睦睦妈妈的感谢短信,说他今天回去高兴地说得到了老师的奖励,还特地找了个罐子把这块糖收藏了起来,不舍得吃。我回消息说:那我们就试试看多久能把那个罐子装满吧。

考虑到一直靠老师"开小灶"不是长久之计,我就跟任课老师们达成共识:上课时多关注他,简单问题多提问他,并注意在表扬他时多强调"努力"的作用。同时,我找来几个能力较强的班干部,由学习委员牵头,按照座位位置建立了几个学习小组,由成绩好并热心的同学帮助班级里三个学习最有困难的同学,睦睦也是其中之一。在我的指导下,三个小组长写好了帮扶方案,并和组员进行讨论,作了修改,在大家都认为可行后,签字并开始执行。

此后的一周,睦睦似乎找到了主心骨,遇到困难不再消极应对,很多时候都主动去问学习小组里的"师傅"们,而热心的"师傅"们也从帮助他中获得了莫大的成就感。由于更好地融入了集体，睦睦脸上的笑容日益增多。虽然他时常还会想偷懒，但是同学们的热情帮助和他在乎同伴眼光的心让他慢慢地改变着自己的坏习惯，波浪式地前进着。

在睦睦表现好或有进步时，我就会给他一块瑞士糖。我不知道要多久才会装满他的糖罐，但我相信在这个过程中，他一定会越来越好。

学生作业拖拉，无法按时保质保量完成是一个非常令班主任头疼的问题。而究其原因无非是三点：注意力不集中、上课不认真听或基础差不会做以及拖拉成习惯。我们只有"对症下药"，才能"药到病除"。像上文中的睦睦，我用的方法就是逐个击破。对于第一条，我除了通过谈话让他认识到自己有能力做好外，还让老师们在表扬时强调"努力"的作用，再用瑞士糖将这种肯定物质化，三管齐下，建立心理暗示，帮助他提高集中注意力的意识和能力。对于第二条，我除了让老师们上课时多关注，还在班上建立了帮扶学习小组，既对睦睦进行监督，又让他有解决难题的后备力量。对于第三条，我创造机会让他更多更好地融入集体，树立起自己的形象，而他为了维护自己的形象、维系与同伴的良好关系就开始努力改掉拖拉的坏习惯。

（作者单位：江苏省昆山市娄江实验学校）

8　学生沉迷游戏怎么办？

陈　玲

中午吃饭的时候，搭班的英语老师与我坐到了一处，一边吃一边聊起了班里学生的情况，聊着聊着，她忽然问我："我们班的小宇语文课表现怎样？认真吗？"我仔细一回忆，觉得小宇平时不声不响，课上的表现也很木讷，英语老师不提，我还真没过多关注他。难道他看似乖巧，后头还有文章？

果不其然，英语老师压低了声音告诉我："你觉得他很乖吧？我本来也这样想的，但是他爸爸告诉我，他上次偷了父母的钱让隔壁班的同学给他充游戏币呢！"

"啊？不会吧？真是看不出来啊！"听闻这个消息，我很讶异，一来是为这个乖乖巧巧的孩子可惜，二来是隐隐地觉得游戏像个大洞，正在吞噬着某些很重要的东西。我忽然想到办公室的一位班主任，最近她花了半天时间在教育一名帮同学充游戏币的学生，莫非就是他帮小宇充值的？我仿佛看到一张游戏的大网正在朝同学们慢慢地撒下来。突然眼前又浮现出了另一张熟悉的脸孔，我知道，我不能再等待了，是有必要做一些事情了，否则，再乖巧的学生也有可能"沦陷"在无尽的游戏黑洞里。

周三的班会课，我下发了一份调查问卷，里面藏着我最关心的几个问题——"平时休息时间或周末，你会选择看书还是打游戏来作为消遣？看什么书或打什么游戏？为什么喜欢看这类书或玩这类游戏？父母对你们的打游戏时间有限定吗？除去看书或打游戏，你还有其他业余爱好吗？比如画画、书法或乐器？"果不其然，学生的回答让我心惊，但凡家里有电脑有网络的，基本都选择了打游戏来作为消遣，极少有学生提到自己正在阅读的书目。而父母对他们的游戏时间也限制得较少，基本上作业完成后就可以自由支配自己的游戏时间了。

那节课上,我给学生们讲了一个故事,故事的主人公便是我从前的一名学生,我们姑且就称他为小路吧。

小路平时寡言少语,但遇到班级的事务时他总是非常积极:我总会在午自习开始前看到他在教室里拖地,一天一拖,没有一天落下。我看在眼里,喜在心里,觉得这是一棵好苗子。可是,渐渐地,我发现小路的作业出现了拖拉,每次找到他,他总是非常虚心地认错,答应马上补给我,但是过了一段时间,又会出现类似的事情。同时,在课堂上,小路的表现也开始差强人意,有几次居然还打起了瞌睡。我看在眼里,急在心里。通过与小路的几次谈心,我意识到,他是沉迷于游戏的虚拟世界中无法自拔了!而同时,与小路关系比较要好的同学的反映也证明了我的想法。甚至还有几次午饭后,我看到小路在走廊的偏僻处正与其他班级的几个学生谈游戏谈得眉飞色舞,连预备铃声都差点没听到,他那曾让我引以为傲的拖地工作也时常被他放到午自习以后了。

我与他的多次谈心只是暂时性地起到了一点作用,小路的情况时好时坏,加上单亲家庭的特殊性,父母对他的管教也收效甚微。我只能发动他周围的同学加强对他的监督和帮助,一旦他又出现瞌睡或发呆的现象,就及时地加以提醒。尽管如此,中考成绩下来后,小路还是与心仪的学校失之交臂了,仅仅以几分之差。

毕业后的小路曾经给我发来信息,他告诉我如今他已经把游戏瘾给戒了,他现在在学习电子信息工程,他发现打游戏的经历什么也没教会他,他告诉我自己已经认识到学习的重要性了,会打游戏没什么,会创造游戏才是真正厉害,而这需要知识的武装,只有知识才能让他更接近自己的愿望,外面的世界更精彩,可惜自己当年太迷糊。

听了这个故事,同学们纷纷低下头来,各自陷入了思索。"这是个真实的故事,我希望我们同学当中如果有与小路类似的情况,能及时止步,因为,游戏外面的世界更精彩……"

"游戏外面的世界更精彩",我想把这个信息传递给学生,这时正好学校下发了一个我们学校与英国某姐妹学校互相访问学习的报名通知。通知单上详细地给出了访问期间 10 多天的行程,我仔仔细细地读给学生听,班里不时地发出惊叹,他们不知道原来世界如此精彩,原来自己只是一只坐在井中的小青蛙,原来看似遥远的世界自己也可以接触得到!我告诉学生:"世界很大,只要你足够努力,你就会离自己的心愿更近一些。虚拟的游戏空间也许会在短暂的时间里给你满足感,但是游戏过后呢?你还是你,除了浪费了自己进步的时间,你什么也没有得到。暂时的满足过后是更深的失落、后悔与自责。小路就是你们最好的'清醒剂'!"

当晚,我在家长的微信群中发布了这样一条信息:鉴于校内已经出现个别学生沉迷于网络游戏而无心学习的现象,也请家长们关注孩子上网的情况,如果孩子有玩游戏的情况,请您了解孩子玩游戏的时间段。如果时间过长已经影响到孩子的休息时间,就请您与孩子商量定下每日或每周游戏的时间段。毕竟孩子的自控能力有限,请家长多加陪伴!

其实,我想对家长们说的又岂止这些,我想告诉他们:在学校里面,老师可以发动学生互相做好监督工作,尽量提高听课的效率,但是在家中,老师鞭长莫及啊!学生彼此之间开始出现明显的差距,是在课后,是在家中,当一部分学生沉浸在打游戏的消遣当中时,另一些学生却在自觉进行补习、复习、预习,他们之间渐渐也就有了高下的区别。

最好的教育,是言传身教,是家庭的共读,是无声的陪伴。在陪伴孩子的同时,家长可以进行阅读来提升自己,在家长潜移默化的影响之下,何愁孩子还会沉迷于网络游戏之中呢?其实,陪伴孩子下一盘棋,陪伴孩子打一次球,陪伴孩子跑一次步,陪伴孩子共读一本书,或是陪伴孩子打一次游戏,都是一次心灵的滋养。有些时候,孩子不过是寂寞了,所以才会去虚拟的空间寻求安慰,如果这种安慰父母能够主动且及时地给予,孩子们又怎么会与父母疏离到如此地步呢?

第二天,在我的建议下,同学们一致赞同新添的班规。小组合作加分项目上也被添上了一项新规定:如果小组内有组员因为打游戏而出现打瞌睡、注意力不集中、作业完不成、正确率降低、成绩下滑的现象,那么整个小组都会因此而被扣除大量的分数。一荣俱荣,一损皆损。

我始终清楚地记得,又一周的班会课上,同学们高声念着新班规时闪烁着的眸子:"游戏外面的世界更精彩,请让我们走出虚拟的空间,走进真正的世界,不轻易打游戏,从我做起!从我们小组做起!"看着同学们宣誓时高举的右手,我仿佛看到了巨大的希望,一扇扇藏着精彩的大门正在向同学们缓缓地打开!

(作者单位:江苏省太仓市沙溪第一中学)

9 班干部没有威信或太过严格引起同学的不良反映怎么办？

陈 玲

初一开学伊始，面对着一张张陌生的面孔，我下发了一份调查问卷，我希望以最快的速度来了解他们。而眼下急需做的一件事，便是组建新的班干部团队。但是等问卷收上来，我便暗暗失望了：全班竟然只有一个男生曾经当过副班长，而且是民工子弟学校的副班长，他叫小健。再一看小健的小升初成绩，英语和数学的分数都很低，我开始犹豫了。

就在刚才，刚进教室的同学在我的安排下自主打扫起教室来，而小健的表现让我眼前一亮，所有的男生中，就数他做得最卖力，自己负责的卫生工作已经完成了，他还去帮助别人一起打扫——真是一个很有责任心的孩子！

搬书的时候，小健也主动拎起一大摞书本抱在胸前，以至于书本堆得他连路都看不到了。后来，有个迟到的男生书本还缺了很多册，我特意让小健去搬书处再给他找找。后来午餐时间到了，我直接领着学生去了食堂，竟然忘了小健还没跟来。等我们回来的时候，只见小健一个人孤零零地等在教室里。我满心的愧疚，赶紧拉着小健去了食堂，结果饭菜都已经收走了，幸好教师的食堂还有点饭菜，不至于让小健饿肚子。面对我的满心愧疚，小健倒是不好意思了，他憨憨地一笑："没事，老师！"真是个可爱的孩子！从那一刻起，我似乎就认定了他就是理想的班长人选。

可是，我也有隐隐的担心。

期中考试的成绩出来了，果不其然，因为小学里的英语和数学基础太差，小健的成绩落在了后面。在班会上，我惴惴不安地听着学生念出改选班委的选票，还好，小健在学生心目中的形象还是不错的，得票率也不低。

幸好，我这个铺垫工作做得不错。我暗自喜悦。从小健担任班长开始，我就不定期地把一些繁重的工作交给他去完成，有意无意地提醒他积极参加班集体的活动。每周三次的搬运水果、分发水果工作，每天的自行车排放工作，运动会上的1500米比赛，义卖活动上的守摊工作等，这些为班集体服务和出力的工作，小健因着他的踏实肯干、吃苦耐劳，都完成得很不错。

每次班会课上，在"我想表扬谁"环节，总是有表扬小健的纸条出现。我想，如果刚开始是我在刻意引导大家往小健为班级无私奉献的精神上想的话，那么接下来，是小健自身的人格影响了大家：是1500米的比赛中，小健挥洒汗水坚持到底的形象感染了大家；是义卖活动中，小健领着其他两个班干部，因为生怕错过了生意而放弃吃午饭的事情打动了大家。总之，"好班长"的形象已经深入人心了。一个个班会课上，教室里接连不断响起的掌声就是最好的证明。

我觉得，发现他的优点，发扬他的闪光点，鼓励他多为班级做事，从而在学生中树立他的良好形象，正是这些弥补了他在成绩方面的缺陷，提升了他在同学心目中的地位。但是，"班长"真的就坐稳了吗？

在一次班干部会议上，小健想说什么，却欲言又止。其实，我已经意识到他的问题所在了。为了让每个学生都树立起班级的主人翁意识，大到班长，小到小组长，我几乎都安排了三四个学生担任，小健是三个班长之一，另外两个班长都是女孩子，魄力不够，所以在管理纪律方面我一直提醒小健要担当起来。

但是，可能是小健"老好人"的形象太过深入人心了，他根本镇不住班级里的几只"皮猴子"。虽然同学们钦佩小健的勤劳肯干、无私奉献，但在管理纪律的方面，小健只会记下名字来报告给我，缺乏班长该有的威严。

果然，别的班干部开始提出建议，他们建议班规再新增一条内容：班干部的管理如同老师的管理，学生们要服从班干部的指挥号令。

思索片刻，我提出了一项工作变动：我让泼辣的小杨去辅佐小健管理班级的纪律，小健暂时只需要做好班级情况的记录，观察小杨是如何管理纪律的，而具体出面管理"皮猴子"的工作则交由小杨去完成。听到这个变动，小健似乎一下子轻松了不少，也没了刚才的沮丧表情。

会议后，我留下小健，给他讲了个故事。

"小健，做班干部其实很不容易，因为你又要管理好同学，又要服务好同学。这种情况下，人格魅力、管理方法和技巧同样重要。我曾经带过的一个班长，他很有个性，同学们都喜欢同他在一起。他曾经当面向我汇报说班级的自习纪律很好，但在之后又偷偷地告诉我个别特别不像样的学生的名字，提醒我借任课老师之口来批评他们。他也会在我或同学的某些做法有问题的情况下直言不讳，保护好大部分同学的权益，甚至敢于当着同学们的面与我辩论。因为他是真心为同学着想的班长，所以大家都很拥护他，以至于他辞职时全班同学都不同意。我告诉你这位班长的故事，当然不是说他的某些做法就一定对，但是其实你可以好好想想，人格魅力方面，你与他之间差的是什么，管理方法和管理技巧方面，你又与他有着怎样的差距。"

一段时间以后，我发现，小健居然把其中的一只皮猴变为了自己的好哥们，并且充当了小健的得力助手。"皮猴哥"常常在没法控制自我想讲话的时候去提醒、管理别的皮猴，或者干脆跑出去倒垃圾。别的皮猴看在眼里、记在心上，也渐渐地老实了起来。实在管不住自己的时候，他们也干脆学"皮猴哥"抢着倒垃圾去了，散个心回来，似乎讲话的欲望也没那么强烈了。

又一次的班会课上，我下发了一份表格："表格很简单，但我希望每个同学都能利用好它。"我给学生讲了一个故事："曾经有个女孩，特别爱发脾气，父亲告诉她一个方法，发脾气就钉一颗钉子，克制住了就拔取一颗钉子。女孩一步一步慢慢来，终于学会了克制自己的坏脾气。我们现在在这份表格上写下自己的几个优点和急需修正的坏习惯，每天对照表格进行自省，看看自己保持了哪些优点，改正了哪些缺点，一步一步地用可以看见的方法和速度来学会管理自己，做更好的自己。这样以后，相信自律会让我们每个人都成为称职的小小班干部。"

看着同学们低头认真思索、书写的样子，我知道我们距离成功又都近了一步。

(作者单位：江苏省太仓市沙溪第一中学)

10　自习课如何更好地让学生进行自主管理？

陈　玲

一个晨光熹微的早晨，同事上完课走进办公室便感慨开了："某班的班主任真辛苦啊，几乎每节课都会去教室外探探，自习课就更是节节都在了。"

另一个同事随口接道："是啊，她是新班主任，很认真的，可是太累了。"

我没有接话，但是想起了自己也是新班主任的时光，那时的自己似乎也是很累很累，事无巨细，样样都要去操心。特别是自习课，有任课老师的时候班级纪律还是不错的，但是没有老师的时候往往就需要自己去坐镇。现在想想，这样做既不利于培养学生自主学习、自我管理的良好习惯，又把自己弄得很累，结果就是没有班主任坐班的时候，班级往往就显得乱糟糟的了。

自习课如何才能更好地引导学生进行自我管理呢？沉思了一阵，我决定先试试下面这些方法。

首先，班主任的坐镇是需要的。心理学研究指出：一项看似简单的行动，如果你能坚持重复21天以上，你就会形成习惯；如果坚持90天以上，就会形成稳定的习惯。初一自习课刚刚开头，还是需要班主任去起到稳定人心的作用的。

其次，要让学生在每一节自习课上都有事可干。我开始注意培训班干部和课代表们，我让他们及早去向任课老师问好家庭作业，并向学生传达好，同时，我还引导学生在自习课上完成家庭作业，减轻回家作业的负担。并根据学生在校完成的作业量，发给一定的奖励贴纸。如果当天实在没有作业的话，就由课代表根据学生的学情来布置预习和复习的任务，规定学生必须在这一堂自习课上完成哪些任务。

再次，自习课需要除了班主任以外的管理者，这需要从学生中选出。我考虑到以班级为单位进行管理显得太宽泛，无法一一到位，一对一的管理又太琐碎，容易旁生枝节，于是每一个小组指定一个较为负责任的纪律组长就成了首选。自习课伊始，纪律组长们就坐到本小组的最前面面向本组学生，管理、提醒本组学生保持安静，专门负责本组学生纪律的管理和记录。

当然，赏罚制度必不可少。新出台的班规规定：给自习课不下座位、不讲闲话、特别自觉主动进行课业学习的学生发放"免死金牌"，如果以后出现偶尔的迟到或忘记带作业的情况，可以使用"免死金牌"来功过相抵。

最后，班级的微信群也是一个"好帮手"，让班干部每天定时在群里发布"学生一日在校表现"，特别是表扬自习课自觉主动学习的学生，同时也给不太主动学习或妨碍同学学习的学生提出劝诫。

规定出台以后的自习课上，我故意偶尔消失一段时间，在班级的监控中偷偷地关注，把几个有小动作的学生及时叫出来单独进行提醒教育，几个回合后，班级的自习课纪律改观了不少。而在接下来几节班会课上的"我想表扬谁"这一环节，我刻意提醒学生："大家不要忘了表扬自习课特别自觉的同学啊！"

一个阳光灿烂的午后，我照例走进教室巡视，午自习的铃声已经响过了两分钟，我注意到同学们都已经在有序地做着数学练习题，只有小马还在磨磨蹭蹭地翻动书桌，练习册还没有找到。小马不是第一次这样了，据他妈妈反映，小马每天晚上做作业的效率总是特别低。他总是发现找不到笔，或是找不到本子，或者是找不到试卷。妈妈发现他经常去上厕所，还经常去厨房拿点零食吃，结果一个小时过去了，作业只完成了寥寥。小马自己对此也很苦恼，不知道有什么方法可以改变自己的这些坏习惯。

我走到小马身边摸摸他的脑袋，示意他赶紧开始，小马不好意思地笑了笑，急忙翻开了练习册。我瞄了一眼他的同桌，同桌已经做到第五题了，而小马才刚刚打开册子。这鲜明的对比让我想到了另一个已经毕业了的学生，她叫小俞,性格颇为拖沓犹疑。有一次自习，我看到小俞翻开语文课本看了起来。可是过了一会儿，我发现她手里的语文书换成了数学书。没过多久，数学书又换成了英语练习册。临到下课时，我把眉头拧成一个大疙瘩的小俞叫了过来。

"小俞，这节课你完成了哪些作业？背了哪些东西？"

"嗯……"小俞不好意思地低下了头,双手绞来绞去:"老师,我又想做这个,又想背那个,最后好像都没做好。感觉脑子里乱糟糟的,想法都挤在一块儿了。"

"是啊,你如果没有一个完整有序的计划,自然不会有条理地开展工作。你首先要明确自己这节自习课要做哪些作业,要做多少;自学什么内容,要学到什么程度;什么时间做哪项作业,各自需要花费多长时间。只有把这些都明确下来,罗列成小表格,然后严格地执行,才会有条不紊,不受别的同学的影响,开展自主学习。你明白吗?"

小俞使劲地点头:"我马上去试试。"

果然,尝试罗列计划之后小俞的学习效率提高了不少。上次返校来看任课老师时,小俞还向我表示了感谢,她告诉我这个方法她一直沿用到了高中,节约了不少宝贵的时间。

我抽时间把这个故事告诉了学生,同时列举了小马的事例,请大家帮小马出出主意。"定计划写清单,设定完成的时间","马上做,少抱怨","当日事当日毕","做事要有条理","善用零碎时间","注意劳逸结合"……一条条的建议像雪花一样朝小马飞来,小马感激地朝同学们笑着。

后来,热衷于足球赛的小马又跑过来给我提建议了:"老师,我们还可以制作不同颜色的卡纸呢!比如在足球赛中有黄牌和红牌警告,我们可以给影响其他同学学习的同学下发黄牌警告,再不行就用红牌罚下,罚到您办公室接受再教育。还有同学反映说自习课不能讨论,有些题目不会,能不能单独留5分钟时间进行小声的讨论,而其余的时间明确规定只能自行学习,不可以与同学交流。老师您说呢?"

"哈哈,主意不错,建议也可行。你倒是想象力丰富的,不错,下发各类颜色的卡纸可以起到督促和鼓励作用。绿色卡纸可以用来'豁免作业',再不然,给班长发个哨子,直接成为班级'教练'好了!班长一吹哨子,看看大家会不会马上安静下来……"

笑声回荡在办公室里,外面的阳光愈加灿烂了。自习课啊自习课,让我如何爱上你?我知道自习课的整改还是困难重重,但只要用心用脑多尝试,总会走到成功的彼岸。

(作者单位:江苏省太仓市沙溪第一中学)

11 课间追逐打闹造成小的伤害事故怎么办？

蒋金娣

星期一早上，刚上完早读，小周妈妈就来电话了。

在电话中她告诉我，上周五，她家小周的脸和脖子被小俊搓伤了。听她这么一说，我倒是想起来了，上周五下午放学时，我看见小周脸上有一处刮破的痕迹，问他是怎么回事，他说是自己不小心弄的。

现在她妈妈说是被小俊弄伤的，看来是有故事了。小周坐在第一排，小俊坐在第四排，中间隔了两个小组，小周喜欢一下课就在教室里找同学"麻烦"。"我家小孩说，不是他先惹事的，他说，小俊老是欺负他，掐他的脖子。蒋老师，小孩子之间打打闹闹总是有的，但是一直掐脖子就不好了。"

是呀，小俊人高马大，练过跆拳道，下手不知轻重，一直这样的话，真的要出大事的！

"蒋老师，这个双休日，我家小周情绪很低落，他自己觉得吃亏了，要报复，星期六晚上还哭了，说是'要找人打回来'，我们周五就想向您反映，但他说他的事情他自己会处理，不要我们家长出面，这个孩子，对他真的一点办法也没有。本以为过了双休日，这件事在他心里就过去了，可今天上学路上他又在说'要找人打回来'，老师，我现在很担心，他会不会真的这么做呀？"

长期以来，小周就是这么一步一步爬到父母的头发梢上的。但眼下他这么说，或许仅仅是表达内心里的某种强硬，或许他真想着找人把小俊打一顿了。不管怎样，我只能把他的话当成是真的。

我对她妈妈说："不管他是不是真心要打回，我们做大人的要当回事，另外，他现在心心念念在想着这件事，想着自己吃亏了，这对他自己也没有好处。这样吧,我来约一下小俊的家长,下午接孩子的时候你们来我这里,我们一起请两个孩子把事情说清楚,把心里的疙瘩化解掉,好不好?"小周妈妈爽快地答应了。

小俊妈妈也答应来处理这件事。

放学的时候,双方家长都坐在了我的办公室里,我把两个孩子也请到了我的办公室。小俊说:"上周五下午第四节快放学的时候,小周走到我的座位旁边不停地弄我,还趴在我肩膀上,搞得我作业也不能写了,我就追着要弄回他,结果他跑掉了,等我坐下来开始写作业的时候,他又来弄我,我就使劲甩了一下,然后他自己跌倒了,他脸上那个弄破的地方不是我弄的,是他自己摔倒的时候弄到的。"听小俊这么说,小周涨红了脸不说话了。小俊妈妈说:"不管怎么样,你把人家甩到地上,还划破了脸,就是做错事了,要道歉。"小俊嗫嚅着说:"我又不是故意的。"我对小俊说:"同学之间,课间玩玩也不是什么错事,但是现在因为这个让小周'破相'了,你是不是先要道歉,表达出你的诚意呀?"小俊点点头,说:"小周,对不起,我真的不是故意的。"小周妈妈说:"你看,小俊都向你道歉了,你是不是也要向他道歉呢?"小周红着脸说:"对不起。"见两个孩子都道歉了,我就说:"好样的,是男子汉,既然已经互相道歉了,那就互相拥抱一下吧,这事以后不能再提了。"两人互相拥抱了一下,在我的示意下,双方家长也都摸了摸两个孩子的头,说了一些赞扬的话,两个孩子站在我们的面前笑了。

这时,我对小周说:"老师知道你很喜欢和同学玩,但一厢情愿的事不能做得太多,如果看到别人在写作业,你想一下,是不是自己也该做点类似的事情呢?"小周使劲点了点头,说:"老师,我以后会注意的。"

那次以后,我观察这两个孩子,似乎什么事情也没有发生,每天放学时还互相等一会儿,小周也开始找事做了。这也是我所希望看到的。

学生因课间打闹,难免会出现小伤害,处理得当,能达到"坏事变好事"的效果,班主任要在第一时间了解情况,要请涉事学生双方把事情经过写下来,请见证的同学也把所见写下来,这样,老师对事情的经过会了解得更加完整些。同时叙事本身就是一种进行自我反思、自我教育的有效方法。再者也能当着家长的面,把事情经过进行详细的呈现,让家长自己作为旁观者看清是非,这样做有利于班主任在处理事件时受到较少的干扰;此外,在形式上,为督促学生感受对方的诚意,还要要求涉事学生互相道歉,并互相拥抱或握手(言和)。这些形式可以是面向全班同学的,也可以是面向双方家长的。最后，要处理掉涉事学生的消极情绪。老师和家长用积极的语气表扬双方的诚恳态度，双方家长也可以用摸摸对方孩子的头、握手等表示理解和温暖的动作来协调关系，这些动作看似简单，却能有效化解涉事学生的负面情绪。事件处理结束后，还要对全班学生进行一次安全教育。

(作者单位：江苏省常熟市第一中学)

12　如何增强学生的自主学习能力？

方　莼

这个9月，我接的是初一的班级，为了更多地了解学生，我一有空就往班级跑。一周下来，我发现虽然同学们渐渐有了秩序，课间、自习课也安静了许多，但学习效率不高，自主学习的能力尤其差，课堂和自习课上的自主学习时间，他们除了完成任务就不知道还能做什么，很多学生甚至就坐着发呆。

期中考试的成绩更加说明问题，我们班的平均分不低，但是优秀率却不如其他班。我很清楚，长此以往，这些孩子离优秀会越来越远，而这与他们自主学习能力不强有很大关系。

这天，看着空荡荡的窗台，我忽然灵光一现。第二天一早，我将自己的两层竹制小书架放在了教室的窗台上，并依次放上了《牛津英汉双解词典》《新华字典》《古汉语字典》等工具书以及一些与英语和语文课文相关的课外阅读书籍。

看到学生们都用好奇的眼光打量着小书架，我告诉他们，这些是我买来借给他们用的工具书和课外阅读书籍，他们可以随意借用，也可以利用课余时间借阅，但不能将书带回家。一石激起千层浪，学生们听说可以随意借用、借阅后，好奇心更重了。区区十几本书，教室里却有47名学生，不难想象下课后窗台边被围得水泄不通的情形。见状，我赶紧呼吁同学们将自己的类似书籍拿来共享，同时，我承诺会做好登记，防止遗失。

于是，从这天起，我们班掀起了一股借阅热潮。有一书在手，自主学习时间里，学生们不知道该做什么的现象终于消失了。但我知道这仅仅是一个开始,要切实增强同学们的自主学习能力,还得有后招。

接下来,我便在班级里组织起了探索学习小组。我按照自然分组,结合他们自身目前的学习能力分配任务,实行先扶后放的引导策略。在自主学习时间里,我和任课老师协商后,整理出一些刚讲过的重难点,配以练习,让学生自己做了以后请能力强一些的同学根据讲义内容在组内分享自己的解题经验。一段时间后,我又尝试让能力较强的同学讲述自己在最近的学习中对某一知识点的独特见解,并给能力较弱的同学解答一些疑问。慢慢地,我开始让他们尝试反思自己的思考过程,同时对其他同学的思路进行分析,再思考作出自己的判断。一个月下来,班级里的学习氛围越来越浓厚,同学相互之间围绕学习话题的交流也多了起来。任课老师也反映上课时学生的思维比之前活跃多了,而且,他们在讨论出现分歧时经常会去找任课老师评判。我看到他们的这些变化,心中无比喜悦。

第二次月考中,我们班的优秀率有了一定上升。而我为了稳固他们的状态,又找中考科目的任课老师商量在班内搞一次出卷比赛,我还提出将一些质量高的试卷作为期末复习的资料推荐给整个年级用。任课老师们都表示支持这个比赛,这个主意也激起了学生极高的热情。为了把事情做得更好,老师们专门就自己所教学科出卷子的注意事项给同学们细细讲了一番,历史老师怕他们吃不准重难点,还特地整理了一张重难点讲义给他们。

比赛花了整整两个星期,为了公平,我发给每个学生5张A3纸,并要求只能利用自习时间出五门中考科目的规定范围、规定形式的题目。接下来的两周里,同学们所有的精力都集中在如何使用这些学科的知识点的探索中,就连成绩最差的学生也在绞尽脑汁出题目。两周下来,学生对于这些知识自然又都有了新的认识。

而更令老师们惊讶的是,有一半以上的学生所出的试卷质量相当过硬。最终评选出了优秀奖,我给相关同学颁发了自制的奖状,老师们也都依照约定,将几份很有水准的卷子推荐到了年级里作为复习资料使用。

自此,学生们深刻地体验到了学习、探索的乐趣,而他们的自主学习潜力也被真正激发了出来。

临近期末时,我开始尝试让学生自己设计自主学习的方案。主要围绕以下几个问题进行:

1. 你想利用自主学习时间解决什么问题?
2. 你打算做些什么来解决这些问题?

3. 你认为怎样做才能提高自己自主学习的效率?

同学们的创造力和智慧总是能给我惊喜。他们围绕着这三个问题认真思考解决之道。有些孩子将自己的问题以表格形式列出,再填写解决方案后执行;有的孩子通过与同伴讨论来确定问题解决之法,以他山之石攻玉;更有甚者直接订出了一份整改计划,打算从改掉自己的不良行为习惯开始做起,向优秀迈进。

在今后的学习中,我还将继续寻找和创造机会给他们更多的锻炼,直至他们将自主学习的能力内化到个体的学习习惯中。

正如陶行知先生说过的:"与其把学生当作天津鸭儿填入一些零碎知识,不如给他们几把钥匙,使他们可以自动地去开发文化的金库和宇宙的宝藏。"我认为,我们应该通过先扶后放让学生真正地学会自主学习和探究,再通过恰当的活动让他们掌握实实在在的技能,领会自主学习的真谛。一开始的时候,同学们确实需要我们老师的支持和引领,但到了一定阶段,我们就要帮助他们摆脱依赖课本和老师教授的习惯,让他们试着依靠自己的能力去获得知识,享受求知的乐趣。只有将自主学习的能力真正地内化,才能使其终生受用。

(作者单位:江苏省昆山市娄江实验学校)

13 如何争取家长的配合支持，如何指导家长有效进行家庭教育？

陈 玲

"上善若水"，水至柔，却能水滴石穿，水的绵柔之力常常让我不由得陷入沉思。教育何尝不像这绵柔的水呢？不知不觉间，却已经深入骨髓，直达心灵。这"润物细无声"的教育也常常为我所向往。

开学初，新搭班的数学老师沈老师就向我提出了建立家长微信群的建议，可我有些疑虑，总感觉微信容易暴露隐私。后来，建成家长的微信群后，我才明白了沈老师的用意，不由得感叹起他的用心良苦和远见了。

刚刚建群时，我生怕家长在群里发一些与孩子无关的宣传信息，所以群规一拟定好就直接贴进了群里，其中有一条是"请家长不要在老师所发的信息后面发看到或知道的话，这样容易导致刷屏而让晚看到的家长错过重要的信息"，群规一发，群里就显得冷冷清清的，但我很喜欢这样的清净，清清爽爽，一目了然。

可是渐渐地，我发现我们的班级群也太冷清了，除了我发布的学生的每日表现以及委托班长发的每日作业外，似乎就再也热闹不起来了。但是，隔壁班的群里常常热热闹闹地展开数学题的讨论，常常有孩子用家长的手机询问数学老师一些难题。

看着看着，我开始坐不住了，我在自己的班级群里发了一条看着挺煽情的信息："家长们，我现在很羡慕隔壁班的同学，因为他们拥有一位非常棒的老师，他能够把自己的休息时间无私地奉献出来，解答同学们的各种疑问,让隔壁班的同学们在家也有一个尽心尽职的辅导老师,他们真的非常幸福!而同时,隔壁班的同学们也能积极主动地在群里发问,因为他们明白老师的珍贵,明白学习的重要性。其实,这位老师也是属于我们班的,他就是我们的数学老师——沈老师。有件事情希望大家明白,能够无私付出自己休息时间的老师全校也没有几个,遇上了就是同学们的幸运,希望家长们能够鼓励孩子在群里主动向沈老师发问,珍惜这个来之不易的机会啊!"

我的煽情得到了回应,当天,群里就开始沸腾起来了,提问的声音此起彼伏。我心中暗想:"希望大家都能坚持下去啊!"

一周过去了,半个月过去了,一个月过去了,两个月过去了……我又想到了水的魅力,沈老师的个人魅力已经深深地折服了我。这如春雨一般润物无声的魅力打动了学生,打动了家长,更是打动了我们几个老师。

其实,人心都是肉长的,遇到这样一位把学生当成是自家孩子来教的,只知奉献不求回报的好老师,家长们都会不自觉地受到其感染和影响,这就是榜样的力量。家长能够从沈老师平日的点点滴滴行为和言语中汲取到身为父母的正能量的营养,会不知不觉间向着沈老师不遗余力的教学方式、兢兢业业的教学态度靠拢。沈老师用自己的身体力行在时时刻刻地提醒着家长:老师尚且如此,家长又该如何?这也是在无形中告诉家长,最该对孩子负责的其实是家长自己。这样在密切了师生关系的同时,更密切了老师与家长的关系,提升了家长对教育工作的配合度。

我深深地明白:要让家长配合好老师,老师得先做好表率作用,"身先士卒"说的就是这个道理。老师在潜移默化中,用看得到的方式,向家长传递正面积极的能量,家长看在眼里,记在心头,难道还用担心家长配合度不够吗?这样的老师,在适当的时候向家长提出一些要求,家长会漠然视之吗?答案不言自明。

我记得名班主任于洁老师曾经说过,老师很忙很忙,但是家长看不到你们的忙啊,一定要用可见的方式让家长感受到老师的付出,家长看得越明细,才越会感从心起,才会明白老师的苦累,更好地配合老师的工作。于洁老师十年如一日地坚持使用"家校联系单",联系单上分门别类地罗列着进步学生的名单,有进步的科目、默写、练习和测试的种种情况,精细而到位,甚至还有每日家务完成情况的记录栏和家长的留言栏,细致贴心,让人感动。

这让我想到了另外一位同我搭班的老师——冯老师。我加入的一组

QQ群中至今依然活跃着的,是冯老师曾经教过但现在已经毕业了的学生的家长群。他们时常在群里嘘寒问暖,发送节日的祝福,谈谈儿女的近况,感激冯老师当年对孩子们的良苦用心。我依然清晰地记得冯老师与家长、学生之间发生的两个故事。

一次,冯老师组织了一场家长与孩子共同参与的烧烤会。烧烤会上,家长们与冯老师坦诚地四目相交掏着心里话的模样,家长与孩子们认真地盯着烧烤生怕烤煳的模样,学生和家长们不断为冯老师和其他几个任课老师送上烧烤的模样,都已经深深地印在了我的脑海里,挥之不去。

还有一个故事,是发生在冯老师已经生了一场大病之后。那是在冯老师动过手术之后的不多久,同学们就要面临中考了。冯老师硬是拖着大病初愈的虚弱身体来给同学们送考,一送就是三天。酷暑临近,冯老师身上依然挂着收集伤口下流出的脓血的袋子,常常汗湿了后背。但每次学生出发前,冯老师总是昂首挺胸,似是一位英雄般为同学们送行。

在我当教师的头几年,我常常会怯懦退缩,但一想到身边还有那么多位"无名英雄"在支持着我帮助着我,内心又会涌起无限的勇气,支撑我不断地前进。为学生无私奉献出自己宝贵时间的沈老师是一位,身先士卒地引导我的精神导师于洁老师是一位,与家长们如挚友亲朋一般相处着的拥有极强号召力的冯老师是一位。

教育,不单单只是对学生的,也是对家长的,它"润物细无声"地走进我们,最终使我们获得一片自己专属的天地。

(作者单位:江苏省太仓市沙溪第一中学)

14 如何在新入学时发现特殊家庭，并根据具体情况进行家校合作？

方 莼

通常，老师们接手初一新生班级时，刚开始虽然偶尔也会有小波澜，但表面上看起来都会比较风平浪静。随着时间的流逝，学生的问题就会逐一暴露，甚至有些会一下子发展到不可收拾的地步。其实，如果在新生入学时我们就如中医诊脉一般"望闻问切"一番，完全可以打有准备之仗，将问题解决在萌芽状态，用学生更能接受的方式去做更好的引导。

在我们学校，初一班主任通常在8月29日能拿到学生的花名册和基本资料，新生一般是30日报到。我会先在各小学提供给我们学校的特殊群体名单中查看一番，看看是否有提及的学生。如果有的话，就再进一步了解一下是什么问题以及其家庭情况。

其次，除了让学生在报到时带《素质报告书》来之外，我还会准备一份调查问卷（见附表1，改编自于洁沙龙分享资料），在报到时告诉学生为了更好地帮助他们适应初中生活，一定要如实填写。这样，在保证学生如实、认真填写的前提下，我们可以对其家庭情况有比较全面的了解，包括是否单亲，父母对其关心程度及教养方式，家庭是否和睦，幼年养育情况，是否存在家庭暴力等。为了使问卷所调查的内容不那么突兀，我同时放入了一些调查学业和兴趣爱好的问题，并且在问卷的最后设有学生对班主任老师说心里话的栏目。

最后，当然还要注意日常接触观察。新生入学原本就面临众多的适应性问题,往往特殊家庭的孩子较一般家庭的孩子适应力更差,有了以上两方面的筛查,我们班主任老师心里就能有个底,平时观察到一些苗头性问题就能及早干预。

以我们班为例,8月29日,我拿到花名册和基本资料后,立即向教务处了解是否有特殊群体学生,得到的回复是有个叫小贺的孩子,他在本校小学部学习期间好动、上课注意力不集中、爱玩游戏,不做作业的现象很严重,父母因为经营广告公司,非常忙碌,没有时间陪伴他,对他的管教以唠叨和打骂为主。报到后,我从小贺上交的《素质报告书》和调查问卷中进一步肯定了这些情况,同时,我发现他有唱歌的爱好,而且已经坚持学了四年。另外,我还发现他写了妈妈经常骂爸爸和他没用,他考砸了爸爸会揍他。

开学第一天,我强调了哪些行为会得到认可和表扬,哪些行为会损害自己的形象,其中包括要求及时交作业。本学期开学第一周只有两天,作业的量很少,全班完成得都很好。于是,在这一周的家校联系单上我表扬了全班同学,还特别点名表扬了这两天有良好行为的孩子,里面也包括小贺,我请家长也要肯定并鼓励他们下周继续努力。但周一收反馈信息时,我惊讶地看到小贺的妈妈居然写着:老师,你别以为这孩子有多好。不行,只管揍!

看到这样的言辞,我实在感到有些生气,平复了一下心情后,我电话联系了小贺的妈妈,表示希望她能够和我一起相信孩子,并真心地肯定、支持孩子的良好表现,而她回答得显然很敷衍。不过,在接下来一周的家校联系单反馈上,她的言辞稍微缓和了些,还提了些希望。

两周后,学校组织"校园十佳歌手"比赛,小贺兴致勃勃地报名参加了。我得知后对他说:"小贺,你参加这个比赛,先不要告诉家里人,到时候给他们一个惊喜。"其实,我是怕他妈妈给他泼凉水影响他的比赛心情。小贺听后点了点头。我还建议他和音乐老师沟通一下,争取排个好节目。他说一定会的。

在一周后的比赛中,小贺凭借自己的努力夺得了"校园十佳歌手"的奖牌。我第一时间给他妈妈打了电话报喜,他妈妈显得既意外又高兴。我再次向她提出和我一起真心地肯定、支持孩子的良好表现。这次,她认真地答应了。第二天,在我询问小贺情况时,他兴奋地告诉我,长这么大,这是他第一次听到爸爸妈妈夸奖自己,这种感觉简直是太棒了。我说:"你原本就很棒!但你要让我们看见,这样你才能得到赞美啊!"他听后腼腆地笑了。

在一个月后的月考中,小贺考得很不理想。我想起他在调查表上写过考砸了会挨揍，就赶紧给他爸爸打电话说：孩子由于基础不好，目前还没完全适应初中的学习，这次考试又是没复习的抽测，因此成绩考得不理想，但这是暂时的，我们还是要多鼓励孩子，慢慢一定会好起来的。我千叮万嘱他爸爸不能打骂孩子，还跟他爸爸讨论了接下来该怎么办才能改善。我对小贺爸爸说："如果孩子说不知道，家长一定要控制脾气不发火，可以的话，帮他一起想一些办法，他觉得可行就写下来，如果家长觉得想办法也有困难，就让他明天来找我。"小贺爸爸有些不好意思地向我保证一定不打孩子，一定腾出时间来帮孩子一起想办法。

第二天，我向小贺了解情况时，他很感慨地说："老师,我觉得我的父母变了。"我问他：怎么变了？他说他们变得讲道理，而且愿意帮助自己了，他感到特别幸福，接下来一定要好好学习，不能对不起他们。

看着小贺洋溢着笑容的脸庞，我想起以前有个学生因为家庭暴力最终闹到离家出走时我才发现，等再去处理时，亲子关系已经千疮百孔，追悔莫及。如果能更早地发现，更早地干预，结果也许就不是那样的了。

我拍拍小贺的肩膀说："一次没考好，真的不算什么。况且，这次还是裸考的。我们争取期中考试有进步！"他听后立即捏紧拳头，做了个努力的姿势说："我一定会咸鱼翻身的！"话音刚落，我们两个都笑了起来。

我看着四周，一室阳光，顿时觉得，这样真好！

附表1(改编自"于洁沙龙"分享资料)
让我了解你更多

请相信本调查老师是唯一读者,并坚决保守秘密。

1. 姓名：＿＿＿＿ 曾用名：＿＿＿＿ 性别：＿＿＿＿
   出生年月日：＿＿＿＿ 家庭电话：＿＿＿＿＿

2. 出生地：＿＿＿ 目前户口所在地：＿＿＿ 家庭详细住址：＿＿＿

3. 父亲姓名：＿＿＿ 工作单位和职务：＿＿＿ 父亲手机号码：＿＿＿

4. 母亲姓名：＿＿＿ 工作单位和职务：＿＿＿ 母亲手机号码：＿＿＿

5. 如果有急事，无法联系你的父母，老师可以联系谁？＿＿＿＿
   号码是：＿＿＿＿＿

6. 你目前和谁住在一起？请打钩或者圈出来。
   亲爸，亲妈，继母，继父，爷爷，奶奶，外公，外婆，其他亲戚

7. 读小学之前由＿＿＿＿带大。（可填写父母、外公外婆爷爷奶奶或

是其他什么人)

8. 读的是哪一所幼儿园：_____ 哪一所小学：_____
9. 你平时是怎么上学和回家的？请选择：

① 骑车,大约多长时间：____　② 坐____路公交车　③ 家人接送,一般是_____负责接送。

10. 周六、周日父母经常在家还是不在家？
11. 平时父母谁管你多一些？
12. 你曾经担任过什么样的班级工作？
13. 你的兴趣爱好是什么？
14. 你的家人有吵架的现象吗？有的话,大概多久一次？
15. 所有功课中,相对而言,你觉得学得比较好的是哪门功课？
16. 你学得相对弱的是哪一门功课？你自己认为弱的原因是什么？希望老师怎么帮你？
17. 你觉得自己通过努力有可能取得突破性进展的是哪一门功课？
18. 中考时你希望自己达到哪一个层次？请打钩或者圈出来：

重点高中、幼师,普通高中、职业中学单招班、职业中学普通班

19. 小学时期你是寄宿还是走读？如果是寄宿的话,从几年级到几年级？
20. 如果你犯错了,你的父母会有什么反应？比如：_____
21. 你的家人打过你吗？如果有,最近一次是什么时候？原因是什么？
22. 你看电视比较喜欢哪一类节目？

新闻、科技、军事、娱乐、动物世界、电视剧、电影频道或者是：

23. 到目前为止给你留下最美好印象的一位老师是：_____为什么？
24. 你希望班主任老师多鼓励你还是多指出你的不足之处？
25. 你平时的身体非常健康还是体弱多病？
26. 是否有心脏病、哮喘或者其他疾病需要老师特别注意？请一定如实填写,生命第一重要。
27. 如果你心情不好,你会用什么方式进行调整？
28. 你还有什么心里话想对班主任老师说？请相信老师一定会真诚相待的。

(作者单位：江苏省昆山市娄江实验学校)

15 如何让班级家委会发挥作用，帮助学生和家长获得成长？

蒋金娣

家长给班主任委托"任务"是班主任经常会遇到的事，为此，我也曾经抱怨过。在苏州市名优班主任工作室学习的日子里，我发现，我现管着一个班——学生班，却忽视了另一个班——家长班。我想我得发挥家长班的作用。

在家长班级走进班级管理后，我的抱怨化作了兴奋，因为对于孩子的教育，家长们不再袖手旁观，一个月一次的家长班会课也成了班级学生的期待，因为家庭和学校的力量时刻陪伴在他们身边，他们开心地说："这是我们班的福利！"

我也真切地感受到：只有家长参与的教育才是真正有效的教育。

在家长班级成立仪式上，我把班级现状以及我的管理目标、设想和措施用事例向大家做了阐述，家长们表现出了极大的兴趣，他们围绕"参与形式，做些什么，组织人员"等进行了讨论，最终推选出两名家长做班长，随时与我联系。他们最感兴趣的是家长上班会课。家长积极参与上班会课是好现象，但我不能让风筝断了线，于是当下做了规定：家长班会课，除主讲以外必须要有家长班级的其他成员参与（不一定是全部）；所讲内容必须是书本以外的知识和技能；不能讲到具体学生的学习和分数好坏；讲课形式可以自行考虑。为了这个规定，我在学生中做了调查——你想了解教科书以外的哪些知识和技能？我还把学生提供的理财、厨房烹饪、女红、志愿者、健身、传统节日等20多个主题发到了家长班级。

家长班级组织的第一堂班会课的主题是"品味生活"。那堂课上,邱妈妈结合PPT讲述了蔓越莓饼干的制作过程,并用半成品让学生上讲台亲手操作,感受制作饼干的乐趣。全班分享了她带来的半成品。那堂课上,志愿者家长有摄影的,有分发材料的,有整理讲台的,一切都是那么和谐。最后邱妈妈讲了这堂课课前的准备过程,还告诉大家说PPT上的照片都是小邱拍摄的。在家长群里,她说:"站好讲台不容易!"

更让我吃惊是,每天在老师的呼喊和陪伴中才能完成英语重默的小邱,从那以后再也没有出现过被喊着、陪着重默的情况,他妈妈也没有再请我对小邱讲"不要一边弄手机一边写作业"。慢慢地,越来越多的家长参与进来,他们所讲的内容也越来越广泛。渐渐地,趁着接送孩子的时间,他们走进班级、发书领书、组织学生打扫卫生,甚至把开学第一天和学期末休业仪式的事情也管了起来,于是即使我外出学习,也不用再担心没有人帮我照顾班级了。

在家长们讲了冰箱的制冷和制热系统工作原理后,学生在课间探讨起酸奶机的制作原理;家长们在理财知识课上告诉学生不管做什么事情,都要有好心态;家长们上的安全教育课,内容远比学校的安全教育内容丰富;家长们用自己的人生经历告诉学生:"没文化,真可怕","站在讲台上的人是给你知识的人,而不是你要恨的人";等等。这些知识和观点赢得了学生和家长的连连掌声。

当别的班家长群在讨论分数、名次,琢磨老师教法的时候,我们班的家长群在上传班级活动照片,布置下一个月的家长课堂,志愿者报名,还有下载家庭教育文章和我上传的学习资料。临近中考,每个学生都憋足了劲,家长们也抱成了团,为了共同的目标,大家都在使劲。

中考结束后,我和任课老师们坐享其成地参加了家长和孩子们精心设计的班级毕业典礼,在学生走红地毯的环节,我也成了全校最幸福的班主任!

有一个词叫作"气场",家长或许在孩子成绩的提高上无能为力,但他们可以用行动为孩子营造一个充满正能量的气场。家长参与班级管理的行动本身就是一种很好的家庭教育,这既丰富了班级管理的内容和形式,也带着一个又一个家长参与、关注班级管理,甚至是学校教育。家长班级在活动中凝聚了家长的力量,又给力家校合作,当大家的心往一处想、劲往一处使的时候,就少有学生无所事事,也少有家长对老师有这样那样的质疑,因为每一个人的心里只有"做好我该做的事"。

(作者单位:江苏省常熟市第一中学)

初二初三问题

有 — 说 —

1 进入初二，部分学生开始对集体漠不关心，班级的凝聚力不强，老师该怎么办？

王庆梅

一、案例背景

初一时，学生来到一个新的环境，对什么事积极性总是很高，可是随着时间的推移，这种新鲜感就会逐渐褪去。进入初二初三后，一些新情况和新问题常常让他们措手不及，从而产生一种挫败感，对集体的认同感也就没法建立起来。遭遇困难和挫折较多的孩子往往会对集体失去信心，从而不关心集体。一旦这种情绪波及整个班级，班集体的凝聚力就会受到极大的挫伤。

面对这种情况，我们该怎么办呢？

二、案例描述

暑气未退，我们已迎来了新初三的军训。两年来饱受了带班的辛酸，我产生了强烈的挫败感，然而此时，我的心就像这火热的天，又重新燃起了希望。能不能抓住"军训"这一契机演绎"绝地反击"？经过苦苦的思索和准备，我蓄势以待。

8月20日，早上六点多，我早早地来到了班级。我们换新教学楼了，楼层也有了变化，一切都是新的。我站在九(6)班的门口，迎接曾经的八(6)班的孩子们，开始军训预备课的候课。

（一）介绍"新"我

等大家坐定，我满腔热情地说："同学们好，我们来到了新的环境、新的教室,开始了新的征程。我们也遇见了一个新的自己。首先自我介绍一下,我叫王老师,很高兴认识大家。"熟悉的孩子们面面相觑,不知我葫芦里卖的是什么药。

"咱们重新认识一下嘛!"我指着班长,"介绍一下自己,让我们重新认识你。""我叫靳小东,我希望在初三阶段做最好的自己,做最好的班长。"他心领神会。

接下来,同学们陆续说。"我叫李玟,我来自八(6)班,过去,我有点小偷懒;新学期我要突破自我,取得进步。希望大家支持我!""我叫谷宇航,来自体育先锋班,希望这学期咱班能转变为学习先锋班。大家愿意和我交朋友吗?"……

因为咱班有几个"捣蛋虫",一些学生因此失去信心,对前途感到迷茫,所以,我想通过介绍新"我"的方式让大家摒弃成见,以全新的姿态迎接新学期。

(二)暗渡"陈仓"

我说:如果给大家一个提问的机会,你们最想问我的一个问题是什么?开讲啦!"我们的化学老师是谁?""之前的老师还会教我们吗?""任课教师还会有信心带好我们吗?""王老师,上学期您身体不好,现在好些了吗?""王老师,您一个暑假都在干什么?""我们什么时候开始军训?"我让六位同学发言提问。

三名学生关心初三老师的变动,这是大家一直憧憬和期待的;两名学生关心我的身体和假期生活,这也是情理之中的,因为两年来我们师生情谊日渐深厚。通过提问,大家把最关心的热门话题抛了出来,然后再谈军训,这样就完成了一个自然的心理过渡。

当然,只有最后一名学生提到了军训的时间,这说明大家对军训是没有多少思考的,这怎么能行?

(三)目标"出炉"

"同学们,眼下我们将面临四天的军训生活,大家有思想准备吗?我提一个问题:我们为什么要军训?"

大家你看看我,我看看你,显然毫无准备。"这样吧,四人一小组讨论讨论。"第三小组代表抢先发言:"九年级有体育中考,军训是为了提高体育成绩。还有一个原因嘛,不知能不能讲……学校是打着军训的幌子上新课吧。"话语一出,同学们随声附和。我风趣地回答:"前面的话有几分道理,后面的则是妄加揣测。别以小人之心度'我们大浦外'之腹哦,军训就是军训,不存在上文化课的问题。"

慢慢地,一些关键的目标开始从孩子们的口中一一蹦出来了,主要有磨炼意志,培养集体意识,提高身体素质,为九年级艰苦的学习生活作准备,调整假期散漫的生活状态,适应学校的作息时间,培养规则意识,整顿纪律等。根据咱班的情况,我提取两个关键字板书出来:"规"和"律"。经过一番交流,同学们明确了目标,精神也集中起来了。

(四)特色项目

虽然有了方向,但怎样展现九(6)班风采呢?我们还得有创新。"大家来想想我们军训的口号是什么,建议四句话。我先说,'学习长城,屹立不倒。励志初三,迎接挑战'。"同学们觉得我说得不咋地,一时来了兴致,一副指点江山、激扬文字的架势,最后经过唇枪舌剑,我举手投降,敲定为:"六班军训,纪律严明。迎接初三,不惧挑战。"

光有口号有啥新意呢?我说:"要打出横幅,将口号作为誓词写在上面。"横幅还有妙用,我打算军训最后一天推选出11位(我班有11个学习小组)军训标兵,由他们率先在宣誓横幅上签名,最后集体签名,留作纪念。当我把想法一股脑儿说出后,同学们纷纷表示赞同。

谁来制作横幅?哪位家长有空帮个忙呢?我让大家根据父母的上班情况自告奋勇地参与,有六七个孩子举起了手,我选择了鑫磊,这也算是给他一次将功补过的机会——放假前,他犯过错。但愿他能明白我的良苦用心。

(五)发表感言

围绕"规则"与"纪律"两个关键词,军训中除了外部评价,还有小组反思。我告诉大家,每个小组要在军训当天晚上放学前交流一天的感受,并形成简短的文字,由组长反馈到学生群和家长群中。

以上五个方面的设计奏响了军训的"前奏"。同学们迅速进入军训状态,在第一天的各个环节中表现都很到位。

军训,不只是教官的事,还蕴含了丰富的德育因素,是班主任管理的重要环节。如果抓住契机,做好前期铺垫,就能够充分发挥军训的"育人"作用。

三、案例反思

在这个案例中,我抓住开学第一课,对学生进行教育。"好的开始是成功的一半",每学期的开学第一课是尤为重要的,是改变班风班貌的一个重要契机。我针对班级纪律差、学生凝聚力不强、对集体缺乏信心等班情,策划了这次军训,取得了良好的效果。

我认为培养班集体凝聚力可以从以下几个方面入手:

1. 创造丰富多彩的集体生活。生活中若有惊喜、有趣味、有变化,我们就会喜欢。同样的道理,一个班集体要想凝聚人心,首先得吸引人。案例中的军训预备会的策划,就让学生眼睛一亮,产生一种新鲜感,这样就会促进学生从心理上重新认识和接受它。除了军训之外,还可以开展很多活动,比如运动会、大合唱、远足、秋游等。当然,无组织无策划的活动只会令人感到乏味,只有经过精心策划,才能给学生别样的感觉。

2. 要制定班级发展目标。目标是向导,可以将大家往一个方向牵引。所以,每次大大小小的活动都要有一个可实现的目标。比如,这次军训,我们在第一天就将目标告诉了教官,教官有了方向,教学时就不再是例行公事,而是正正规规地训练。最后,在教官的带领、学生的努力和我的鞭策下,我们获得了"优秀连队"的光荣称号。每个孩子都在条幅上签了字,其他班的教官、学校的领导都来签字。一次活动,一个目标,一项荣誉,凝聚力自然而然在其中产生。

3. 班主任要身先士卒。小到班级卫生常规,大到毕业典礼等班级事务,班主任除了当"指挥官",还得当"小士兵",选择一些力所能及的事情,和学生一起做,不能怕苦怕累,更不能两手叉腰对学生吆来喝去,这样,学生也就不好意思置身事外了。

4. 要奖罚分明。对于搞个人主义、不关心集体的学生,要个别教育;对于关心集体的学生,要大张旗鼓地在班会上表扬,宣传他们的事迹;对于漠不关心集体的学生,有时也许是他(她)没有这个意识,或不知从何做起,我们可以直接安排一些事情,暗示他(她)去做,做好了就鼓励表扬,从而强化他(她)的行为。

总之,班集体凝聚力的形成不是一朝一夕的,需要我们从点滴做起,从我做起。

(作者单位:江苏省南京市浦口外国语学校)

2 进入初二,如何巩固和加强学生的自律意识,使其在班主任不在班时能安安静静地学习?

王庆梅

一、案例背景

这届班情真的很特殊,一共只有46人,其中就有4个"小不点"男生是"话痨",整天说个不停,不长记性,上课总喜欢开小差,找周围同学讲话;还有7个高个子男生,号称"七兄弟",有些痞气,上课喜欢故意捣乱,引人发笑;女生的小打小闹也就不值一提了。而优秀学生相对少,又缺少有魄力的。因此,我带这届学生时深切地感受到了"人才"的重要。再加上我上届带的又是"精英云集"的班级,因此,对这一届的情况估计不足,缺少心理准备,角色转换不及时。诸多因素,导致班风不正,学生课堂尚且不能完全遵守纪律,自习课就更糟糕了。在这种情况下,我决定初二阶段要狠抓纪律,为学习营造一个安安静静的环境。

二、案例描述

初一时,因为不自觉的学生很多,所以自习课上我不敢离开半步,但这终究不是长久之计。现在进入初二,我该怎样让他们自律起来呢?

那天,我们召开了"自律+自学=成功"的主题班会。课上,我们对当前的班级形势进行了分析,也讨论了对策。欣然他们组指出,班干之所以不能服众,是因为他们在别人值日时带头讲话。这让我吃了一惊,原来,班干们也不能以身作则啊。于是大家提出了"班干部改选"的想法,我当时就决定:下周的班会主题就是"班干部改选"。

当有人提到如何处置好讲话的同学时,一向不爱说话的王欢不知哪来的勇气,他红着脸,站起来义愤填膺地说:"我不想和张磊做同桌了,他天天上课讲话,吵得我这几天物理新课都没有听懂。"我看到泪水已在她的眼眶里打转——一些好学生确实很无辜啊。这股邪气不压一压,怎能对得起这些好学的学生?当然,这些优秀学生除了忙好自己的学习,也有责任为营造和维护良好的学习环境而努力啊。

经过三周的筹划和组织,我们重新配备了新的值日班长,形成了一系列的制度。值日班长施行的是"周工作制"和"周考核制",具体来说就是:值日班长一周工作一天;周五班会课上进行考核,由专门的学生委员会以及老师给5个值日班长管理的纪律情况进行打分,每周评一个优秀值日班长,并由他对其他值日班长提出建议。针对学生违纪好讲话问题,我们制订了"违纪处理办法",这个办法带有一定的趣味性:首先,组内惩罚,办法由组内部制定;其次,班级惩罚,写300字反思,在班主任面前读。另外还有"导师制",特别是下午的两节自习课,同学们独立作业,遇到不会做的题目时自然就不得安宁。于是,我安排了两张桌子,放在教室的最后方,每天选一位优秀学生在那里写作业,想询问的同学可以一个个按顺序去那里咨询,在那里可以发出一些声音,其他地方则不准发声。

尽管制度完善了,但孩子们的表现还是时好时坏,我所做的就是落实制度和监管。其中一个有效的措施是不定时到班级巡查,针对重点学生"重拳出击"。那天,张磊又被我逮着交头接耳了。我刚从同事那学来一招,让他对着墙连续讲10分钟,不准说重复的话。通过这些强化他的纪律意识,让他长记性。

后来,到学期快要结束的时候,班级纪律才慢慢走上正轨。孩子们的自律意识培养起来了,学习习惯好了许多。我不在班时,他们也能安安静静学习了。

三、案例反思

纪律一向是班级管理的难题所在。对于我们这个班情来说,自律更是难上加难。我深知"罗马城不是一天建成的",因此,我在有了充分的心理准

备,并做了充分的调查、筹划后,进行了纪律的整顿,取得了一定的效果。其中,不外乎以下几点:

1. 组建和培养一支强有力的班干部队伍。班级管理的最高境界是学生自主管理,而学生自主管理,不仅包括管好自己,还包括管好他人。况且,一个队伍里面各人的能力总有参差,因此,得让一部分人先"自律"起来。组建班干部队伍,以班干部管理来推动全体学生的自主管理,首先要对班干部进行任前考核,让他们先自律,而且是严要求、高标准的自律,然后起用他们,同时进行任中考核,根据考核结果对他们进行管理的相关培训,提高他们的管理水平。

2. 充分发挥小组的管理功能。光靠班干部管理,牵涉面太大,而小组往往是四人左右,聚焦点可以集中一些。因此,将违纪的处理放在小组内部,可以激发组员管理的热情。这样管理的层次就更丰富了,从班主任到班委会,再到学组会(学习小组会议),通过各种形式将自主管理的要求落实下去。

3. 给予学习的指导很关键。纪律是为学习服务的,如果我们每个人都安静下来了,可是自习课上作业不会做,怎么办呢?查书吗?查了还不会呢?发呆吗?作业做好了又干什么呢?所以,作业课的学习指导是必要的。首先规定学生先将白天学的知识用一部分时间默读消化一下,然后再去写。实在思考不出来的,我们安排了"导师"。作业写好了,还要梳理笔记等,这些都要有细致的建议,提供给学生参考。

(作者单位:江苏省南京市浦口外国语学校)

3 初二以后,怎样改变学生的懒惰思想?

王庆梅

一、案例背景

本文叙述了一个真实的教育故事,讲述的是我组织 11 个学生志愿到农村去参加剥棉花社会实践活动的经过。组织这次活动的目的是给孩子一个锻炼的机会,把孩子从沉闷的书本生活中解放出来,丰富孩子的情感体验,提高学生的道德认识,让他们感受到劳动的艰辛和光荣。

二、案例描述

我有一个亲戚住在农村,家里有几亩棉花地。9 月是棉花盛开的季节,15 号是星期六,我和我的城里的 11 个学生组成一个志愿队,到农村帮剥棉花。其实有 12 个孩子,小的 5 岁,大的十三四岁。5 岁的是我女儿,其余的是我的学生。

早上七点半,我们上了车,车子跑得飞快,路边那沾满了灰的野菊花和金黄的稻子在我们眼前一闪而过。孩子们个个欢天喜地,谈笑风生。

半小时后,我们到了家,亲戚们出来迎接,班长张尊则抢先喊道:"爷爷奶奶好!"其他孩子也跟着喊了起来。我们十几人一拥而入,零乱破旧的家突然显得很拥挤,勉强可以找到落脚的地方。堂屋左边放着 10 来口袋已剥好的棉花,正对门的地上摊放着直径大约 5 米的一大圈棉棵,右边的墙角也放着一堆。看着这如山的棉堆,我不禁担忧起来,可孩子们却在叽叽喳喳说个不停,压根就没注意这些,他们像刚出笼的小鸟,有的只是新鲜和兴奋。"从哪开始呀?""就从门口开始剥吧!"姨父回答。此时,姨母找来了家里仅有的 4 只板凳，又拿来一些塑料口袋铺在地上。我们围着棉堆坐成一圈，一个紧挨着一个，手脚也不大能伸展开。姨父说明要求："先把棉朵上的枯叶撕去，再把棉朵剥下来，要剥得干净，剥下的棉壳单独放，不能和棉棵混在一起。"大家七手八脚干了起来，又很自然地聊起了学校的事，只有毛宁不说话，专心做事，显得有些拘谨。姨父将目光投向了他，用欣赏的口吻说："这位同学的成绩一定很优秀。"大家笑了，毛宁的脸涨得通红，我解围道："你猜得对，他是最有潜力成为一名优秀学生的。"接着我把话题岔开了……几十分钟过去了，棉棵并没有减少多少，席地而坐的同学早已支撑不住了，方乾坤把杨维翰的板凳抢了过来，王丹尧干脆躺在身后软绵绵的棉朵上，把棉棵放在身上剥，棉壳扔得到处都是，女生不停地指责他。杨维浩坐在我的左边，一改往日"屁股坐不住板凳"的风格，剥起棉花来又干净、手脚又快。陈莹腿受过伤，所以她不停地变换姿势，有时不得不跪在地上，这可给对面的王丹尧找来了乐子："你是副班长，不必对我行如此大礼！"同学们你一言我一语地打趣着。我的女儿有时也来凑热闹，用棉壳砸人，和我的学生追赶，在门口晒着棉朵的场地上打滚。我静静地欣赏着孩子们的调皮与纯真。当我问在我右边的董青累不累时，她甜甜地一笑，说："不累。"每个孩子都说不累。

终于，放在中间的大篮子盛满了白花花的棉朵，我们的身前身后堆的都是棉壳，棉棵少了一半，我的心也宽松了许多。这时已有几位男生溜出去，不见了人影。最后，只有张尊留了下来，帮我和姨父收拾残局。不一会儿，只听得王丹尧说："上工了，上工了。"方乾坤等几个机灵鬼已抢到了板凳，我是不坐板凳的，坐在塑料袋上。大家剥得没有先前认真了，互相争吵着，打闹着，毛宁竟骂起人来，我朝他后背上拍了一巴掌，示意他不要说脏话。做事的效率降低了许多，好在面前的这堆已剩得不多，我鼓励地说："限定半小时干完，然后一起到田野看风景。"大家异口同声说："好！"我们一边剥一边看时间，任务完成时一看，仅超时 10 分钟。孩子们高兴地陆陆续续跑开了，依然是我留下来帮姨父。我本以为花上一天的工夫未必能完成的任务居然半天就结束了，右边墙角的那堆棉棵在我眼里也不再像先前那么盛气凌人了。

我追随他们来到田野上，孩子们飞也似的奔跑，像脱缰的小马。我近乎嘶哑的呼喊声淹没在他们的欢声笑语中。阳光里弥漫着青春的气息，凝固的空气也沸腾起来,就连被风吹得卧在田里的稻子、满脸枯黄的杂草也精神抖擞起来。他们笑够了,吼累了,停了下来。看,董青正在摘野菊花枝条编花环,她此时一定忘记了数学证明题给她的烦恼了吧!方乾坤正在用小槐树的叶子吹口哨。张尊、杨维浩几个已跳到田里玩起了捉迷藏……

回来后,家里已被姨父拾掇得很整洁。大片的棉壳躺到外面晒太阳了,墙角的棉棵缺了一大块,像被人削去了双肩,削去的部分"一"字形排在地上,像一条长龙,两边分别放着篮子和坐的东西。

开饭了,孩子们此时有些腼腆,谁也不肯先上桌。我摆出班主任的威严,命令大家吃饭,只有王丹尧任凭怎么说也要先剥一会棉花再吃。我没有上桌,仍旧剥,因为怕孩子们拘束。董青亲切地招呼我:"王老师,快来吃呀!"碗里的鸡肉不多,孩子们互相推让着。大家吃得很欢,有说有笑。这样的大锅饭,孩子们还是头一次吃,他们品尝到的已不仅是铁锅米饭的香味了。

饭后,我们又开工了,这回大家并排坐在"长龙"的一边,活动的空间大了许多。此时,大家都感到有点疲乏,我提议每人唱一首歌,同学们的兴致又高了起来。我的女儿也心血来潮,给我们打谜语,讲故事,学着我的样子剥棉花,还挺认真!可没一会儿,杨维浩、毛宁就不耐烦了,起身家里家外跑进跑出,溅得棉壳满天飞。王丹尧、杨维翰他们几个也闹得不得安宁,只有张尊、陈莹几个能按捺住性子,安稳地坐在那里剥棉花。在我的再三催促下,孩子们咬紧牙关,总算打完了这一仗。两点半左右,我们休息完毕,回到阵地。姨父又改变了策略,虽还是在原地剥,但棉花已被平均分成了六堆,两人一组。大家自由组合,不知不觉进入了比赛的状态。我和杨维翰一组,这次,他可一点也不敢懈怠;张尊、方乾坤一组,两人手脚麻利,干劲十足,有"夺冠"的气势;陈莹、梁珊一组,梁珊是个成绩优秀的孩子,做事好像永远也不知疲惫,所以又是个强强联合;毛宁、杨维浩一组,这两人面对的是一个很大的挑战……

三点多的时候,大家的精力几乎已经耗尽,我感觉头昏脑涨。于是,最难熬的时候到了,毛宁蜷缩着身子抱怨道:"我实在受不了了!"杨维浩感慨地说:"这棉花简直就像粉丝,一遇我们的手就发了起来,越摘越多啊!"他俩要逃跑,被我叫住了,两人虽有些不情愿,但还是无奈地停了下来,低着头踢着脚下的棉壳。张尊一组大花篮已盛满三次了,当蹲着的两腿支撑不住时,就出门跑一圈再回来,他们的棉棵剩得最少。女生有些不服气,王丹尧指责他们的任务分得少,这可给杨维浩找到借口了,他嚷着要罢工,毛宁则趁人不注意把自己的分一些给张尊他们。尽管这样,孩子们剥得一点儿也不比我慢,最后,张尊组第一,我们组第四,毛宁组虽没完成任务,但也所剩无几,由我和梁珊来帮他们。

　　已经是下午四点半了,孩子们还在门前的场地上玩。我和姨父把摘好的棉花装在大麻袋里,满满的5麻袋哩!姨父说他和姨母两人两天两夜也剥不完这么多。这时我看到墙角还剩下可怜的一小堆,棉棵已完全泄了气。20分钟过后,我把孩子们召集回来,郑重地说:"你们已经是过五关斩六将了,剩下的相信也不在话下,这最后一次不准说话,要全神贯注、一鼓作气完成,只要能遵守规则,都算是胜利者。"方乾坤说:"好,今天我们一定要把'九一五高地'拿下!"为了公平,这次任务分到个人。开始干活了,大家已经超越了极限,没有了疲惫,个个比我剥得快。我是蹲着的,张尊见状,把板凳推给了我,没有说一句话,可从他的眼神里我分明感受到了爱。我坐了一会儿,又把板凳传给了旁边的陈莹,她没有坐,而是递给了对面的董青,空气里只有板凳传来传去的声音。最后,板凳在我们之间绕了几圈后,孤零零地躺在了一边,无论我怎么示意,张尊也不肯坐。其他同学相继让起了板凳,先完成任务的还主动帮落后的同学剥。虽然有的同学忍不住偷笑、做小动作,但基本上都比较专注。在我们的齐心协力下,任务彻底完成了,真是个奇迹呀!

　　离别的时候就要到了,姨母给孩子们端来了面条,姨父在一旁不停地夸赞,说一些感激的话。饭桌上,大家七嘴八舌:"永别了,棉花!""棉花,后会无期!""我恨死你了,棉花,做梦也不会放过你!"是啊!连我的眼前也老是晃动着棉花的影子。可说归说,孩子们开心着呢!临行时,大家有些依依不舍,嚷着晚上不想回家了,要在夜里爬到草堆上看星星。带着沉甸甸的收获,带着疲惫与希望,我们踏上了归程⋯⋯

三、案例总结

　　1. 在这次的社会实践中,我选择的11名学生分别是成绩好、中、差三类学生的典型代表,他们有一个共同特点是——不爱做值日工作。同类学生的家庭情况有好坏之差,经过调查,相比较而言,家庭条件好的同学没有条件差的同学家务事做得多。结果,从剥棉花的情况来看,总体上成绩好的同学明显比成绩差的同学剥得多、剥得快,而且坚持的时间长,尽管有几个好学生在家里从来没有做过事;还有一种就是,好学生中做过家务事的比没做过的有耐力、做得好;差生之间似乎区别不大,都缺乏毅力,不能坚持,不够专心,需要多次休息,但在老师和同学的督促下都很乐意做,最终也完成了任务。

2. 从学生的道德行为表现来看,一开始,一些学生很自私,争相抢板凳,抱怨自己的任务比别人多,甚至讲脏话;最后,在老师和优秀学生的影响下,这些同学懂得了互相谦让、互相帮助,举止行为也文明多了。

3. 从学生的情感体验来看,这次实践活动让学生从沉闷的学校生活、书本生活中走出来,感受农民生活,亲近大自然,是非常有意义的,也是非常有趣的。虽然身体上很疲劳,有的甚至腰酸腿痛脚发麻,但他们都感受到了劳动的快乐。

四、案例反思

1. 根据情况总结的第一点,我反思得出:每个孩子都想得到别人的肯定和重视,都有自我实现的需要,尽管他们之间存在很大的差异,比如智力高低不同,习惯有好有坏等。同时,我认为不管是学习、劳动,还是做其他事,成功的关键在于意识和毅力,只要有做的意识和毅力,即使天赋低的人也能成功。一些教育心理学家的研究表明:只要给孩子以学习该课程的充足时间,讲究教学方法和学习方法,绝大部分的孩子包括差生都能够达到目标。因此,锻炼学生的意志是实现学生人生价值的一个很重要的途径。日本曾通过竞赛活动来激励学生的坚持性;美国则重视通过体育活动,特别是长跑来锻炼学生的耐力。像剥棉花这样的社会实践活动无疑也具有培养毅力的作用,当然要经常组织才有效果,而且要科学地组织。就像剥棉花一样,首先要确定具体的目标;其次,在实现目标的过程中肯定会遇到很多困难,教师要督促帮助学生克服厌烦、畏难、沮丧等不良情绪反应;再者,还要根据学生不同的年龄和个性特征,采取相应的锻炼措施,循序渐进地增强毅力。

2. 学生的道德认识是在生活体验中积累形成的,因此,德育需要在道德生活中开展。这次农村之行,让我感受到在德育课上向学生灌输道德知识这种做法有点苍白无力,正如上海师范大学刘次林老师说的那样,中国是为数很少的在中小学专门开设德育课的国家之一,这个问题值得我们反思。权威指出,学校的社会生活是道德教育的基本要素,道德教育不能只是直接传授道德知识,学校不必专门开设道德教育课程,而应主要通过学校生活进行。由此可见,要提高学生的道德认识,必须在社会生活中加以指导,因为其中环境的无形影响比教师的有心指导更有作用。在学校里,我曾三令五申地强调要热爱劳动,要按质按量完成劳动任务,但收效甚微。通过这次实践活动,这些孩子回去以后,我说的话他们愿意听了,劳动也积极起来了。

(作者单位:江苏省南京市浦口外国语学校)

4 如何公平公正地评优，让学生在各项评优工作中受到教育呢？

王庆梅

一、案例背景

初一全年的评优工作可以用"几家欢喜几家愁"来形容。一方面，大家都要求积极上进，追求荣誉，这是好事。但另一方面，评上的皆大欢喜，没评上的总有成见。这件事好像无法做到"一碗水端平"。特别是在七下的期末评优中，航航同学期末考试成绩是班级第六名，可是他平时不守课堂纪律，与老师对着干，不团结同学，总之毛病多多，他的家长对此也心知肚明。不出所料，航航没有评上"三好生"。然而，他的妈妈却打电话来质问："为什么航航考了第六名都评不上'三好生'？他晚上睡觉也睡不着了，这怎么办？"

在这种背景下，我想初二的评优工作我一定要重视起来。

二、案例描述

最近，学校大队部要求每个班发展4名入团积极分子。以前的评优、评奖，要么根据成绩和综合表现，班主任直接上报；要么全班投票，决定人选。前者，不仅不利于发扬民主，也达不到激励大多数学生的效果；后者，往往"花"落人缘好的同学，真正优秀者不能胜出，还容易滋生不良风气。基于这样的考虑，此次评选我做了一个小小的改变——先提名，再投票。提名5人，然后从5人中至少选出3人，另外一人可以是剩下的两名之一，也可以是投票者心目中另外的优秀同学。我特别指出：不管提谁，至少要说三点理由，最好有具体事例。

规则定好后，我们开始提名了。全班鸦雀无声，大家表情严肃地陷入了沉思。不一会儿，活泼的雨晨脸上露出笑容，将手举了起来。我示意后，她大大方方地说："我选靳小东。他每天带领我们跑操、午餐排队，将队伍排得整整齐齐。他当值日班干，每天早早来到学校，指挥晨扫，安排早读，把班级管理得井井有条。在刚刚过去的通讯赛上，他'引体向上'一连做了21个，为我们班夺得了第一名的好成绩。""嗯，嗯"，同学们不住点头，她的话引发了大家的共鸣。小东为班级不辞辛苦、默默奉献，我看在眼里、喜在心里，选他是众望所归。

接下来，又有三个提名落实了。最后一个，有提名田竣尹的。他为人忠厚朴实，学习成绩中上等，是数学课代表。作为班委成员，他分担了班级的诸多事务，做事也任劳任怨。可是，我不赞同，我说这个机会不能给他，同学们一下子傻了眼，竣尹也涨红了脸。我解释说：虽然竣尹很优秀，但大家有没有意识到这学期他的变化呢？上学期，竣尹做什么事都很有激情，冲锋在前，协助老师辅导学生，抓学生的作业，课堂上专心又不失踊跃，是班级少有的积极分子；可这学期他像变了个人，沉默寡言，做事没有干劲，学习上也马虎了一些。前两天，他的妈妈还与我电话交流了一番，她说，看他回家磨磨蹭蹭的表现，真是非常焦心，甚至向我提议撤掉他的班干，给他一些刺激，从而唤醒他的上进心。我认为，这样过激的刺激可能适得其反，还是先查明原因再说。我通过QQ，与他的同桌私聊，问他知不知道其中原因。有一些小秘密，只有亲近的同学才会知道，我果然打听到了重要消息。原来竣尹喜欢上了咱班一位女生，而那位女生好像并不喜欢他。是这件事使他萎靡不振。我并没有正面和他谈这位女生，男孩女孩的交往多么神秘，我没有揭开它神秘的面纱，因为我相信他自己能解决好。而既然有同学选了他，这正是教育他的契机。我说，男子汉最重要的是有志气，失了志气，靠什么去拼搏呢？竣尹一定是遇到什么困难还没有解决好，所以干劲不足。自己的事没有解决好，怎么能带领大家去解决问题呢？这个机会还是给别的同学吧。我想竣尹一定会加倍努力，靠自己真正的实力去取得荣誉。看看他的神色，我知道他一定受了一些触动。

那选谁呢？有提王欢的。王欢性格特别内向，平时不爱说话，有时大家都会忽略她的存在，但她的成绩却是班级前三名。选她的理由是，她在学习上堪称班级的领头人,她的学习精神是同学的榜样,她在班级各项事务中虽没有发挥带头作用,但是也从没有给他人和集体带来麻烦。我表示同意她当选,并希望她将来能以团员的身份要求自己,不仅做好自己的事,还能服务于全班同学。王欢瞪着水灵灵的大眼睛看着大家,一下子愣住了,脸红到了耳根,显然这次当选给了她一个意外的惊喜。大家纷纷表示赞同。

　　这样,到了投票环节。最后的结果是,没有被提名的曹丹琳与被提名的许炫月票数一样多,必须二者选一。这可让人头疼了,同学们各抒己见,她俩平时努力工作的细节都被大家如数家珍地一一道来。那一刻,我感到,这是多么珍贵的机会!人的辛苦总不会白费,孩子的心和眼是一样明亮的,只要真心为集体付出,就会得到肯定。虽然平时总有一些调皮的学生不服管教,弄得她俩焦头烂额,甚至灰心丧气,但此时此刻,她们品尝到了收获的"美酒",即使评选不上,她俩也会因为别人由衷的赞美而信心百倍。正好,她俩是前后位,一个学习小组的。我使了小坏,把艰难的抉择"狠心"推给他们自己,让他们小组内部决定。四个人的小组,她俩的同桌各支持自己一方,同桌的友谊体现出来了。最后,我又狠了狠心,让她俩自己决定,这个大问题真的是为难俩孩子了。我则悄悄地私下与其他同学交流,说到曹丹琳时,大家没有说什么反对意见。说到炫月,有男生说她收作业时对男生太凶了,丹琳比较温和。我解释说,"凶"是认真负责的表现啊。不过,通过"暗访",我了解到炫月班级管理工作的方式方法还有些欠缺。我心中有数了,再看看这边,她俩怎样决定的?那时,铃声响起,放学了。同学们说她俩哭了,她俩互相推让,都不肯接受这个名额。看她们哭得像泪人似的,我拉起两人的手,听她们说。炫月说:"丹琳本来就比我优秀,成绩又比我好,管理班级做了那么多的事。"丹琳说:"老师让我当值日班干,我管理班级,那都是应该做的分内事。而炫月,她做英语课代表,英语老师忙不过来,炫月每天都是主动去问老师有什么需要帮忙的。她才应该当选。"看她们那么真诚的样子,旁边的女生都流泪了,纷纷围过来。我真有些自责:都怪我,让孩子们为难、伤心。我说:"有你们这么真心为班级却不要荣誉的孩子,老师感到特欣慰。就交给我来选择吧,不管选谁,你们都一样优秀。"我决定尊重一部分男生的意愿,将机会给丹琳,同时也打算再找个合适的机会,引导炫月改变自己的工作方式。

　　处理完她俩的事,班级的同学已陆续散去了。竣尹还在,我跟他聊了一会儿。我说:机会不会随随便便眷顾某个人,你上学期由组长升为班干,后来进入班委,期末获得两个大奖,那都是你自己干出来的,不是同学们送给你的。同样,这次的机会,也不是老师不给你,而是你自己不够努力。所以不要觉得失望,要冷静反思才是啊。

回家后,我接到了王欢的信息,她说要退出,炫月和丹琳都哭成那样了,她觉得自己更没有资格,因为她并没有为班级做什么。我说不要觉得不好意思,她是当之无愧的。她又说:也不能保证成绩就会一直好下去呀。傻孩子,原来有压力呀。如果这能改变她内向的性格,让她主动服务同学,又能给予一定的压力,让她好好学习,保持优异成绩,不是一举两得吗?我暗自高兴,鼓励她说:没关系,不要有压力,我相信你。她保证道:"今后,我一定加倍努力学习,多为班级做事。"

一会儿,竣尹也来信息了:"王老师,您好!谢谢您跟我谈话,让我受益匪浅,您说得对,不是什么时候机会都会给我的,要通过自己的努力获得机会。机会只会留给有准备的人。我会通过自己的努力来获得同学们的肯定和老师的认可。请相信我,我能做到的!"他以前可从来没有主动找我谈些什么。今天,就是他进步的开始。

的确,竣尹后来的精神面貌改变了许多。轮到他召开主题班会的前一周周一,一下课,他就到讲台电脑上修改 PPT,忙上忙下的。原来的他,又回来了。

在我确定评优规则时,也没有想到会遇到这些情况。在孩子成长的每个环节,只要用心去对待,就会有意想不到的发现和收获。评优后,班级的凝聚力与向心力又增强了。我写了一首打油诗送给孩子们:"咱班自有真情在,人人争上通讯赛。团员竞选互谦让,咋叫老班不相爱?"

三、案例反思

教育教学的每个环节都蕴含着德育的因素。如何在评优工作中评出先进,同时又对全体同学进行相关的德育教育,这是此案例着力向我们展示的。

首先,评优的宗旨是"以生为本",原则是尊重学生、激励学生,不虚美、不隐丑,让学生在参与的过程中客观地认识到自身在集体中所发挥的作用以及还存在的问题。例如,案例中无论是被选上的王欢,还是没被选上的竣尹、炫月,都感受到了同学们对他们平时工作的肯定,也意识到了工作中还有一些地方是可以完善的。即便是提缺点,学生也完全能够感受到自己受到了尊重和重视。如果没有这个民主化推举的过程,他们的心灵不可能受到如此大的触动,也就不可能获得如此明显的成长效果。

其次,在评优过程中的谦让举动有很强的辐射效果,"附加值"最大。正是丹琳与炫月的谦让,让大家看到了有比"荣誉"更重要的"荣誉",那就是无私与忘我,从而收获了友谊,收获了信赖与赞赏。在这种氛围下,之前大家对于荣誉的斤斤计较与私下矛盾自然也就"退避三舍"了。在高尚的美德面前,即使有丑陋的一面,也要想方设法隐藏起来,不是吗?

(作者单位:江苏省南京市浦口外国语学校)

5 进入初二，对于班级中出现的非正式团体，该怎么办？

王庆梅

一、案例背景

七(6)班的班情可以用这个词概括——复杂。学习成绩上，尖子生少，后进生多，整体成绩同年级偏下；学习、行为习惯上，听课注意力不集中，作业漏写、不写，甚至抄袭者，贪玩调皮的现象较为普遍，尤为突出的是，有7个高个子男生整天抱成一团，一起玩、一起打篮球，有时还干扰课堂纪律。他们几个年龄上本身就稍大些，个子又高，还喜欢成群出入，走起路来一摇一晃，有些社会青年的作风，看起来有些类似"痞子"。他们当中好几个都有过"不平凡"的经历，其中一名在小学时曾与多位老师打过架。一次他与同学闹矛盾，老师让他道歉，他的妈妈知道后惊叹地说："我家孩子还从来没向别人道过歉呢，在你王老师这里可是第一次。"

到了八年级，他们七个人抱得更紧了，与班级其他同学产生了明显的距离，作为班主任，我意识到了班级非正式团体已经形成。如何破除非正式团体的负面效应呢？我瞄准了其中的头——杰儿，他们心目中的"老大"。

二、案例描述

去年，我做了七(6)班的班主任。杰儿，是个令人头疼的学生，桀骜不驯、爱说脏话、课堂不守纪律，但因为篮球打得好，人长得帅，还是班级学生的"偶像"。男生喜欢跟他玩，其中有6个高个子男生就是他的忠实"粉丝"；女生则对他暗送秋波，有的甚至直接传小纸条表达好感。

有一天打饭时，因多盛了一些排骨汤，值班老师说了杰儿，他竟然要打老师。当校长向我告状时,我非常生气。在我的说服下,他表示愿意向值班老师道歉。事情虽然得到平息,但有一个问题始终萦绕在我的脑海里:他为什么会与老师如此对立呢?

有一天早上,他什么作业也没写。我问他为什么,他硬生生地回答道:"不想写。"我说:"不可能,一定有原因。你不像是不写作业的懒惰学生。可以跟老师说说原因吗?"我真诚温柔的话语似乎感动了他,他竟然流泪了,他告诉我,前一天晚上爸爸打了他,爸妈不喜欢他,喜欢他的弟弟。说出这样话的孩子有多令父母伤心啊,这里面应该有误解和偏见。

那天晚上,我去了杰儿家家访。原来,他的弟弟自出生起就跟随打工的父母在南京生活,而他则被丢在湖南的外婆家,一直到6岁上小学时才回到南京。他的妈妈说,孩子在湖南农村读幼儿园,有一次被人家打出鼻血,把白色T恤都染成了红色,她知道了很心疼,才下定决心接回来。可是,杰儿在农村养成了许多坏习惯,来到南京上学后很不适应,这边要求高,他不仅学习跟不上,还天天闯祸,经常被叫家长。他的爸爸跟杰儿讲道理,他根本听不进去,于是就经常挨打。而他的弟弟很乖,当然不会被打,于是,杰儿就以为爸爸不喜欢他。了解到杰儿成长的曲折经历后,我非常理解他,我决心好好爱他:一个经常受攻击的孩子表现出攻击性不足为奇。

一杯水

有一天体育课后,满头大汗的同学们都在喝水,唯独杰儿没喝。我问他是不是没带水杯,他说是。我到办公室找到一个纸杯,倒了一杯水,端到班级送给他,他连声说"谢谢"。仅仅一个小小的举动,没想到有了大大的收获。语文课上,他听课明显专心了。课下看到我,也主动向我微笑了,不再像以前一样低着头走过去。

一个手撕包

为了鼓励杰儿在学习上取得进步,我打趣地说:"只要你数学考及格,我就给你买好吃的。"他开心地答应了。可是对于平时只能考四十几分的他来说,仅鼓励是不够的,他需要面辅。我请咱班的数学老师多关注他,并安排了一个好同桌辅导他,同时,我告诉他,我也喜欢数学,愿意跟他一起探讨数学问题。我坚持一天面辅一题。我想一举多得,以他为突破点,带动咱班一批学困生,营造良好的学习氛围。期中考试分数下来了,我紧张地翻看数据:"彭杰,67分。"我欣喜若狂。我打听到他喜欢吃手撕包,于是到小香港面包店买了一个大大的手撕包,在全班同学面前郑重地送给他。他羞红了脸,内心分明快乐无比。

一个拥抱

杰儿身上的闪光点不难寻找,他有体育特长,去年9月,大家推选他参加了区篮球赛。我去观赛。在决赛中,浦厂中学的学生一上场就气势逼人,我校主力队员有些泄气。他作为后卫,虽着急却不在状态。暂停时,我拍拍他的肩膀,给了他一个拥抱。我坚定地说:"你一定能赢的,千万别泄气,就是到最后一分钟都有机会。机会来了,你就直接投球。"后来他连进几球。我们赢了。是他,力挽狂澜。

现在,虽然他的学习习惯与行为习惯还时有随意散漫,但是他不再对立,不再说爸爸偏心,也不再说脏话了。

他的妈妈哭着说:"我以为我的孩子没救了,没想到能变得这样好。我能买到这里的学区房,我真幸运。"

杰儿转变以后,其他几个也不敢造次了。

三、案例反思

根据班情,我发现,把握了那七个男生,就能把握全班。若把握不了他们,任其非正式群体发展扩散,最后班级的歪风邪气就盛行了。而把握了杰儿,就把握了那七个男生。因为他既有领导力,也有很大的破坏力。

因此,在应对学生中的非正式团体时,首先要找到其中的领头者,所谓"擒'贼'先擒'王'"。当然,这期间需要斗智斗勇。然而,经验告诉我,一切的教育手段都是小技巧,真正的大智慧是爱学生。有了爱,才会包容。有了包容,教育才能可持续。

我一直坚信我可以改变问题学生,教育就是信念。

体谅孩子,寻找闪光点,赏识激励,树立自信,帮助和促进学生成功,这就是爱。

看起来复杂的问题,有时也不那么复杂。以真心应对复杂,往往能化复杂为简单。

(作者单位：江苏省南京市浦口外国语学校)

6 进入初二，怎样应对一些学生的叛逆行为？

王庆梅

一、案例背景

初一阶段，学生比较单纯，即使有时使些小性子，也是可以压制下去的。初二阶段，随着生理和心理的发育，孩子的独立意识增强了，内心与外界的矛盾凸显了；而且，随着班级学生交往的深入，一些因缺乏有效沟通而积聚的同学矛盾也暴露出来了。这时，一些学生表现出了明显的叛逆，甚至敢公然挑战课堂和教师的权威；同学间言语或肢体的冲突也时有发生。

二、案例描述

那天的作文讲评课中，我即兴修改一篇习作，就随手拿了丁悦的周记，把其中一篇题为《将心比心》的文章翻开放在展台上，边阅读边和孩子们讨论起来。

有一段内容是："'达人秀'比赛结束时，我看到评委们的表情就知道我的节目没戏。我已经很沮丧了，这时一个莫名其妙的本班同学把我批评了一通，我很生气，她居然说我动作和其他人的动作不一致……"

"莫名其妙"在句中的位置显然不当。我引导大家逐字推敲，将这段话说通顺。

正改得津津有味，坐在教室后方的可欣突然站起来吼道："你凭什么这么说我，我不是已经道歉了吗？你还写在周记上，你……你……小心眼！"

突如其来的斥责声让我回过神来,文中写的本班同学原来是她,丁悦并没有写出名字,我沉浸在遣词造句的语言教学中,完全没有考虑到保护学生的隐私,也没有想到会发生这样的冲突。

不管怎样,可欣如此无礼,我必须立即劝她保持冷静。谁知她反而哭诉起来,她说,赛后,她是因为关心才去询问丁悦比赛结果,指出丁悦的动作不协调,完全是为了帮助丁悦分析原因,并没有其他意思,而且看出丁悦生气后,她也请同桌帮自己道了歉。接着,可欣呜呜地哭个不停。"下课再说吧,现在是上课。"我想制止她说下去。"我没有错,她冤枉了我,我就是要说出来。"可欣不依不饶。

教室里炸开了锅,同学们私下里议论起来。好在丁悦一声不吭,否则还不知会出现怎样的闹剧!面对可欣无视课堂纪律的行为,我怒火直往外冒,可最终还是克制住了。铃声正好响起,我夹着书本迅速逃离教室。

可欣怎么会如此任性?两个孩子的矛盾如何解决?等我冷静下来后,这两个问题从我的脑海里冒了出来。

我打通了可欣妈妈的电话,原来可欣父母离异,父亲患重度抑郁症,母亲得打两份零工供养她上学。哦,可怜的孩子!生活在这样不幸的家庭中,难怪那么敏感任性。

放晚学,我请丁悦和可欣留下来交谈,这时丁悦委屈地哭了,说可欣还在同学面前散布她喜欢同桌男孩的谣言。可欣振振有词地辩解道:"这件事我也已道歉了。"我提醒说,有些言行伤害到了别人的心灵,不是说一句道歉就能弥补的。可欣白了我一眼,显然很不满。我真诚地对她们说:"首先,这件事是老师的失误,我不该当众读丁悦的随笔使你们难堪,我向你们道歉;其次,把问题暴露出来也许是好事,因为老师或许能帮助你们消除隔阂。我希望你们能敞开心扉说出自己的看法,然后理解、包容对方。越是遇到委屈的事情,越能促进人的成长。老师虽近不惑之年,却仍在学习中。让我们在反思中成长,好不好?最后就是希望你们能和好。"

听了这一番话,丁悦停止了抽泣,心领神会地点点头;可欣只是说破坏课堂纪律是她不对,但是和丁悦和好是不可能。我越为丁悦说情,可欣就越来劲:"王老师,难道您没看到她的周记后面还说我是奇葩学生吗?这种人我怎么可能原谅!"真是欲速则不达。想到她生活的家庭环境,想到她言语中流露出的对别人眼光的在意,我决定暂且缓一缓此事。

孩子之间能有什么过不去的坎?我相信,时间会慢慢抹平一切。我照旧和颜悦色,就像什么也没发生一样。课堂上,我会提问可欣一些简单的她能回答出来的问题;课后,我会凑上去和可欣、丁悦她们一群女孩子说上几句;有时可欣单独过来补交作业,我就随手从包里拿出巧克力之类的东西送给她。

过了些天,有一次下课,我刚离开班级,可欣就跟上来有些羞涩地说:"王老师,我想跟您道歉,那天我太冲动了。回家我仔细想了您的话,您说得有道理。我会越来越成熟的。"可欣的笑容,像花儿一样美丽。

一次改周记,我看到可欣写道:"为什么与人相处那么难?真心对朋友为什么还常遭误解?"我的心一颤,随机批阅:"是啊,老师也感受到人世间最难的事就是与人相处了。不过,误解只是暂时的,只要怀着一颗真心,你将获得永远的朋友,包括我。"

有一天中午,我趴在办公桌上午休。小憩醒来,睁开朦胧的双眼,看见丁悦和可欣手拉手站在桌前。"王老师,您睡得真熟啊,我们等你很久了,就是想告诉您我们已经和好了。"可欣一边说一边摇着丁悦的手,依然快人快语风范,丁悦只腼腆地笑,不说话。"你们怎样和好的小秘密我就不打听了,谢谢你们告诉我这最好的消息!""哈哈……"她们灿烂的笑容让我如沐春风,我很庆幸当初没有意气用事。

洒下阳光,耐心等待,心田的花儿总有盛开的一天。

三、案例反思

对于叛逆学生的叛逆行为,首先一定要遵循"热冲突冷处理"的原则。切莫"火上浇油"、试图通过呵斥等权威的手段制止,否则后果不堪设想。当然,"防患于未然"也是很重要的。案例中因读随笔而引起的偶发事件告诉我们,教师要有学生意识,不能光从教学的角度考虑问题,要充分考虑到一些教学行为可能引发的教育问题。

其次,要做好家访,要充分了解每个学生的家庭情况和个性特点,做好学生档案。每个班级中都可能有一些特殊家庭的学生,做好调查和了解,可以有效预防意外事件,也有助于有针对性地对某些特殊学生进行心理辅导。

最后,耐心等待,不要急功近利,要给予学生成长的时间和空间。有些问题不是一说教或者一给予关爱后立马就有成效。而且,有些学生的叛逆似乎具有周期性,过了那段时间就好了。因此,我们不要急于求成,不要想立马解决好一个问题。有时,我们只要静静地陪伴着孩子们就可以。或许在某一天,你无意中就看到了花开,闻到了花香。

(作者单位:江苏省南京市浦口外国语学校)

7 如何预防和应对学生与校外不良人员交往？

王庆梅

一、案例背景

现代社会,信息发达,学生通过手机、互联网与外界保持着便捷的联系。初中生明辨是非的能力不强,一旦在家庭生活和校园生活中失去存在感,缺乏应有的关注和关心,外界的诱惑就会乘虚而入。学生与外界人员的交往也有不少潜在危险,轻则受骗上当、干扰了学习,重则会有生命危险。

因此,如何预防和应对学生与校外人员的交往,是值得班主任研究的课题。

二、案例描述

假期到了,上届毕业的学生来看我。小飞长高长胖了,看起来很阳光,只是微笑中还略带羞涩。他已升入一所市重点高中,听说现在成绩不错,跟去年沉迷于手机恋情中的他相比,简直判若两人!

记得初三开学后的那段时间,我发现他精神萎靡不振,一副病恹恹的样子,上课更是无精打采。他原本就瘦弱、沉默寡言,不过学习起来倒是目光专注而有神,劲头十足。怎么突然学习上就泄气了呢？发生这样的变化,一定有什么原因。我猜他很有可能染上了"网瘾"。我找来班里曾进过网吧的学生了解情况,他们都说没看到小飞进网吧。我又打电话给他爸,他爸说家里没电脑,每天他妈又接送他上下学,小飞应该没机会上网。我提醒他爸多关注小飞,哪怕一些细微的变化都不能忽视。

果不其然,几天后他爸来见我,情绪激动地说出了令我不可思议的事。

那天,他交手机费时发现小飞妈妈手机预存款300元两个月就打完了,而小飞妈妈手机一般都放在家里不用的,于是他们猜出是小飞用了手机。他们查出手机打的总是一个号码,于是打了过去,是一个女孩子接的……在小飞爸的打骂下,小飞终于承认他交女朋友了。他说是和同学上网聊天时认识这个女孩的,她刚初三毕业就到宁波打工,离开家觉得很寂寞,由于聊得投机,便互相留了手机号码。后来他们就经常发信息打电话。小飞爸说外面骗子很多,小飞一定是受骗了。小飞坚持说他们互相喜欢对方,那个女孩还鼓励他好好学习,不能因为谈恋爱耽误了学习,她是真心待他的。他爸说到这里时怒不可遏,说小飞太荒唐了,真恨不得揍死他!我也不敢相信平时憨厚老实、几乎不与女同学交往的他居然偷偷谈起了恋爱,还谈得这么认真!

在劝说小飞爸冷静处理此事后,我找小飞谈话,他目光发痴,一声不吭。我说手机聊天是虚无缥缈、不切实际的,抓住初三的光阴好好学习才是有意义的事。我让他今后不要再跟那位女孩聊天了,他摇摇头。我意识到他已陷进去了,一时难以自拔。我提醒他的父母一定要多陪他,多满足他生活上的需要,带他逛街,带他运动,转移他的注意力。他以前喜欢打乒乓球,我便在组织学生下午放学后一小时课外活动时将他安排在乒乓球组,并且私下里叫乒乓球组的同学主动亲近他,甚至让他赢球,以此来提高他的兴趣,可收效甚微。

一段时间后,我和他爸联系,他爸说小飞还在和那个女孩联系。收了他的手机,他就像丢了魂似的,而且在家里大叫大嚷。小飞爸没办法,只好打电话给那个女孩,叫她不要再和小飞联系。那个女孩说是小飞硬缠着他。当觉察女孩不再像以前那样对自己时,小飞开始恨父母,认定是他们从中作梗,在家里闹得更凶了。我告诉他爸,硬"堵"的话,会给他的心理造成伤害,特别是像他这样内向的孩子。我给他爸出了主意:除了多关心他,对于他与女孩的交往,则是静观其变,随时应对出现的新情况。

上课时,我总是时不时和他进行眼神的交流,不让他走神。课后,我找他聊天,在看出我并不反对他谈恋爱时,他渐渐向我敞开了心扉。他说,以前,他很少和父母交流,觉得他们很啰嗦,不想和他们说话。学校里,大家都在忙学习,他也不愿意和别人多聊什么。只有这个女孩子和他是无话不谈的,和她聊天是非常开心非常放松的事。苏霍姆林斯基说:"一个人最大的幸福与快乐就在于与他人的交往。"交往的需要是一种感情的需要。可在学习重负下的学生能享受到交往的快乐吗?能认识到异性间的交往与爱情的区别吗？我们家长和教师又给予他们这方面多少的教育呢？

那天上苏霍姆林斯基的《致女儿的信》，这是初中唯一一篇真正意义上对学生进行爱情观教育的课文。真是个大好时机！作者运用故事来启迪女儿，我让学生读故事，梳理出：上帝三次来到人间，先后从人的眼神里读到了"爱情""忠诚"和"心灵的追念"。然后让学生谈感想：故事的用意是什么？通过讨论，得出："人在年轻的时候，异性间很容易产生爱慕之心，但岁月和生命是对爱情的最大考验。只有经得起时间磨砺的忠诚，才配得上真正的爱情。"接下来，我又让大家说说自己心目中的爱情是什么。有学生说："我认为爱情是'执子之手，与子偕老'，一辈子不离不弃。""我的爱情理想是在茫茫人海中寻找到那个值得我去爱并始终爱我的人，我希望她是朴素的、善良的，我和她一起生活，并彼此尊重、相互信任，将爱情进行到底。虽然我想过什么是爱情，想过爱情的浪漫美好，但我毕竟是一名学生，我会把这种想法珍藏在心底。现在我要做的是尽学生的职责。"在大家你一言我一语的畅谈中，小飞默默地听着，我想他一定会从中获得启发。

最后让小飞摆脱困扰的是那次他提出要去宁波和女孩见面。我问他：是不是能确定这份感情终身不变？他说是；我又问他：对方是不是也确定？他说她也确定。我直白地说："既然你们都确定了，那怕什么？将来见面也一样。等过了读书这几年，以后一辈子都可以在一起了。"另外，我还补充道："因为你还小，一人不能单独出行，如果你要去，我和你爸陪你一起去。"就像成人世界一样，虚拟空间里交往的魅力也许只在虚拟里，一接触现实就失去它的魅力了。当我们真的策划和小飞一起去宁波时，他却不愿去了。后来，他告诉我们女孩提出了要一万块钱，他一时不知怎么向父母开口，再加上女孩子的紧逼，他就打起了退堂鼓。

一段时间后，他从这段虚幻的感情中走了出来。

三、案例反思

校外交往有多种情况，在这则案例中，小飞与校外人员通过网络认识，并通过手机保持着紧密的联系，甚至产生了早恋。这是男女之间的交往，还有的是同性之间的交往。除了虚拟空间的交往，还有与校外网吧、卡拉OK厅等场所的人员或一些流窜在社会上的无业游民之间的交往。对这类问题，重在预防，一旦演变为事实，矫正起来就麻烦了。那么如何预防此类事件的发生呢?

首先,要关注特别内向或特别外向的学生群体。内向的学生不爱说话,与周围人交流少,久而久之,内心就会空虚寂寞,他们往往又没有勇气在现实生活中寻找伙伴,于是便会在陌生的空间里发泄自己。而特别外向的学生,他们交往的欲望很强,喜欢寻求刺激和新的交往伙伴,也往往因此被外界的不良因素诱惑而误入歧途。因此,关注这两类学生的生活状况和思想动态,给予他们关心和爱护,是班级管理的一项重要内容。

其次,关注和引导家庭教育。有些家长忙于工作,有些家长夫妻关系不和,有些是单亲家庭,有些父母对孩子期望值和要求过高,有些父母过于溺爱孩子,有些父母文化素质不高不懂教育,等等,各种各样的家庭情况,导致了家庭教育的失当,或者是亲子关系的淡漠。在孩子离校的时间里,由于教育的失控,孩子与外界的交往机会往往会增加不少。因此,要有针对性地召开专题家长会,告诫与引导家长做好这方面的预防。

再次,主题班会谈交往。同学间的友谊能弥补课堂学习的枯燥和家庭生活的不和。若学生在同学中有长期交往的好友,他们的精神就有了寄托,从而能够形成抵御外界不良诱惑的天然屏障。而事实上,很多学生都有这样的感受:班级同学间钩心斗角,大家缺乏安全感和幸福感。这主要是由于同学们缺乏交往的能力,需要老师通过主题班会教给他们交往的方法,帮助他们形成正确的认识。

最后,要重视活动的引领,让"人人有事做,事事有人做"。通过开展形式多样的活动,让每个学生都能找到存在感和归属感。在活动中,帮助他们实现个人的价值,让他们的情感和能力通过正常的渠道得到释放。

(作者单位:江苏省南京市浦口外国语学校)

8 如何遏制同学之间的攀比之风？

王庆梅

一、案例背景

初中生审美意识的萌发有一个显著的标志,男生尤为明显,那就是爱洗头发或经常变换发型。当我发现我班学生有这个苗头的时候,由于事情繁多,没来得及及时过问,更没有深入了解,于是很快就愈演愈烈。待我重视起来时,学生因审美需要而引起的不合理消费现象已经比较普遍了,纠偏也就变得比较困难。

二、案例描述

那是初二上学期,孩子们的爱美之心萌动起来。起初,我发现几个男孩子每天早上都洗头吹头发。蓬蓬松松的头发在班级里甩来甩去,很酷。接着,早晨洗发之风席卷整个班级。

1. 攀比之风越演越烈。渐渐地,学生的注意力由"头"转到"脚"上来了。学校规定每天穿校服,孩子们在服装上的审美需求受到压抑,便转而希望通过鞋子来表达自己的审美取向。一开始,选择的只是361度之类的普通牌子,后来我听说,咱班篮球健将彭杰的一双耐克乔丹系列的篮球运动鞋1000多元,再后来,篮球追星族们纷纷效仿,争相买名贵运动鞋。甚至一位孩子在随笔中透露,听说骏尹同学一双鞋才花了50来块,大家目瞪口呆,于是骏尹就成了大家取笑的对象。同学们以穿名牌为荣,家长们如何看待此事呢？我向家长了解情况后得知,其实家长并不乐意为他们买名牌,只是禁不住孩子死磨硬缠。

攀比之风越演越烈,这样下去还了得!得杀杀这股"歪风邪气"了。

2. 主题班会成效甚微。为此,我召开"当合理消费,不盲目攀比"的主题班会,就"中学生应持怎样的消费观"进行了深入的探讨。追求品牌、互相攀比的危害是什么?加重家庭经济负担、分散学习精力、影响班级学风等,讨论有了这样的结果。我们应该选择怎样的消费观呢?一部分同学认为,应根据家庭经济情况,量入为出,合理消费,而不是攀比跟风;一部分同学认为,不论家庭经济状况如何,我们都应该保持勤俭节约的优良传统。针对攀比买高价品牌鞋现象,我们接下来该怎么办呢?班长带头表态,不准再穿进班级,大家陆续表示赞同,尽管我发现一些同学面露难色,但在这种舆论影响下,没人敢提反对意见。最后大家在合理消费的倡议书上签了字。

接下来,果然有了变化,大家纷纷换回了原先的旧鞋。我顿时有了成就感,可当我还在沾沾自喜之时,接到了彭杰妈妈的电话,她说,周六彭杰被爸爸打了一顿,由于赌气作业没写。被打的原因是,班级几个男生一起骑"死飞"外出游玩,结果车被别人偷了。他看同学有"死飞",就吵着要买,没想到买来没几天就被偷了。

原来他们在搞"地下工作",并没有真正形成理性消费的意识,看来仅靠一次主题班会难以奏效。

3. 爱心活动扭转风向。怎样让理性消费观真正走入孩子的心灵,进而变为他们的自觉行动呢?经过苦苦思索,我有了新办法。我想到十几年前自己在家乡工作期间曾带学生到偏远山区三合小学开展"手拉手"活动。这给了我启发,我找到那本发黄的电话簿,再找到三合小学的电话,为我新设计的活动找到了合作伙伴。

我设计的活动主题为"忆苦思甜献爱心",经过班会课和家长群的广泛宣传、多次讨论,最后我们决定,活动周期为一个月,忆苦的方式有三种:一是每人在需要购新鞋之际降格买一双老式布鞋,然后每周统一穿两次;二是每周有一天晚上不用电,改用蜡烛照明;三是每周吃全素一次。我们与家长签约,凡是按规定做到的,一方面可以获得家长赠予的100元作为爱心储备金,另一方面还可以获得班级颁发的"忆苦思甜"奖章。

最后一步是献爱心体验旅行。我们通过抽签决定参与人选,班主任首先出资300元,被选同学从100元储备金中自愿拿出一部分,再一起购买学习用品,最后由班主任与家委会代表组织入选同学到三合小学,把学习用品赠给一些家庭困难的学生,并与那里的学生一起上课、一起活动、一起吃饭,拍照留念,互留通讯地址。孩子们回来把所见所闻在班级一汇报,便引起了很大反响。后来,我们又接到三合小学师生热情洋溢的感谢信,大家一起愉快地分享,班级吹来了一股清新的气息,大家争相要把爱心储备金捐献出来。当时我们计划每学期组织一次,但严格规定,每次的爱心基金一定要通过减少消费节省下来。

我们已经坚持了三个学期。经过周密的组织,连续的体验活动,高消费的现象不知不觉就消失了,大家不再以用名牌为荣,而是以谁献的爱心最多为荣,攀比之风已悄然扭转了方向。

三、案例反思

从辩证法的角度来看,任何事物都有两面性,或好或坏,而所谓好的与坏的是可以相互转化的。学生审美意识的萌发,是人的成长过程中正常的心理需求,然而如果它引起不合理的消费观的话,就不是好事了。是什么让其发生这样的转化的呢?是一种盲目的从众心理。这种心理在任何群体或团队中都客观存在着。作为教育工作者,教育的艺术就在于将这种盲目的从众和攀比心理引导至一种明确的向善的心理层面,从而达到育人的目的。

这个案例告诉我们:仅靠说理、讨论等方法来提高学生的道德认识是远远不够的,为了培养学生良好的道德品质,榜样示范法、实践体验法是非常必要的。以榜样为引领,纠正盲目的从众风向;以体验为核心,在行动体验中将认识内化,并且在互动中(如对方写过来的感谢信)将爱心行为强化。经过有效的引导,这种攀比的风向得到了遏制和扭转。

(作者单位:江苏省南京市浦口外国语学校)

9　初二叛逆期，如何消解亲子关系不和给学生带来的负面影响？

王庆梅

一、案例背景

家长与孩子之间发生矛盾是常有的事，可是有些家长，因为自身的教育方法不当而导致亲子关系不和，又因亲子关系不和而引发"连锁反应"，在这种情况下，他们既不知反思，又不能听取教师的建议，积极面对和寻找对策，而是选择逃避或者把责任推向他人，结果孩子的问题越来越严重。教育最大的悲哀莫过于明知隐患的存在，却因为缺乏家长的支持而无力防患于未然！

下面的案例就是这种情况。

二、案例描述

带这个班，一晃已是第三个年头了。最让我措手不及的孩子是王磊(化名)，最让我没辙的家长就是他的爸妈。

1. 孩子"离家出走"，他们竟然淡定从容。那是初二上学期的一天早上，我到班级巡查，发现王磊蓬头垢面、没精打采地趴在课桌上。咦？有些反常！这不是他的风格。自从被我提为劳动委员助理后，他每天一大早就去咱班包干区忙活。

把他叫到办公室问个究竟，原因着实让我吓了一跳——他离家出走，一夜未归！虽说前一天晚上我睡得安稳，无人打扰；可是我怎么也是个班主任——一个班孩子的"家长"，这么大的事我却不知情！太不把我当回事了吧？拨通他爸的手机，这头的我火急火燎，诧异惊恐；那头的他却从容不迫，深沉含蓄。"孩子出走已不是第一次了？怎么不跟我沟通一下？你知道他现在在哪里吗？"我按捺不住，语调中带着些许不满。"不知道，他到学校去了吗？"对方的语气依然淡定。

请家长面谈——我倒要看看究竟是何方"神圣"。夫妻二人看起来温文尔雅，可一番交谈后我却发现他们对磊满腹怨恨，而且说话还遮遮掩掩，吞吞吐吐，不太愿意与老师交心。我先表达了我的诚意，表示希望帮助他们，他们才说出了实情：他们可以称得上是打工族中的成功人士，现在是某公司的中层领导，不论是在单位还是回老家，都受人尊敬。因为他们在外打拼，磊从小跟爷爷奶奶生活，直到三年级才来南京，全家团圆。为了弥补对磊的亏欠，有钱人家孩子有的学习和生活条件，他们都尽力提供。上各种补习班，缴纳高额补习费用，他们眼都不眨一下。然而磊却非常不争气，成绩跟不上，让他们在同事面前没面子，在亲戚面前也丢尽了脸。至于离家出走，夫妻俩的态度是：走了就别回来了，省得让他们到学校来丢人现眼！

真不敢相信此话出自父母之口，我转移了话题："磊还没吃早饭呢，你们先带他出去吃个早饭，然后再来调解你们之间的矛盾。"回来后的三个人不再像刚才那样抵触了，我也得以弄清症结所在。磊死活不愿上补习班，父母坚决不让步，最终闹到离家出走。后来双方各退一步，以父母允许磊上网作为他上补习班的交换条件。谁知磊迷上网络后就更不想上补习班了，父母死活要断网，还把电脑砸了，于是矛盾激化，磊再次离家出走。

针对磊的实际情况，我建议把文化课的辅导砍掉一半，书法课可以保留。至于已经形成的网瘾，只有慢慢断，按计划上网。经过沟通，双方达成共识，磊同意回家。可是因为"他父母的面子"我们已错失了"第一次"，那是处理问题的最佳契机。

2. 双方"交战"，他们找我当"救兵"。之后，确实有一段时间相安无事。可好景不长，在一个阳光明媚的星期日，磊妈妈的一个电话扰乱了我的心境，他们又在家里"大闹天宫"了。磊妈妈让我在电话里听孩子是如何发脾气爆粗口的，想让我去制止他，磊那时当然不会接我的电话了。我让磊妈妈冷静冷静，约定过一两个小时后我再给她回电话。

吃过饭后，我打通电话，爸爸说磊又跑了，事情的导火索竟然是因为磊赖床，他不起床，妈妈就强拉硬拽，最后要卖房子。在激动情绪的背后，妈妈表现出极度的幼稚任性。我耐心地对妈妈说："不管你们的亲子关系破裂到什么程度,至少他在学校的表现是正常的。你将他在家庭中所表现的缺点完全无遮掩地暴露在班主任面前,这样既伤害了他的自尊,又会降低学校教育在他心中的严肃性与神圣感,因为我只能提供家庭教育的帮助与引导,不可能深入到你的家庭进行全方位的干预,从而彻底解决你们的问题。'解铃还须系铃人'。学校教育之所以严肃神圣,是因为我们会以教育的眼光看待孩子的表现,会小心翼翼地妥善处理孩子暴露的问题,不会让其扩大化或严重化。你们要学着在老师的建议下理智地解决突发问题,不能过分依赖班主任。否则,不仅问题解决不好,反而班主任的话他也彻底不听了。到那时就不是学习好不好的问题,而是能不能成人的问题了。况且,这件事你可以事后悄悄告诉我,而不是在那种情形下打电话啊。"情急之下我的话显然不大中听。

电话那头她说磊喜欢往外跑,可能与班级那些打篮球的调皮同学有很大关系。她还在为自己开脱,将责任推向他人!我告诉她,外面的诱惑不是家长能控制得了的,问题的关键也不在于此。若父母给予的爱足够了,外面再多的诱惑也阻挡不了他回家的脚步。她突然冒出一句:"这孩子你要是不管,我们就把他送到劳教所了。"我怎么会不管呢?一番苦口婆心的话换来的是这样的答复,我有些沮丧。对于磊的未来,我感到迷茫。

3. 孩子闯出祸端,他们却当"缩头乌龟"。事情在悄然地演变着,这个暑假,据说磊给初一女生发黄色视频链接。女孩家长打电话来告状,并恼怒地说,已经搜集到他们交往的一些线索,甚至考虑到了不堪设想的结果。虽然,在QQ上磊已承认发视频的事,可是当双方家长面谈时,磊的父母矢口否认,坚定不移地认为他们已经把磊送回农村老家,那里没有电脑没有网络,怎么可能发生此事!我想去家访,可他们却婉言拒绝了。这件事非同小可,我提醒家长要做好沟通教育,让孩子了解有关的法律,认识到男女生要慎重交往。他们虽然口头答应,但听得出是在敷衍。

女孩父亲后来又打电话告诉我,女儿似乎仍然在网上和磊交往,对此,他们非常担心,希望我能再次出面教育。可是磊的父亲都以工作忙等各种借口往后推迟,我深切地感受到鞭长莫及啊,只能在QQ上和磊沟通。我也深知,我的那些"意味深长"的话其实是苍白无力的。

女孩家长终于发怒了,闹到学校德育处,磊的家长也撕破脸皮"死不认账"。最后在多方协助下才平息此事。

这位家长本来可以做我的"合伙人",可最后怎么成了我的"钉子户"了呢?

三、案例反思

社会日益复杂多变,教育环境也越来越复杂,社会价值观多元化对教育的冲击力是很大的。我们用传统的道德观去要求家长和孩子,有时是苍白无力的。像案例中的家长就是"个人利益至上者",遇到这样的家长,遇到亲子关系不和的学生,教师该如何发挥教育的功能呢?

通过反思,我意识到了几个问题:

1. 调解不和的亲子关系,重点不在追责,而在指明方向,必要时可用学校的规章制度对他们进行硬性的规定。在这则案例中,我把"责任在家长"的思想在无形中传递给了孩子,给孩子的转变增添了一重阻碍。而且,当我完全设身处地为他们着想时,他们反而把自身的需求看得很重要,而忽视了起码的"规则"意识。而且我没有及时把孩子离家出走的事上报给德育处,寻求学校的帮助。我认为,要消解亲子关系不和给孩子的不良影响,除了"晓之以理""动之以情",还要"绳之以'法'",多管齐下,防止事态的恶化。

2. 亲子关系不和,往往引起不正常的男女生交往,需要防范。如果孩子的情感需求不能通过家庭得到满足,就有可能将注意力转向同伴或异性,而且这种交往时常带有破坏性,因此,要密切关注孩子的思想动态,多关心他(她),通过正常的活动交往和学习交往让他们获得情感的满足。

3. 加强上网的管控。网络往往是学生"失足"的幕后黑手,有些老师采用安插"眼线"的方法来监控学生建了哪些群以及群中的动向,虽然这不是正规的教育方式,但在日益复杂的环境中,一些"小技巧"不妨有分寸地使用。我自己在这方面的教育方式就显得单一了,应该充分调动学生、教师、其他家长等多方力量,来对这样的特殊家庭进行监管和引导,特别是网络方面的监管。

(作者单位:江苏省南京市浦口外国语学校)

10 临近中考，学生情绪焦虑怎么办？

费佳玉

考试焦虑情绪是一种常见的、基本的心理体验。一般心理学认为，适度的学习焦虑可以促进学习成绩的提高，但过分焦虑会使学生的注意力和记忆力下降，生理上表现为容易疲倦、失眠、心跳加速、头脑混乱等，从而严重影响学习成绩，更严重的甚至出现病态。临近中考，一些学生的焦虑情绪逐渐显现，成绩起伏很大，他们的异常行为甚至会引起没有心理方面专业知识的家长的注意。

小玥同学从小就是学霸，从小学到初中一直是班长、三好生，而且多才多艺，深受老师和同学们的喜欢。妈妈是小学老师，从小对她的教育很重视，特别是多年来潜移默化的熏陶使她的文学修养远远超过常人。我印象最深的是她的嵌名联，那是在学校承办的全国楹联会议上，我特意挑选出全校学生撰写的最优秀对联并将之印成一套书签，作为学校楹联文化向外推介的平台之一，其中就包括她的嵌名联。她的嵌名联得到了全国楹联前辈的肯定，可见其实力真不容小觑。然而就是这么一个非常优秀的孩子，临近中考时却表现出了典型的情绪焦虑，她做任何事情都情绪紧张，注意力不能集中，思维也不活跃。以前爱说爱笑的她不再那么阳光自信，言语中总会流露出万一考不好怎么办的想法。虽然中考后她仍然顺利地进入了本市最优质的高中，但高一没读完就因严重心理问题被迫退学，实在让人为她惋惜。

那么，作为班主任，如何在学生临近中考时提前布局，以减轻学生因情绪焦虑而带来的各种危害呢？

1. 帮助学生了解真实的自己。学生的情绪焦虑主要是由心理压力造成的,进入初三特别是临近中考时,绝大多数学生都会感受到来自家长、老师、长辈等的压力,也会感受到来自同伴竞争、自身要求的压力,而平时性格内向的同学受到压力后由于无法及时释放,往往更容易出现情绪焦虑。因此班主任要让学生了解真实的自己,让每位学生确定各自合适的奋斗目标。比如通过对学生进行心理测试,了解比较全面真实的学生心理现状,从而为有效调控提供科学依据;还可以通过名人小故事、心理疏导讲座等,让学生进一步了解自我现状,既增强学习的自信心又减轻过重的心理负担。

2. 通过活动转移注意力。临近中考时学习任务相当繁重,老师和家长们关于中考的沉重话题也会使学生感到压力,这些都会让学生产生焦虑情绪。因此,班主任可以想办法开展一些活动来转移学生的注意力,从而调节他们的情绪。比如班队活动课不能再传统地强调学习的重要性,不能过多地营造紧张氛围,可以开展诸如冷餐会等活动,让学生在享受美食的同时谈谈自己的真实想法;可以鼓励学生做自己感兴趣的事,如唱歌、听音乐、看课外书等,把他们的注意力从学习上转移到别的方面;可以利用某个双休日组织有家长一起参与的班级社会实践,这样既可加强与父母老师间的交流,同时也可放松心情;还可以建议学生保持充足的睡眠,进行适当的体育运动,合理地宣泄情绪等。

3. 不要刻意制造紧张气氛。越是临近中考,大部分老师和家长越希望学生有紧迫感,因此往往会在班级里千方百计营造激烈的竞争氛围,希望学生更加自觉主动地学习。适度紧张的学习氛围固然可以提高学习的有效性,但长时间一直让学生处于高度紧张的氛围之中,肯定会影响学生的心理健康,影响正常的学习成绩发挥。越临近中考,学生的心理压力越大,班主任一定要把握一个度,不能再过于强调和制造紧张的氛围,防止弦绷得太紧无法复原甚至断裂。

4. 关注情绪焦虑的特殊学生群体。临近中考,对于一些学生表现出的异常行为班主任要予以足够的重视,要对他们的异常行为非常敏感。班主任要和其他任课教师以及家长保持联系,要对那些心理压力大、成绩起伏大、行为表现特殊的学生多交流情况多通气,要尽力获得学生异常情况的第一手材料,以便更有针对性地开展工作。比如班主任可以召开任课教师会议、小型家长会等,对特殊学生的表现进行深入探讨,寻找最有效的教育改进方法,以减轻学生的焦虑情绪。

5. 班主任要防止自己心情焦虑。临近中考,有些班主任因担心班级的教学质量下滑、担心一些同学的考试失利或者受学生紧张情绪的影响等,变得不淡定起来:批评教训学生的次数多了,尖酸刻薄的话多了,肯定表扬学生的话变少了。一旦班主任自己的情绪不好,很可能会把糟糕的心情带到工作中,把自己的不良情绪转嫁给学生,从而让学生的情绪更加焦虑。

(作者单位:江苏省太仓市第二中学)

11 进入初三，部分学生产生了学习厌倦感，怎么办？

王庆梅

一、案例背景

我们学校一位物理老师，她姓刘，特别厉害，无论什么样的班级，无论什么样的学生，一到她手里，都能"起死回生"。因此，刘老师有着"救火队队长""铁人"等"光荣称号"。她所教班级的物理成绩在区里总能排名第一。有人觉得这太神奇了，甚至不敢相信这一点。直到我跟她在一个办公室后，我才发现了这其中的"奥秘"。其实，哪里是什么奥秘？刘老师只不过把工作做实做精而已。对于学习有厌倦感或基础差的学生，刘老师充分利用课外时间，给他们"开小灶"，有效地提高了他们的成绩和学习兴趣。

二、案例描述

这学期，刘老师新接手九(2)班，她做的第一件事就是了解学生，主要包括两个方面：一是班级物理学习的整体情况，二是物理学困生的个体情况。令她感到欣慰的是，这个班的学生比较整齐，物理成绩总体不错，只有小峰同学物理学习习惯不好，基础较薄弱。

针对所了解到的情况，刘老师不仅把教学目标的定位稍微提高了一些，而且以更饱满的讲课热情去回应具有听课热情的学生，从而营造出了良好的物理学习氛围，提高了课堂教学效果。很显然，小峰跟不上大家的节奏，而且似乎对学习有了厌倦感，一副吊儿郎当的样子。怎么办呢？刘老师决定给他"开小灶"。

1. 接纳是第一步。办公室离教室很近，刚开学的那几天，一下课，刘老师就走进班级,走到学生中间,或闲谈唠家常,或了解学生学习上的困惑。有一次,刘老师问小峰:"大家都说你歌唱得好听,什么时候给我露一手?"小峰粲然一笑:"好啊。"不多天,小峰就愿意接近刘老师了,上课虽然有些听不懂,但能够认真听讲。

2. 抓基础是当务之急。小峰的初二物理基础薄弱,刘老师将初二的重点知识梳理成默写单,利用课间、午休等时间让他默写,刘老师以错题为突破口进行讲解,然后再让他背诵、默写,直到过关为止。然后刘老师再围绕这些基础知识,搜集整理出基础测试题让小峰做。每次测试后,刘老师都会在小峰的试卷上写上"有进步""你真棒"一类的激励性话语,让他找到自信、看到希望。

3. 培养习惯是关键。每天都在学习新知识,每周都要对新知识进行检测,每次检测刘老师都会记下每个学生的失误点。而小峰在有了物理学习的信心后,作业不仅不拖拉,而且能认真完成,学习习惯有了明显的好转。刘老师趁热打铁,培养他整理错题的习惯。先让他自己整理,整理完后送到办公室给她检查。刘老师会根据她记录下的失误点和小峰对照,看他是否记录完整。光记不看不行,刘老师又让小峰把错题的错误之处和正确的解答方法口述给她听,直到说对为止。

"功夫不负有心人",经过一段时间的"小灶"后,小峰同学的物理成绩由原先的不及格上升到了 80 分以上。当然,随着知识难度的加大,维持这样的成绩对小峰来说或许有些难度,但相信只要他有了兴趣和信心,就不会掉队。

三、案例反思

多年的经验告诉我,学生的厌学情绪大多是学不会造成的,不是因为不想学。只要坚信这一点,我们抓学生学习的工作重点就落在了一个"学"字上,学什么,如何学,关注的是过程,而不单单是结果。

首先,不抱怨。我们许多老师都喜欢抱怨学生,抱怨学生不认真听,抱怨学生不认真写作业,抱怨学生成绩差,等等。如果我们把抱怨的时间节省下来用在辅导学生上,那将会有效得多。而且,有的老师喜欢当着学生的面指责抱怨,导致学生产生逆反情绪,从而更加不愿学。因此,一定不能让抱怨消耗了我们和学生的时间和精力。我发现,案例中的刘老师从不在办公室闲谈或抱怨,总看到她在书本或试卷上圈圈画画。

然后,抓两头。所谓两头,不是成绩的两头,而是教学过程的两头,一头是课堂,一头是课外,也就是将课堂集体教学与课外面辅教学紧密结合。案例中的刘老师备课特别精心,课堂教学总是激情满满,她不会因为个人的原因而影响到课堂的情绪,只要站到课堂,她的精神状态就是饱满的。最重要的是,她吃透教材,精准地把握住了重点和难点,因此,再难的知识点,她都能给学生讲明白。同时,她课外的面辅做得也是最到位的,她能利用一切可以利用的时间找学生讲题目。而没有面辅,就不能"消灭"后进生。

由此可见,"教学"有路勤为径,"勤"是多么重要。

(作者单位:江苏省南京市浦口外国语学校)

12　初三学生出现严重偏科，班主任该怎么办？

费佳玉

小沈同学是典型的偏科生，而且严重到了足以影响他升学规划的程度。虽然他初中毕业已经15年了，但我清晰地记得当年他的理科成绩相当优秀，文科则相对薄弱，特别是英语对他来说简直是个灾难，100分的试卷从来没有高过40分，这对一个梦想进入重点高中的学生来讲意味着什么？孩子主观上要强上进，父母也很支持配合，在初三刚开学时一家子就主动寻求我的帮助。对这个孩子我也相当着急，就是苦于没有好的办法帮到他，在家长的一再要求下我帮他联系了本地英语教学界的泰斗级老师补课，可他的英语中考成绩也没能如愿进步。进入普通高中后，小沈还信誓旦旦向我保证说要用三年工夫把英语恶补起来，争取在高考时打个翻身仗。高考前我关心地询问他的英语情况，他摇着头回答我说英语是补不起来了，现在只能把有限的时间用在其他学科上，努力把英语的损失在其他学科上补回来。

多年来这个真实的案例一直不能让我释怀，一直警醒着我要科学有效地去帮助偏科学生，因为我清楚地知道让偏科学生把成绩提高上来是多么的不易。那么班主任到底该怎么做呢？

1. 了解学生偏科的主因。偏科的学生不会是智力问题，但偏科绝对是有原因的。是学生对这门功课的学习方法有问题？是学生对该学科没有了兴趣，厚彼薄此缺少努力？还是学生与任课老师发生了矛盾有抵触情绪？抑或是多种因素交织在一起的结果？班主任只有找到了学生偏科的原因，才能有针对性地进行后续工作，才能在纠正偏科方面做出最有效的工作。

2. 持续鼓励，保持孩子攻关的激情。把彻底改变偏科状况比作打一场恶仗和攻关绝不为过。学生某门学科成绩不好,归根到底还是缺乏对该学科的兴趣和持续的进取心,有的同学如小沈虽然主观上积极努力,但内在仍是兴趣不够,动力不足,表面上看在恶补,也的确花了大量时间,但这样的学习没有走心,往往效果甚微;同时,攻关期的同学常常会遭受到努力以后成绩没有改观的沉重打击,一次次的失败会让他们信心渐失直至动摇努力的根基。比如小沈同学主观上努力,而且也有实际行动,但最终梦想还是被现实击得粉碎。基于以上分析,我认为,班主任的主要作用是激发他们持续不断的学习动力,坚韧不拔永不服输的学习毅力,面对困难的勇气和解决办法的决心。具体做法可以是经常和他们谈心沟通,以了解他们的思想变化,在帮助他们化解压力的同时鼓励他们坚持进取,经常关注他们的努力并在进步时及时表扬等。

3. 寻求任课老师的帮助和关注。偏科学生由于攻关困难,任课老师一般也都是花了大量心血,经过持久战久攻不下才逐渐放松对他们的要求的,老师在内心深处还是非常想帮助孩子把成绩搞上去的。班主任要发挥好在任课老师与学生、家长之间润滑剂的作用,多和任课老师交流学生的问题,多听任课老师对学生的建议等,让任课老师多帮助和多关注孩子的学习,相互配合着寻求成绩的突破。

4. 有效指导学习方法。偏科学生在攻关时,有时也会病急乱投医,只顾行走不懂看路,因此要防止花大量时间做低效无效的事,那样只会事倍功半甚至没有效果。这时班主任在学习方法上的指导还是相当必要的。比如班上有一位女生,期中考试时除英语外其他学科总分和第一名只差 9 分,而英语一门学科差了近 50 分。我就要求她除了背单词外还要把英语课文背出来默出来,订正错题特别是选择题时边上都要注明选这不选那的原因并且交给我看,同时还要求她把班上英语成绩最好同学的笔记拿来对照,因为对照本身也是一个知识巩固的过程。当然,学生偏科的原因不同,薄弱的学科不同,班主任的指导方法也不能千篇一律,还是要结合学科特点、结合任课老师的建议来科学指导。

(作者单位:江苏省太仓市第二中学)

13 怎样帮助初三学生合理规划时间?

费佳玉

老师们总会发现这样的事实：进入初三以后学生的学习态度一般都会有所好转，即使那帮平时不太自觉、让人头疼的学生，在总体学习氛围不断向好的环境下也会有所转变。对于学生的自觉和进步，班主任是看在眼里喜在心里，但一些学生暴露出来的不会学习，特别是不会合理规划时间的问题也让班主任伤透脑筋。为了精准了解初三学生课余时间的使用和分配情况，我特意对班上学生进行了专项问卷调查，其中大部分结果与我的判断大致相同，也有一些现象令我感到意外。特别是50%的学生认为学习非常紧张，但仍希望多增加一些课外活动时间；45%的学生希望有更多可以自己支配的时间，且这些学生中大部分是成绩优秀学生；90%的初三学生没有意识到科学安排时间的重要性，更没有着手对学习时间进行规划，很多时候学习时间的安排仍被老师布置的作业牵着鼻子走。问卷充分说明了初三学生主观上希望有更多自由支配的时间，但他们中绝大部分没有认识到时间规划的重要性，更没有把时间很好地进行规划和实施。因此，班主任需要重视学生的时间规划问题。那么，如何帮助初三学生合理规划时间，让他们紧张的学习和生活更加有效呢？

1. 明确科学安排时间的重要性。进入初三后的学生主观上要求上进，行动上也有体现，但一些学生只是埋头学习，只知道以更多的时间去学习，对于如何科学有效地学习、如何合理安排时间等没能深入思考，在盲目赶路的过程中迷失了努力的方向，往往花了比他人更多的时间和精力却收效甚微。因此班主任必须指导初三学生合理规划时间，要让学生明白科学合理安排时间的重要性和必要性,合理规划时间将有助于提高学习的效率,减少不必要的浪费。

2. 合理安排好在校时间。学生的在校时间虽然表面上被学校作息时间所固化,学生没有多大自主性,但事实上学校时间是学生科学合理规划时间的重要内容,只要认真细致地思考如何让在校时间发挥得更加充实有效,完全可以合理规划且能起到相当积极的作用。比如早上到校后应该主动上交回家作业,及时自觉做好上课准备工作,上课前看一下昨天的课堂笔记以加深印象,课上的疑问最好当天解决绝不拖到明天等。

3. 协助学生制订科学的学习时间规划方案。在认识到了科学安排时间的重要性后,每一位初三学生都应该制订属于自己的学习规划方案,特别是学生的自由支配时间需要结合自身实际量身定做、科学规划。有些同学为了提高学习成绩,总试图挤占休息、锻炼、娱乐的时间来增加学习时间,有的学生甚至把老师上课的时间也用在补习相对薄弱的学科上,这样的时间规划明显有很多不足。因此,班主任要指导学生拟定时间规划方案,在此基础上进行个性化的指导和建议,方案应包括每天和每周两种,比如每天的作业时间如何安排分配、每天挤出多少时间用于薄弱学科的自学、如何安排双休日的学习等。

4. 经常检查时间规划的有效性并适时调整。学生的学习时间规划是否有效,需要经过一段时间的运行才能逐渐体现,有些规划可能是正面积极的,确实对学习有帮助,有些规划可能暴露出来的是不足,比如一段时间后学生的薄弱环节发生了变化,知识的重难点发生了变化,这时各学科的时间分配比例就要做出相应调整。班主任要指导学生对时间规划适时进行调整,以达到最有效的学习之目的。

(作者单位:江苏省太仓市第二中学)

14　怎样让躺倒不干的学生动起来？

费佳玉

初二开学时新接手了一个班级。教务主任淡定地说，这个班级的成绩只会进步没有退步，简单的一句话既给我兜了底，也道出了班级成绩垫底的现状。德育主任告诫说，这个班级有两个家伙挺难搞的，初一时每周父母都要到德育处报到，其他学生的主要问题是不想学习，稍有放松班级就会乱掉。于是，接手后我便紧锣密鼓地向任课老师了解班级情况，密集召开学生会议、班干部会议，仔细观察学生课上课下的表现等，一段时间后我对班级情况基本掌握了。我认为班级最大的问题是风气不正，学生的学习积极性不高，班干部的带头作用和班级管理不到位；一些学生躺倒不干，课上不是趴在桌上睡觉就是目光呆滞不动脑筋，上课"打酱油"现象严重，这样的学习状态怎能奢谈成绩的提高？要提高成绩和端正班风，让这群躺倒不干的学生动起来是必由之路。那么，班主任该怎么办呢？

1. 开展同伴互助和小组竞争。我把班上44名学生分成了9个小组，每组5人左右。把每人的期末总成绩从高到低按S型排列，每组兼顾男女比例并对身高进行微调，小组同学的座位相对集中，最后分好的小组成绩差不多，男女比例差不多，学生整体素质也差不多。我为每组指定了能力较强的学生担任小组长，负责本组学生的课堂纪律、作业收发，组织学习讨论、领导完成值日等。小组合作增加了学生间的互动交流，很多任务和要求都出自组内同学之口，个人的行为也将影响到集体的荣誉，学生的主人翁意识一下子被激发出来。那些原本躺倒不干的学生马上像变了个人似的，课上听讲认真了，课后工作主动了，班级的各项活动也愿意参与了。

2. 见证成长历程增强自信。我为每个同学准备了一个塑料档案袋挂在教室后面,档案袋中除了放有学校印制的个人成长档案、学校的规章制度集外,还有学生获得的班级及以上个人奖励证书等;此外,还有一张晋级记录表,参照部队军官级别,在开学时学生被定为新兵,当获得表彰或者符合晋级时由班主任进行记录,级别依次为班长、排长、连长等,其中还包括适时免除高级别学生的作业或劳动等。我制作了各种印有卡通图案的表彰卡片,有劳动积极、做事认真、思考积极、团结互助等不同的内容,在学生有值得肯定的表现时发个表彰卡,学生集满10张后交还卡片,老师帮着在晋级记录表上升级记录。每月评选"班级风云人物",被评为"班级风云人物"的学生可以直接晋级。在小组评比中也为优胜小组发卡片,目的是进一步增强学生的团队意识。卡片的奖励特别关注这帮躺倒不干的学生,对他们的要求会适当放低,当发现他们的进步时及时发个卡片以资鼓励肯定,让班上每一位同学都认识到只要努力,就一定能获得老师的肯定,并不一定局限在学习成绩上。

3. 适时单独辅导,迫使他们动起来。这些学生躺倒不干并不是真正智力出了问题,而是学习态度的问题、学习方法的问题、学习信心的问题。课后找他们单独辅导相对简单的习题,让他们感受到老师没有放弃,让他们体会到学习并没有想象中的那么难,让他们在会做习题中找到自信。另外,在辅导时对他们不断进行鼓励,有助于拉近和他们的距离,强化他们不再是差生的意识,激起他们学习的自觉性。

4. 特殊待遇让他们积极行动。在学生中树立优秀典型,让典型引路也是让这些躺倒不干的学生动起来的好办法。我给同学们定了一个规矩:每次考试第一名的同学以及平时表现特别突出的同学,有机会把我准备的"电子积木"带回家玩一周时间。在把电子积木交给学生的时候,我会在里面放一封专门写给这个孩子的信,肯定他的成绩或者表扬他的进步,并提出下一步的学习建议等。

(作者单位:江苏省太仓市第二中学)

15 怎样教育努力后仍不能提高成绩的学生？

费佳玉

办公室门"吱"地被推开了，一向不善言谈甚至不懂礼貌的小金同学把脑袋探了进来："老师，作业忘交了。"

小金在班上绝对是个有个性的同学。像她这样平时独来独往全校没有一个好朋友的女生倒真不多见，而且性格怪异，老师让她干什么要看她的心情，有一次语文老师请她到办公室默写，作为班主任的我代为转告，她竟然回绝说"不想去"，然后便埋头做她的数学作业。更为特别的是她是个典型的偏科生，除英语外其他学科都很优秀，可英语这门弱项一直困扰着她。我平时也没少做工作，如找她谈话树立信心、与家长沟通一齐想办法、和英语老师商量分析对策等，在持续不断的关注和措施的跟进下，她总算在英语这门学科上下苦功夫了。这次送上门来的单独交流机会让我逮到，怎能让她轻易离开呢？

"最近表现不错，我的物理课从作业上看没有问题，你的弱项英语也有进步，但是还要努力喔。"小金看着我，没有作声。我习惯性地补充了一句："有信心学好吗？"意外发生了，"没有信心，英语太难了，我实在学不下去了。"小金的回答一如她的直率——想说就说且语气坚定。

是啊，作为班主任，我发现了她的长处和不足，也通过多种手段成功地帮她树立起了对英语的信心和勇气，但我扪心自问：她这样刻苦的学习状态还能坚持多久？如果一段时间的努力过后成绩仍然没有起色，她还能坚持下去吗？她还有信心去拼搏吗？她的回答实际已经给出了答案，留给我持续改变她的时间不多了，我必须想出一套可持续的办法来不断激励她，使她坚定地把英语攻关到底。

  1. 帮助学生树立长期攻关的决心。一些同学以饱满的热情投入到学习之中,都想通过阶段性的努力快速地把成果体现出来,更希望通过相对正式的考试来验证前期努力没有白费。而实际上孩子努力过后成绩仍不能提高其实很正常,因为知识不再是死的,即使文科需要背诵记忆的内容,在考试时也会变着法子巧妙地躲开死记硬背,让死记硬背没有用武之地,初中阶段学习成绩的提高绝不是一朝一夕短期可以实现的。因此班主任一定要教育学生树立长期攻关的信心和决心,要有顽强的毅力坚持学习,要让他们知道,成绩的提高是持续不断努力的结果,只有长期坚持攻关才能显现出来,对学习要有耐心和恒心。班主任还要教育学生:努力过后至少不会有遗憾,但不努力必定会失败,而且将来必定会后悔。

  2. 与学生一起定期优化前期的学习策略。学生努力以后成绩或多或少会有提升,即使没有提升也会对前期学习的知识有较好的掌握,这时需要对前期的学习进行梳理小结,寻找成绩不能提高或变化不大的原因,比如学习的方法有问题,听课的效率不高,课堂重点抓不住,知识点的难点无法突破等,当然也不排除有些学生的确不善于学习。在这种情况下,班主任要与学生一起分析和优化前期的学习策略,甚至可以邀请任课老师一起来寻找原因。具体做法有二:其一是借机会不断鼓励学生努力,其二是给学生树立信心,转移他们成绩上不去的注意力,减少负面消极影响。

  3. 帮助学生合理定位目标。提高成绩并非一日之功,而且其难度相当大,因此首先要让学生客观地评价自己,给自己一个合理的定位。让他们找准自己在班级中、年级中的合适位置,树立一个通过自己努力可能实现的目标,找到学习的信心最为关键。刚开始时目标宁可定得低点,要尽可能让它们能够实现,以此来提振学生的信心。若目标定得太高无法实现,结果只会在和他人的比较中一次次失利,一次次受到失败的打击。

(作者单位:江苏省太仓市第二中学)

高中问题

随机应变

1 学生初入高中后，难以适应快节奏的学习怎么办？

嵇 怡

又到看同学们周记的日子了。

翻到小炜同学的周记本时我着实吃了一惊，一向只有三言两语的他，今天竟然洋洋洒洒写了两三页纸。带着好奇我看完了这两三页内容，心情着实有点沉重。

周记的标题是"关于周六、周日回家的申请"，文中提到小炜进入高一这半学期以来学习状态比较"散漫"，"自己也有想好好学习的冲动和决心，也努力实践过，可效果微乎其微。想反思，心中总是急躁，这种感觉可谓煎熬，也只能承受下来，渐渐地便成了一种习惯，想想真的很可怕！""这些问题，总会聚集到周末的时候一齐压来，我心里实在难过至极，无法忍受了！"接着，他从"抄作业问题""周六周日的自修效率""对周边同学的不良影响"以及"补课""安全""家长的态度"等方面详尽地总结了自己身上的问题和申请回家的理由，后面还附上了保证。

虽然才相处了两个多月时间，我却能从字里行间感觉到这孩子跟我探讨这些问题的勇气。因为刚入学时我就表明过自己的立场：选择住宿就要遵守学校的规矩，不要动不动就想回家。今天，从这两三页纸中我能很明显地看到他内心的困扰与挣扎。按照惯例，我得在回音壁上先写上我的想法，表示希望他能正确处理面对的问题，切不可逃避问题，希望他能换种思路，换种做法，把学习积极性再次激发起来。

这孩子中考成绩不错，初中时的他成绩是蛮优秀的！我查看了小炜进入高中以来几次考试的成绩，在刚结束的期中考试中成绩不是很理想，在班里仅仅位于中下游。或许真的是初高中学习有着截然不同的特点,知识难度、广度有很大的提升,看起来这次考试成绩对他申请周末回家是有着直接关系的,或者说已经给他造成了很大的困扰了。

找个时间和他深入交流一下是很有必要的了。第二天中午休息时间在办公室端把椅子,我和他坐了下来,我肯定了他的勇气以及遇到困扰主动与老师交流的态度。基于他在周记中已经说了那么多,我必须先摆明态度:"撇开其他的一些问题,我看到更多的是你想提高学习效率、提高学习成绩的问题。确实,你对自己的分析比较深刻,如果能调整好自己的学习状态,改掉一些不好的习惯,肯定会有意想不到的收获!我愿意与你一起去实践一下。快乐学习,不仅会心情愉悦,还会有好的学习效果,这也是我最大的愿望。"我的一番话,或许让他有点吃惊,他一定没想到老师会如此"通情达理"。

产生了同理心,接下去的交流就容易多了。"实践了,效果好不好,要有个检验标准,我们的出发点是围绕学习效率展开的,那么自然也要从学习成绩角度去评判。这样吧,我们定个期限,在这个时间内,如果考试成绩能达到预期的目标,那周六周日的回家计划就正常执行,如果效果不佳,就立即终止。"他犹豫了片刻,或许是因为跟他定下目标,有了压力,这孩子对不确定的事情不会轻易保证。我继续鼓励他:"老师也并不是非得要你考到前几名,你考虑一下自己的情况,定个目标,你的学习接受能力还是挺强的,就是一直提不起精神,如果都能按照你周记中写的去做的话,肯定可以的。"

于是,他亲笔写下一份"合同":"每周六放学后至周日晚自修前回校。以12月份的月考为限,成绩提升至第15名,本协议继续生效。"很多时候,说起来容易做起来难,正是因为他是位不轻易承诺的学生,所以我相信签下协议后他一定会好好履行。我和他来了个约法三章,双休也不能随心所欲、完全自主,还是要适当引导。我建议他制订双休作息时间表,一式三份,一份给我,一份给家长(由家长督促),一份贴在自己的课桌上,并激励他说,大丈夫一言既出驷马难追,说好的一定要按时间表认真做到……

陶行知说过:培养教育人和种花木一样,首先要认识花木的特点,区别不同情况给以施肥、浇水和培养教育,这叫"因材施教"。作为高一起始阶段的班主任,我深知像小炜这样的学生绝对不在少数,而像小炜这样遇到困扰愿意主动找老师的却在少数,所以以小炜这件事为契机,我不仅通过个别交心的方式和小炜交流,更利用班会课等形式尽可能地对这些刚进入高中尚不能很好地适应学习、学习的积极性和主动性有所降低的同学给予力所能及的帮助。对他们进行一些学法指导很重要，和他们分享一些成功励志的例子很有必要，引导他们切实地制定一些短期的目标也是当务之急。

接下去的班会课，我恰到好处地和同学们分享那些高考状元们的经验，我请有过类似情况却能较好调整自己状态的刚毕业没多久的学生给同学们写信，用事实说话，我在课上开展了以"自信与成功"为主题的讨论……我深知这种普遍存在的现象不是一朝一夕就能快速扭转的，这需要我们作为教育者的耐心和信心，当学生"撞进"学习的低谷时，我们唯有运用我们的教育智慧，根据他们的身心特点，敏锐地观察他们的细微变化，灵活地运用自己的教育思维，才能引导他们走出"低谷"。

（作者单位：江苏省常熟外国语学校）

2 学生在学习上遭遇挫折，学习自信心不足，如何帮助其调整？

嵇 怡

每次考试过后，学生的反应各不相同。大多数时候，考后那几天教室的气氛会比较沉闷，这与考试成绩的不理想有着很大的关系。

小余同学平常成绩不错，这一次出现重大失误，没有考好。结合平时的表现，我分析他的原因是平常过于自高自大，总以为考试对自己来说是小菜一碟，不把任何人放在眼里，不料这一次遭遇了失败。他受不了打击，考后时常处于精神恍惚的状态，因为他借以炫耀的资本没有了。我决定先把他晾在一边，让他好好冷静冷静，然后再找他谈话。当然晾的时间以两到三天为宜，那时候再找他谈话，指导他平时学习的态度应该谦虚谨慎，不可盲目自大，这样才可能有效果。

小丁同学平常学习非常刻苦，但每次考试总考不好，久而久之，他对自己产生怀疑，甚至产生了放弃的念头。我找他谈话分析考不好的原因：是不是真的平常学懂了呢？有时表面上看上课认真听了，课后也完成作业了，但复习没有落实，只知道拼命地做练习，忽视了复习这个步骤，过了几天，旧知识如同新知识，还是不懂。或者是理解能力不够，旧知识还没有完全掌握透彻，新知识又来了，他根本就容纳不下，考试当然不可能考好。这样的谈话，目的是要让他清楚自己现在的状态，让他清楚这些没有什么好怕的，只要有信心，慢慢调整，就能战胜自己。

小王同学平常学习马马虎虎，考试之前总是喜欢临时抱佛脚。他总希望努力两三天或者一个星期,就能使学习成绩如火箭升空一样,冲到前面去,但是现实往往把他的幻想击得粉碎,而他还不知道原因就在于自己的懒惰。我决定让他自己分析自己,开展自我批评,之后得出的结论是缺少行动。我决定严格要求他,帮助他制订学习计划,并且每天检查和督促,让他持之以恒地学下去,努力三个月后再看成效。我相信如果学生看见老师如此关注自己,每天都检查自己的学习状况,他一定能产生一种紧迫感,在认真学的基础上慢慢坚持下来。而这样努力的结果,就是会在几个月后的考试中取得一定的成效。尝到甜头了,信心自然也就回来了。

……

很多时候在和学生一起进行的反思总结中,我的感觉就是现在的高中生在面对挫折时很容易受伤。学习中的学业压力、同学间的竞争、考试失败、成绩不理想、老师的指责等导致的心理压力总难免让他们感受到或大或小的挫折,乃至产生各种不良情绪。

或许是学生的心理机制还不完善,被挫折感控制的学生往往无法采取有效的行动,只会"意气用事"。因此,在他们遇到挫折时,教师的责任就是要让学生认识到经历挫折是难免的,适度的挫折感并不是坏事,教育他们以积极的态度去对待挫折,把挫折看作是对自身的一种锻炼和考验,磨炼自己的意志,这样更有利于摆脱挫折,走出挫折的困境。

考试的失败对学生来说无疑是最大的打击,成绩很不理想会导致自信心下降,一个恶性循环可能由此开始。此时此刻我们必须及时疏导和鼓劲。期中考试后的总结会上我给学生说了这样一个故事:从前有个老太太,她的大儿子是晒盐的,二儿子是卖伞的。晴天时,她为二儿子担心伞卖不出去,阴雨天,她为大儿子担心晒不了盐,每天忧忧郁郁。后来,有人对她说,晴天时,你应为大儿子能晒好盐高兴,阴雨时,你应为二儿子能卖好伞高兴。从此,这位老太太整天兴高采烈。同样一件事,这位老太太为何前后判若两人?——我要让学生深刻认识到凡事只有以积极的心态去面对,心灵才会一片灿烂。考试的目的就是为了暴露自己知识的缺陷,从而得以补救,以便以后能学得更优秀。

此外,我们要多给学生进行心理上积极的自我暗示。为了消除"我不行"的潜意识老师应帮助学生找回以前的"自我",发掘自己的潜力,相信以自己的能力也能学好高中的课程。老师可以多给他们介绍一些成功的事例,让他们在以后的学习中始终暗示自己"我能行",相信只要加倍努力,拼搏一番,终会有成效。

　　孩子有时候太娇弱了,我们必须引领他们学会应对挫折,锻炼意志,恢复信心,从而健康地成长。学生自信心的恢复有时候是一个长期的工程,不可能是一次谈话或者一两天就能取得效果的。这需要我们每个老师的循循善诱,需要我们在一旁默默地关注和提点,需要我们教给他们一些恰到好处的方法!

(作者单位:江苏省常熟外国语学校)

3 如何帮助学生发挥优势学科，弥补劣势学科？

王晓炜

偏科是指学生自身的学习兴趣、学习习惯经过长时间的作用，在某一科目形成了优势或者劣势。这一现象通常出现在初中，在高中阶段被不断放大，强的学科愈强，弱的学科愈弱，是一种比较普遍的现象。偏科让很多学生承担着无法想象的压力，会严重影响学习，导致学习动力不足，有的学生甚至产生了放弃学习弱势学科的想法。那我们该如何帮助他们改变现状，取得全面发展呢？

小宋是我2012届的学生，这孩子原本数学成绩就不太理想，随着父母转学到苏州之后更加跟不上大部队，到了高中之后数学基本上在班级是垫底，父母平时迫于生计，没有太多时间与精力关注他。更可怕的是，缺乏父母陪伴的小宋沉默寡言，性格内向，自暴自弃，甚至在私下与同学交流数学的时候坦言："我数学基础就是不好"，大有放弃任何努力的架势，让我异常担忧。高中是孩子成长发展的关键期，我决心在这最关键的时期帮他一把。

合理的目标与优秀的习惯是进步的基石

我的第一步是让小宋确定合理的目标。凭他现在的数学成绩是没有办法考取本科的，所以我建议他上一所设计类大专，并劝慰道："以你这样温儒的性格与严谨的态度，做一名设计师或许是最适合你的。"然而小宋似乎从来没考虑过自己将来能干什么，经过认真考虑之后，他接受了这个选择。有了这样一个"梦想"之后，接下来，我开始帮助小宋解决实现这个"梦想"的最大绊脚石——数学。

小宋常常因为看漫画到深夜而白天课上犯困,所以我跟他约法三章:晚上10点半以后必须上床睡觉,上课认真听讲,同时在课堂上我会提问一些他力所能及的问题,课后他必须以书面的形式进行课堂反馈。小宋作业拖拉,质量很差,所以我规定他每天必须限时完成作业,并且不定期抽查;我还将做过的作业题汇总成小练习对他进行检测。小宋的学习漫无目的,我从数学角度出发,让他把自己学数学困难的地方分解成一个个小目标,诸如公式的记忆、某一个公式的应用等,并要求在今后的学习中每天解决一个小问题,然后每周写一份关于数学的反思与总结交到我这里。小宋作业和试卷的卷面十分邋遢,为此我专门为他找了一本字帖,并告诉他:"你总不能带着这一手烂字去搞艺术吧?"我让他利用课余时间把自己的字好好练一练。这个工作持续了一个学期,有了目标,习惯好了,小宋的各方面都在不断进步。我们看到了数学课上得专注的小宋,字写得越来越干净的小宋,精神抖擞的小宋,这使我感到由衷的高兴。

强烈的兴趣爱好是进步的动力

小宋最喜欢的就是漫画,在他的书包里、QQ空间里到处都充斥着漫画的影子。然而,在不少老师和家长眼里,这漫画或许就是小宋成绩退步的"源头",大多数老师与家长的做法就是彻底切断孩子与漫画的关系,但是这么做真的有用么?

而我却开始为他的爱好保驾护航,通过与美术老师的沟通,我发现小宋的绘画天赋非常突出,于是我说服家长,放假时间让小宋到美术老师那里培训,一段时间后,他通过了素描7级等级考试。

罗素说:"数学,如果正确地看它,不但拥有真理,而且也有至高的美,正像雕刻的美,是一种冷而严肃的美"。在小宋深入探索的过程中,我适时引入艺术与数学的联系,引导他看到数学在追求艺术的过程中是多么的重要,那他还有什么理由不学数学呢?这一次又一次由艺术向数学渗透的过程,是学习兴趣的自然转移,也是学习动机由内而外的升华。

曲线救国,让优势科目成为学生成功的起点

小宋刚进高一的时候,我发现他的英语还是比较突出的,他很喜欢阅读,写作能力挺强的。为了激励他,我让他当了英语课代表。过了一段时

间，他的英语常常考班级第一名，当他在英语上面的优势得到老师和同学的认可之后，他就越发自信起来，英语越学越轻松，腾出了更多的时间来加强数学与语文学习，渐渐的，他的成绩慢慢地到了班级的前列。

面对偏科现象真的没有办法么？其实在个别科目学习困难的背后缺乏的就是老师的正确引导，正是英语这门优势学科叩开了小宋心中那扇自信的门，让他看到了学习的希望，从而主动用优势弥补不足，而这样一个"皮格马利翁效应"或许正是那些偏科学生所缺少的。

父母与老师的评价至关重要

在与小宋父母沟通的过程中，我发现小宋的父母常对小宋说："数学就考这么多，还读什么高中？"之类的话；在与小宋的沟通中我发现，自从初二数学老师对他有过一次不恰当的批评之后，他就对数学产生了强烈的抵触心理，甚至产生了自暴自弃的想法，从此成绩一落千丈。有时候我们可以思考一下，偏科真的是孩子的错么？不经意间，我们可能就是造成孩子偏科的幕后推手，孩子不知不觉就成了受害者。

和谐的家庭教育对学生来说至关重要，在与小宋父母的交流中，我注重引导他们的家庭氛围，强调家庭本来就应该是孩子温暖的港湾，并让他的父母知道：孩子并不是父母的成绩单，父母更需要用爱温暖孩子的内心，要做真正关注孩子全面发展的父母，而不是做摧残孩子的"半吊子老师"。

学生的学科发展有时候就是"认"老师的。小宋在校期间，我以朋友的身份去接近他，以老师的身份去关注他，以长辈的身份去鼓励他，让他对身为数学老师的我产生好感，我相信恰当的评价与以身作则的榜样，必然能让他喜欢起数学来。

目标有了，习惯好了，兴趣提上了，家庭和谐了，学科之间平衡了，师生关系改进了，小宋的成绩在以坚定而又缓慢的步子前进着，到了高三一模时他第一次进线了，当天他在我办公室自信地告诉我："考个大专应当问题不大，我觉得自己可以考本科！"他还告诉我，他要成为最优秀的设计师。果不其然，在高考时，小宋最终以优异的成绩考取了青岛科技大学广告设计专业，并且获得了奖学金，在学业的道路上引吭高歌。

（作者单位：苏州市吴中区甪直高级中学）

4 如何培养学生良好的学习习惯?

王晓炜

小姚,1米70的个子,头发蓬松杂乱,目光木讷呆滞,当你想更深入地注视他的时候,他的眼中总是充满了躲闪与隐隐的泪水,这就是开学初我对他的第一印象。之后我与他妈妈碰了一次面,得知他父亲生病去世了,家庭困难。在他妈妈充满泪水的诉说中我仿佛看到了小姚悲惨的童年以及妈妈对小姚病态的期待。然而,亲情的缺乏与恶劣的家庭环境让他是那么的自卑、脆弱与内向。

这些个性的缺点也被小姚淋漓尽致地展现到了学习上:他做事很拖拉,作业交不上来是常事,学习很被动,常常因为背诵不及格而经常出现在语文、英语老师办公室,也常常因为数学作业的拖拉被我叫到办公室。他学习没有目标,从来不会去预习一些老师即将要讲的科目,也不会去反思学习上的问题。渐渐地,小姚在学习上与同学渐行渐远,在高中繁重的学习任务下,他甚至认为或许抄袭就是快速完成老师作业的最佳方法。

终于问题在上周五集中爆发了,上午英语老师刚找过我谈小姚抄袭的事情,下午语文老师也充满无奈与纠结地到我办公室说道:"你班上的小姚作业又抄了,再这样下去这孩子的学习就完了。"同时,我的桌子上放着他如同凡·高油画一般的数学作业,这些都让我感到十分震惊与无奈:是啊,这孩子该怎么办?可当我每次找他来谈拖拉、抄袭问题的时候,总能见到他的眼睛里泪水时隐时现,常常挂在他嘴边的话就是:"老师,我尽力了,你还能叫我怎么办?"我有时候反问我自己:真的尽力了么?显然没有。那他的问题到底出现在什么地方呢?

在与小姚妈妈深入沟通之后，我发现小姚的妈妈对他的教育通常是："你要为了死去的父亲与辛苦工作的母亲好好学习！"这让我异常的生气，并郑重告诫道：孩子不是父母的成绩单，请别把自己的焦虑强压到孩子身上，千万别将他父亲去世的事实作为督促孩子学习的借口，这只会不断刺痛他的心。我们应该做的就是构造一个和谐的家庭环境，用爱去温暖小姚那颗破碎的心，同时多关注陪伴孩子。我让小姚妈妈有什么风吹草动就向我反映。

稳住了家庭这个大后方，我就计划引导小姚学会正视自己的过去。我在班级中总有意无意地利用主题班会、晨会、平时上课时间渗透一些单亲孩子成功的案例，让小姚渐渐明白原来单亲并不可怕，单亲家庭的孩子一样可以成功，出生在单亲家庭或许就是上天对自己的磨炼。随着固有认识的改变，小姚开始有了变化，不再那么沉默寡言，也开始有了自己的小伙伴。

当小姚觉得单亲不再是他的牵绊的时候，我决定重拾他的信心。首先我以他的外形作为切入点，带他去理发店理了一个干净的头，去宿舍为他挑了一身干净的衣服，当他抬头挺胸地走进教室的时候，在座的学生发出了惊叹的声音，我仿佛看见了他内心深处的那一点自信与渴望。接着，我让他每天做的事情就是心理暗示，每天早上起来与晚上睡觉时都对自己说："小姚，你很优秀，很自信！"在平时的学习中我引导他克服力所能及的困难，并适时予以表扬。这三步我走了一个学期，经历了异常的反复与艰难，但是我也看到了小姚一步一步的改变，从外而内的改变。

小姚需要目标。我跟她妈妈讲，不管他假期有多忙，都抽空带他去周围的大学逛逛，去感受一下大学的文化，去比较一下大学之间的区别，去大学食堂吃顿饭。终于有一天，小姚突然对他妈妈说出了自己的梦想："妈，我要考本科！"从此以后他做什么事情都变得积极起来。当他在文化的熏陶下树立自己的梦想与目标的时候，我也收获了他发自内心的尊重与爱戴。

虽然小姚做事情更积极了，但是做事拖拉并不是一下子能解决的，我决定帮他解决身上那些顽固的坏习惯。首先，让他专注地听讲，要求他每天写一份《课堂效果反馈表》给我；其次，规定所有作业必须限时完成，晚上11点之前必须睡觉；最后，针对他的字，我特意给他买了本字帖，让他每天临摹一篇，并特意对他说："期待你的字与你的外表一样干净、整洁、充满自信！"

有了目标，习惯改变了，他的成绩一直缓慢而又坚定地进步着。每当小姚的成绩取得一点突破,我都会真诚地鼓励他,因为他离自己的梦想又进了一步。就这样,我与小姚还有他妈妈开始了教育的拉锯战,教育的反复让我们俩痛苦不已,但是努力获得的成功又让我们看到了前进的方向。又是一学期过去了,回过头来,我看到了一张阳光而又真诚的笑脸,仿佛清晨的一缕阳光照射到了我的心田,我感到温暖与充实,这是世界上最稀有的珍宝。

(作者单位:苏州市吴中区甪直高级中学)

5 学生对以前的同学有深深的依恋，很难融进新集体，如何引导？

王晓炜

"老师老师,快去找小钱,他要自杀!"原来我班级的小吴在QQ上抖了我半天,我一看吓了一大跳:最担心的事情终于来了。于是我赶紧与小钱父母联系,在父母的陪伴以及我的电话安慰下,她总算稳了下来。

小钱是个优秀的孩子,很认真很努力,同学之间的关系也挺好,家庭和谐。但是,总有那么一点内向与怯懦,不善于与别人交流。高一结束之后,高二文理分班她选了物地,而最要好的朋友小吴选了物生。刚开学的那几天,我也没感觉有什么问题,但是渐渐地我发现小钱越来越沉默寡言,身边的朋友越来越少了,眼睛越来越没神了,这不禁让我越来越担心,也越来越关注她。

记得上周三,我找了个机会"偶然"在办公室遇到小钱,我关心地问她最近情况如何,她再也抑制不住内心的情感,大声痛哭道:"老师,我感到内心好难受,特别的伤心。"她接着说:"刚分的班风气好差,我真是怀念以前班级的氛围和朋友,我感觉被抛弃了!""小吴是我朋友却离我而去,她在班里就像一位大姐姐一样关注着我,让我感到温暖,但是现在她却在其他班级,呜呜……"从那时起,我决定帮助小钱融入新的集体中。

为此,我开展了轰轰烈烈的班级"整风运动",班级的几个学习习惯差的同学都被我约谈过,在班会课上也训过,进步的同学也表扬了,眼看着班级风气越来越好,但是小钱却愈发的沉默了。从父母反馈的情况来看,小钱的情况很糟糕，甚至有那么几天，晚上躲在被子里一个人偷偷地哭泣。

　　班级风气好了，为什么还没帮到小钱呢？为此我专门找到了小吴，希望她在假期里面多与小钱接触，让她感觉朋友依然在身边陪伴自己。同时，我还在班级与个别学生的交流过程中不断地宣传真诚、阳光与相互帮助的交友之道。我希望在改变小钱自身认知的同时，构造一个和谐温馨的环境来加速小钱融入集体的进程。

　　然而理想与现实总是有差距的，总以为做了这些小钱应该很快能适应这个班集体了吧，可是一个礼拜以后，我的"眼线"小吴就通过QQ联系我，于是，出现了文章开头的一幕。我感到万分的庆幸，庆幸的是我的提前布置，把一场风波化于无形，同时我也感到万分的不解与无奈：这到底是怎么了？怎样才能让小钱真正融入班级呢？为此我与她父母做了深入的沟通，我发现了一个奇怪的现象：周末在家的时候，她隔壁人家经常有人来搓麻将，经常搞得声音很大，她生活很受影响，但是她却什么都不做，只是一个人偷偷躲在家里哭，她觉得为什么自己这么自私，这么的坏，想要隔壁声音轻一些呢？她还强烈要求父母搬家。

　　在小钱平静下来之后，我跟她通了个电话，在电话中她伤心地跟我说道："长大了之后发现自己越来越坏，想不断地提出自私的要求，而身边的人常常表扬我、宠溺我，你们的溺爱就像河水一样淹过了我的脖子，我快溺亡了。"我听了之后感到万分震惊：我居然没有发现原来身边这么乖巧努力的孩子却患了严重的青春期心理障碍，我感到十分的愧疚与自责。

　　为了让小钱彻底摆脱这一状态，我准备了"成长的烦恼"系列主题班会，不仅仅是针对小钱，而是面向全体学生，该系列主题班会涵盖了成长过程中心理与生理可能出现的变化，让学生了解成长中的变化，悦纳成长中的变化，正确应对成长中的变化，从而形成正确的成长观，能从容地处理青春期成长中遇到的问题。

　　接着，我试着让小钱明白人与人之间的交往需要相互尊重。别人倾听采纳你的意见并不是宠溺，而是对你的尊重，你倾听与采纳别人的意见也会赢得别人对你的尊重。人是平等的，尊重是相互的，没有谁欠谁的，尊重是人与人之间交往的前提。

　　最后，我尝试让她建立属于自己的自信。小钱不能接受表扬其实就是一种不自信的表现。不能正确悦纳别人批评与表扬的人格是不健全的。其实表扬未尝不是一种建立自信的方式。我先让她答应我：每天早上起来后与晚上睡觉前都对自己说："小钱,你是最棒的,你是最优秀的。"起初她是不情愿的,而且异常的固执。但是在我的不断鼓励与督促下,渐渐的由每天都要提醒她一两次,到两天提醒,再到根本不用提醒,慢慢成了习惯。同时,我渐渐地由单独表扬慢慢地向集体表扬转变,小钱也由起初的不适应、落荒而逃甚至抵触到现在的很真诚地表示感谢、很淡定地接受,整个人也慢慢阳光起来,话多了朋友多了,也更自信了。

树叶在风中动,不是风动,不是叶动,是心动。孩子难以融入集体,有时候我们往往认为是环境出了问题,但是深入研究一下,我们往往会发现其实是孩子内心出了问题。在新环境下,小钱自卑与压抑的困惑其实都是源于她缺乏自信,无法正确应对别人的表扬,不能应对青春期心理的变化,不懂得相互尊重的交友之道。作为班主任,最重要的工作就是在孩子成长的过程中帮助他们解决一个又一个成长的烦恼和心灵的困惑。是啊,心不动,叶便不动了。

(作者单位:苏州市吴中区甪直高级中学)

6 如何帮助家长改善亲子关系?

卫娟娟

当班主任后,经常有家长向我诉苦:"我家孩子不知道怎么了,以前在初中时学习很不错的,也很听话,一到高中就变了个样,学习直线下降,还经常和爸妈吵架,说什么话他都不愿意听,真拿他没办法……"

这种情况非常多见,说实在的,家长面临的以上问题是比较常见的,我曾经多次看到父母和孩子当着老师的面闹翻脸甚至暴力相向的。

案例一:某班有个女生,平时默不作声,非常低调,虽然学习不好,但还是遵守纪律,比较乖巧的。有一次,一位老师看到:当着很多同学的面,她和一个男生在教室里搂搂抱抱,影响很坏。老师把她母亲请到学校来,她妈妈还没说她几句,她一改往日的"温柔"作风,用手指着她妈妈说:你有什么资格教育我?你觉得你这个当妈的称职吗?你理解我、懂我吗?她妈妈瞬间崩溃,泪流满面。

案例二:小A性格活泼,玩性较大,上了高中以后,结交了几个好朋友。几个同学天天待在一起,每天都在讨论吃什么、穿什么,上个厕所也要结伴而行。受同伴影响,小A偷偷拿了母亲的钱去买了一部智能手机,住在学校宿舍,经常玩手机到凌晨一两点。很快学业成绩持续下滑,手机也被值班老师发现并没收了。小A妈妈听说这件事后,气愤不已,到学校一看到女儿,二话不说,伸手就是一个大大的耳光,那一记响亮的声音传得很远很远,小A的头低得很深很深,眼睛里满是委屈和愤怒。

以上两则案例虽是个案,但绝不是偶然现象。随着社会的进步与发展,日新月异的外界事物吸引着学生的目光,尤其是处于身心成长转折期的高中生。很多教育人士都感慨：如今的高中生比20世纪的高中生更有想法，更桀骜不驯，更难管理和教育，他们动辄与家长、老师形成水火不容之势，实在令人头疼。

有调查显示，60%左右的高中生表示自己和父母的沟通比初中时少；51%的学生与他们的父母是很少沟通的；16%的学生觉得与父母聊天常常话不投机，有时无话可说；而经常和父母交流的只占11%。亲子彼此交谈的内容多半是关于学习的，其他的话题很少涉及。

中学生家长大多正处于多事之秋的"中年危机"阶段，面临健康、事业、婚姻、子女和社会支持的多重挑战。当"中年期遇上青春期"时，很多家庭进入一个互相之间不了解、不明白、不交流的阶段，亲子冲突较多，很多家长会用"叛逆""早恋""不好沟通""另类"等词汇来描述青春期的孩子。

作为班主任，在管理好班级的同时，我们也需要给家长一些积极有效的家庭教育指导，让班级每个家庭的亲子关系更加和谐，学生的情绪更加平稳，这样做对于推动学校各方面的工作也有积极作用。我们可以利用家长会、短信通、家长群等各种手段和途径，来引导家长树立正确的育儿理念，掌握科学的教子方法。

第一，让家长逐渐明白：孩子身上的种种问题根源于家长。父母是孩子的一面镜子，父母是原件，孩子是复印件。当父母抱怨孩子不认真读书、做题不专心的时候，班主任需要提醒家长反思：在孩子幼小时代，父母自己有没有很好地引导孩子专注地去做一件事？是不是随意打断孩子的思考？当父母因为孩子沉迷手机或陷入早恋而焦虑和紧张时候，有没有注意到孩子的成长路上缺少了太多的心理情感关注？父母是不是一味只关注孩子的物质生活或者学习成绩？如果父母不首先从自身找问题，而一味怪罪孩子做得不对，结果只会加剧亲子之间的矛盾。父母只有敢于正视自身的不足，才有可能帮助孩子成长，只有父母好好学习，孩子才能天天向上。

第二，指导家长树立积极向上的榜样力量，寻找更多的交流话题。家长可以把自己工作中、生活中遇到困难时分析和解决问题的过程分享给孩子。可以和孩子一起阅读、写作，一起陪着孩子参与社会实践。有心理咨询师表示：亲子沟通，特别是对高中学生，不要局限于语言的沟通，还可以采用玩游戏（如下棋等）、听音乐、做有益的事情等方式培养亲子关系，最主要的是在沟通中增进父母与子女之间的感情。家长与孩子沟通的话题也不要只限于学业，可以拓展话题，家长应自觉去了解孩子的"兴趣点"，拓宽亲子间的

"共同领域"。

第三,告诫家长要学会放手、学会尊重、学会等待。和初中生相比,高中生有了更加强烈的自我意识,喜欢自己处理问题,不愿意家长、老师过多干涉,而家长往往忽略了孩子在这一阶段的特点,依然用老眼光看待孩子,要么害怕孩子走弯路,要么担心孩子吃亏。不少家长习惯用老方法处理问题,对孩子表现出的负面情绪,大部分家长不是找原因想办法如何缓解,而是采取反复说教甚至粗暴干涉的措施,结果治标不治本。家长应该有一种"淡定"的修养,愿意去等待孩子慢慢长大。

第四,可以寻找合适机会,为家长和孩子互相沟通创造机会。比如开展感恩教育的活动,让孩子在各类活动中体验到父母养育子女的艰辛,理解父母的良苦用心,指导孩子学会对父母表达感激之情。比如举行"成人礼"仪式,让家长感受到孩子已经长大了,要学会放手,学会尊重孩子。

总之,在协助家长与学生处理好亲子关系方面,班主任可以发挥自身优势,借助各种资源,成为一名优秀的家庭教育指导师。

(作者单位:江苏省昆山陆家高级中学)

7 孩子感受不到家庭的温暖，班主任能做些什么？

卫娟娟

幸福的家庭都有很多的相似性，不幸的家庭各有各的不幸。按理说做父母的都是特别疼爱自己孩子的，唯恐不能把最好的给孩子，但现实生活中也有不尽责任的家长。

小王，是我班级的借读生，平时沉默寡言。他坐在教室的角落里面，经常把两手一摊摆出要睡觉的姿势。不与其他同学交流，也不参加班级任何集体活动。大多时候表情冷漠，脸上看不到一丝笑容，甚至充满了敌意，给大家的感觉就是一个十足的"问题孩子"。这样一个消极被动、软硬不吃的主儿实在让老师们很是头疼。为此，我们各个老师只能轮番"轰炸"：你今天作业怎么又没交？你为什么又迟到了？老师提问你，你为什么一声不吭？这样的对话几乎每天都发生，结果却让我们很有挫败感，要么他自始至终一个字都吐不出来，要么就是眼睛死死盯着老师，最后说几个简单的字："是"或者"不是"。

我想，他的家庭肯定有什么特殊的遭遇，他父母几乎没有露过面。我按照入学资料上写的电话拨打过去要么无人接听，要么他爸爸说现在上班，待会儿回电，后来就没有回音了。眼看一个学期就要结束了，我对小王还是一无所知。有一天我终于拨通了他妈妈的电话，我再三叮嘱她：家长会一定要克服困难来参加哦。

小王妈妈终于来了，这是我第一次看到她，显得很憔悴，很愁苦。原来，小王的家庭遭遇的确不一般。在他小时候，爸爸脾气不好，经常殴打他们母子。他妈妈多次要离婚，但是他爸爸扬言如果离婚就让他妈妈一家不得安生。他妈妈迫于压力,一直默默忍受着,后来,他爸爸得了半身不遂,脾气更加暴躁,妈妈实在忍受不了家庭暴力就离家出走了。剩下他跟爸爸一起住,几年前妈妈也改嫁到另一个城市了,并且很快有了小妹妹。小王平时回到家要伺候爸爸,两个人靠着低保过日子。他妈妈偶尔会把他接过去住几天,但又担心继父多心,所以平时也不能关心太多。

听完小王妈妈的陈述,我的心不由得揪了起来:这是生活在怎样一个家庭的孩子啊,别的孩子无忧无虑、享受不尽父母给予的宠爱,而小王从一出生就注定不能得到温暖的怀抱和和谐的家庭。不完整的家庭给了他不健全的人格。父母离异对孩子的伤害是巨大的,尤其是处在幼年时代的孩子,而更加令人痛心的是小王父母前期暴力相向,离异后双方又都没有尽职尽责,没有给予孩子成长关键时期该有的精神营养,这就导致小王上学后逐渐出现了一系列问题:孤僻、缺乏自信、不合群、外表强硬、喜欢使用暴力、学业不良等。

我对自己没有及时了解到小王的特殊情况而懊悔,之前我只看重他的学习和行为习惯,而很少关注他的内心世界,甚至还想当然给他贴上了"问题学生"的标签,以为靠一次次的谈话和教育能让他明白事理,让他能清楚地认识到学业的重要性。殊不知,这是一个内心荒凉、寸草不生的灵魂,完全感受不到生活乐趣和人间温情的他,又怎么能有远大的目标和顽强的毅力?!

尽管我知道父母爱的缺失是任何人也弥补不过来的,但我还是想尽可能去帮助他。

首先,我给小王爸爸写了一封情真意切的信,在信里面,我大力肯定了小王的坚强和善良,描述了小王目前的精神状态,并对小王爸爸提出了可能的建议:多给孩子一点笑脸,多和孩子讲讲话,不要阻挡孩子和妈妈联系。

另外,我利用短信和电话多次与小王妈妈沟通,希望她能放下顾忌,克服当前困难,为孩子的一生幸福着想,尽可能多给孩子一些母爱,从生活上多多照顾和关心孩子,使孩子感受到温情,让他逐渐消除不安全感,不断增强内心的力量。

然后,作为班主任——学生的第二任"妈妈",我想尽可能去弥补一下小王的情感缺失。首先,我要做一个好的倾听者,倾听比言说更重要,小王沉默寡言、富有攻击性、缺少真正的朋友,需要我真心、耐心、细心地帮助他释怀,消融他的心灵伤痛。我对小王少谈成绩,少谈他的缺点,多让他发现生活中的种种美好,让他逐步拥有积极的心理情绪。我尽量给小王建立另一个"家"——温暖的班集体。我很注重良好班级心理环境的创建,引导各位学生不要歧视、嘲笑特殊家庭学生,努力让这个孩子在平等、尊重、轻松、和谐的班集体里感受到"家"的温暖。比如,我精心设置了一堂"我们是相亲相爱的一家人"的主题班会活动,让每一个孩子在游戏活动中去体验关爱他人、和善友好合作的品质。我还私下帮小王找"好朋友",指导他的人际交往,让他感受到同学们对他的关爱,他并不是孤单单的一个人,还是有很多人喜欢他的。我积极发挥其他班科老师的力量,让他们也有意无意给小王一些学习之外的关注和鼓励。

一年之后,小王整个精神状态好转了很多,他不再是面无表情、蜷缩在教室角落里的那个可有可无的人了,他变得积极参与班集体建设,在班委选举中,还成功应聘上了生活委员一职。久违的笑容又回到这个少年的脸上,不管他的学业成绩如何,至少,他不再是一个灵魂漂泊的孤独者了。

(作者单位:江苏省昆山陆家高级中学)

8 学生喜欢和品质不良、学习动力不足或者思想比较偏执的同学在一起怎么办？

王晓炜

小朱,韩国式分叉的发型,牛仔的外套,被剪出几个口子的裤子,喜欢光脚穿着一双运动鞋。这一切似乎都在宣示着他是那么的与众不同。这是我对他的第一印象。我一向觉得有个性的孩子往往是有才的。我让他当了体育课代表,通过班级选举,他进了班级委员会成为一名委员。我希望他能在班级的熏陶下成为班级的中坚力量。

可是,他的表现似乎并不像我们期待的那样。在领跑冬季阳光长跑的时候,他总是与第一排女同学胡侃,在自习课期间他总是喜欢带着他的那帮小兄弟打打班级管理制度的擦边球——总喜欢迟到半分钟进教室,上课期间装着肚子痛上厕所等,这让我与任课老师头疼不已。

更加让我无奈的是他爱交朋友,用他的话说就是"多一个朋友多一条路"。平时很多时间都被他耗费在与朋友的相处上,但是他的那些朋友要么就是学校内品质不良、经常触犯学校纪律的学生,要么就是校外的一些无业游民。而他与朋友的相处之道就是讲义气,他觉得义气就是朋友相处的桥梁。曾经,他为朋友出头,因打架被学校处分。他曾经为了包庇朋友打架而做假证,因此被学校警告过。更加让我难以接受的是,刚进班里的那会,一位女同学举报他身上有烟味,但是他为了包庇他身边的抽烟朋友便主动扛下了所有的事情。

我曾试着去与他接触,却发现他的脾气异常暴躁、难以相处,每一次想深入跟他交流的时候,他都表现得特别警惕与防备,每一次掏心窝子的谈话,换来的却是冷漠与质疑。我尝试着接触他的家庭,发现他生活在父亲脾气暴躁专制、母亲极度宠爱的家庭中,家庭教育的缺陷、父母关系的长期紧张造就了他极度叛逆与情绪化严重的性格。原来小朱的警惕与防备源于他把老师当成了父亲,他个性中的戾气都源于那不和谐的家庭关系。

为此我专门打电话联系他们父母来了一趟学校,与他们交换了意见。小朱的父母从来没想到不知不觉营造的家庭氛围对孩子的伤害有这么的大,也从来没想到小朱的叛逆与个性问题的关键也是源于家庭环境。为此,我还特地向小朱父母介绍了一些和谐家庭环境帮助孩子成才的案例。最后,小朱爸爸向我保证一定会收敛住自己的脾气,妈妈也保证一定会公正对待小朱所犯的错误,为小朱创造一个良好的家庭氛围。

家庭环境改善了,小朱眼中的戾气也变少了,慢慢地变得阳光起来,我真心为他高兴。可最近两个礼拜,他所在宿舍中的三个人出现了抱团,在任何时候进班都是同进同出。上个礼拜一,他们叫了12个外班的同学在宿舍内狂欢;上个礼拜三,他带着他们宿舍另外两个同学集体逃课了;昨天,他跑到隔壁班级把一个女同学整哭了。为此我异常愤怒与无奈:愤怒的是我做了这么多工作眼看胜利在望,可没几天他就原形毕露了;无奈的是面对如此个性的小朱,我们的沟通之路该从哪里开始呢?经过深思熟虑之后,我决定在班级QQ群里写一封给班级全体学生的公开信:

各位同学,今天,领导找老师谈话了,昨天晚自习又有同学到6班班级里搞事情,老师感到异常的遗憾(具体是谁,就保密吧)。老师压力很大,内心更加不是个滋味。

为什么领导老找老师谈话?我们5班不好么?不!月考成绩年级第一,班级日常管理第二名,这些都彰显着大家的努力,大家的奋进,大家的汗水,都是那么的不容易。

老师想问那几位同学:你的集体观念呢?你是否考虑过你那极其自私的行为正一步步蚕食我们好不容易坚持下来的成果?老师的心好疼!

眼看着我们的努力已见成效,胜利在望,难道就这么轻易放弃了?老师希望你们能更好地管理自己的欲望,多为班级考虑一下,多为王老师考虑一下,多为自己考虑一下。

我希望我带的学生是用直中学学生的标杆,我希望我带的高二(5)班是鲁望班的标杆。高二(5)班的孩子就是优秀的标准。这是我为之而奋斗的梦想。

2016 年 12 月 10 日晚
王晓炜

　　这封信被我挂在了班级的群里，良久之后小朱回复了一句话："老师，我错了。"接着我回了："没事，你是老师的孩子，老师愿意为你挡风遮雨！"第二天，他妈打电话给我，说那晚小朱抱着被子哭了好长时间。也就从那天开始，小朱换了一个人，渐渐地变得积极要强，渐渐地与他的那帮朋友不再联系了，渐渐地带领班级中的朋友圈向好的方面发展，我感到非常欣慰。

　　小朱，长期成长在恶劣的家庭环境下，或许他对心中的戾气已经习以为常，他对叛逆习以为常，对畸形的交友观习以为常，老师的教育已经很难让他去接受、去改变。而我通过一次很小的事情，用一封公开信，一次集体教育，一次心灵的疏导，不知不觉间在他古井不波的心中投下了阵阵涟漪，慢慢打开了他的心扉，他终于慢慢地变好了。

　　当我们面对性格比较偏执的学生的时候，别忙着生气，别忙着教育，因为可能他也很痛苦，也很迷茫，也很挣扎，他们交一些不良的朋友，很有可能是对现有生活发出的无声抗议。我们需要做的就是放下心中的浮躁，认真做一些调查，多了解一些事实，多关心一些他的家庭，多关心一些他们的成长。

　　每个孩子都是想向好的方面发展的，只不过有的孩子可能会受成长的环境与自身所形成的固有价值观的牵绊，所以不要为每个班级中总有的那么一两个问题学生，总有的那么一两个问题非正式群体头疼与抱怨，我们班主任需要做的就是，抓住那么一两个触动他们的瞬间，谨慎一些、再谨慎一些去触碰他们的心灵，将那一抹阳光送到他们心灵的最深处，让他们感受到温暖与方向！

（作者单位：苏州市吴中区甪直高级中学）

9 高中生谈恋爱并深陷其中该怎么引导？

嵇 怡

没有人愿意观赏提前开放的花朵，因为它的形态太娇太嫩；没有人愿意品尝尚未成熟的果子，因为它的味道又苦又涩。作为班主任，我面对的是十六七岁的高中生，我总希望我的学生不要过早地把自己的追求和理想浓缩在两个人的世界里。

大年初二，我突然接到一位学生家长的电话，电话中的妈妈泣不成声，隐隐约约中我听了个大概。学生的爸爸接过电话，跟我详细说明后我才知道，原来在大年三十，趁着父母外出的间隙，女孩偷偷溜出去，并且到了一个男同学家。

其实，在上学期期末这两位同学不一般的关系就初现端倪，我们苦于没有真凭实据，只能旁敲侧击，给些提醒。现在事实摆在眼前，对早恋这个让老师、家长都很头疼的问题，我该怎么办呢？开学前，女生家长又跟我通了电话，说："去学校前，软硬兼施，让孩子做出保证，一定要跟那男生断了关系。"可是这真的有效吗？他们的孩子真的能做到吗？……后来那位女孩在周记中毫不避讳地写道："爸爸真是搞笑，让我选择，要么跟家里脱离关系，要么跟那男生断了，我还能怎么选择？我真是遇到不可理喻的爸妈了……"我深深地知道，她父母的这种处理方式显然既不治"标"，更不治"本"，换来的只是孩子的应付甚至是撒谎。很多时候，应对十六七岁孩子的情感问题，"堵"是堵不住的，有时会适得其反，还得靠"导"，引导他们正确处理自己的情感问题。

作为师长必须尊重学生的心灵，尽可能地站在他们的角度去理解，这是我坚守的第一个原则。开学初,在分别与两人交流的时候,我首先表达了自己理解的立场。爱情是一种美好的情感,青春期的学生对异性产生好感、渴望是一种正常现象,可是花开得太早太娇嫩了,那么娇嫩的花瓣很容易过早凋零。我深知这两位同学也背负着巨大的压力,处于深深的矛盾甚至是痛苦之中,一方面,他们都知道过早涉及情感问题对自己很不利,特别容易引起自己情绪的波动,老师、家长知道后更会带来很多问题;但另一方面,他们又控制不住自己的情感。我的一番话或许引起了他们两个的共鸣,在男生、女生流下的眼泪中包含了太多复杂的情感。我知道,他们也想改变现状,但不知如何是好。

学会控制把握自己的情感,是我给予他们的第一条建议。反思春节的那件事,特别是男生,保护自己喜欢的人是应有的担当,但深更半夜,不顾安全、不顾女生的名誉,有些举动确实太不应该。一时冲动有时会酿成大错,管理好自己的情感,遇事冷静些、理智些、考虑得周全些是必须具备的素质。

对两人的关系有个正确的定位,是我给他们的第二条建议。同在一个屋檐下,每天抬头不见低头见,让两人断绝任何往来是不现实的。正确定位"我们是同学关系",是有些共同话题、比较聊得来的同学关系,不要非得上升到"男女朋友"的高度,这样的定位会让两个人的感觉舒服得多。

避免单独相处,是我给他们提的第三条建议。单独相处,举动亲密,情感升温,只会越发难以控制。还是应该多与其他同学在一起,闲聊学习与生活的话题,参与各类集体活动,这样有助于转移注意力,给自己的情感降温,让它"冷却"下来。

他们两位欣然接受了我的建议,表示愿意按我说的去尝试一下。当然,这对女同学来说可能难度更大些,因为她在周记中写过:"晚上睡不着,经常一个人蒙在被窝里哭。"看了让人未免有些心疼,但作为班主任的我绝不能心软,因为这是他们处理好"早恋"问题必须经历的。我所能做的就是,让宿舍的同学多关心她、开导她,我自己抽时间多鼓励她、关怀她,帮助她度过这段痛苦的时光。

渐渐地,关于他们的流言蜚语少了许多,我能看出两人的表情也显得轻松了不少。

我曾利用班会课的时间跟同学们分享一位高三老师的信:"你可以喜欢某某的可爱,但请不要喜欢可爱的某某;你可以喜欢某个女生的人淡如菊、热情似火,但不要喜欢人淡如菊、热情似火的某个女生……""爱情,对于高中生,就像一件太过昂贵的奢侈品,给不起,也要不起……"

  十六七岁,花一样的年纪,希望同学们都能微笑着走过雨季,别让花儿开得太早!

(作者单位:江苏省常熟外国语学校)

10 学生与科任教师发生冲突时,班主任该怎样处理?

卫娟娟

一年多前,我的班级发生了一件师生冲突的事情,虽然没有严重到不可挽回的程度,但回想起那个场景,依然感触较多。

一次课间,我正在办公室备课,物理科任王老师气鼓鼓地走进来对我说:"小卫,你们班的物理课接下来我不上了!"我一惊,赶忙问:"王老师,发生什么事了吗?"王老师气得说不出话来,不断地摇头:"哎!这么说吧,那个小军,有他在,我就绝不在你班上课!"我想肯定是小军又滋事了!我正要去教室找小军,他已经站到我面前了,同样气鼓鼓地。

还没等我张口问他怎么回事,他已经先发制人:"班主任,物理老师太过分了,就是看不起我们学习差的同学!""你说什么?你再说一遍?!"一听他竟然当着几位老师的面出言不逊,我也火大了。"你瞧瞧,就这样的学生,还能让他在教室待着吗?"王老师气得把书拍在我的桌子上。"我就低了个头,她居然说我在吃东西。"小军气焰很盛,毫不示弱。

我用犀利的眼光盯着他,对他说:你先让王老师把话说完!没想到,小军来了一句:老师,我不愿听她多说,电话让我打一下!我问:"你要打给谁?"他没好气地说,"老师,这你就不用管了!"他一把拿起我的手机,站在办公室后边开始给他爸爸告状:"老爸,我读不下去了,物理老师不让我上课了……她太欺侮人了,你快过来吧!"

当时我真的懵了,一瞬间火山都快要爆发了。我在心里不断地告诫自己:先忍忍,先忍忍,先不和这种家伙一般计较!

我先把王老师请到办公室门口,劝慰她道:"王老师,消消气,没有必要和不懂事的学生生气,这个小军,我们老师都知道他的,他不止一次和老师较劲了!"王老师开始跟我诉苦:"我正在讲题目,听到后面几位同学叽叽喳喳,又说又笑的,走过去,看见小军低着头在笑,抽屉里塞着一大堆零食。我说马上就要学业水平测试了,你们还有心思讲话吃东西的!小军反驳我说,我没说话,也没吃!我让他站起来,让大家看看他的抽屉装的是什么,他居然回我一句:'我凭什么要听你的?就不站!'几位男生听了还笑嘻嘻地附和着说:'我们也没吃东西!'小卫你说,我能不生气吗?"

我当然理解王老师的心情了,每一个科任老师在教学生涯中都或多或少会遇到这些"刺头"学生,尤其在教室这种公开场合下,教师的尊严和权威受到极大的挑战,怎能心平气和?!我暂时先安抚王老师:"这次一定要好好教育这家伙,如果他还不知错,这个教室我也不允许他进!"

回过头,看着小军依然气鼓鼓的,我让他重述事情的经过。他说后边几个同学在讲话,他也跟着笑,不知道是谁在吃东西,但他没吃,而王老师却一口咬定是他吃东西的。当时他情绪不好就顶撞了老师。说完事情经过,小军还补充一句:"王老师就是看我不顺眼,就因为我成绩差呗!"

我严肃地告诉他:"你的错误是显而易见的!第一,你在课堂上分心,我不管你吃东西没吃,你事实上参与了别人的聊天,这是课堂的大忌。第二,老师提醒你,你却横眉冷对,且出言不逊,这不是一个有修养的学生的作为。第三,你把老师的关注看作是对你的偏见,原因归结到自己成绩差。这不是一个理性的判断,难道你希望老师对你视而不见?第四,你难道忘记了,在前两个月你和英语老师也发生冲突,上次你是怎么做保证的?"

小军听完后,低头不语,既不承认错误,也不继续反驳。

就这样,静默了十几分钟后,小军爸爸急匆匆地来了。小军爸爸一方面说给老师们添麻烦了,一方面劝导小军说:"你心里不高兴,但要懂得控制好自己的情绪……"小军看到自己的"救兵"到了,又哭又闹:"你们都在说我,我怎么控制啊?!你儿子受欺负了,你不知道吗?你还是不是我亲爸啊!"

小军爸爸尴尬地说:"卫老师,这样吧,我带他到校园里散散步,开导一下他。"

两个小时之后,小军爸爸到我办公室告诉我,刚才小军已经知道自己错了,并且和他一起到物理老师办公室给老师道歉了。我稍稍松了一口气,正色地对家长说:"是真的知错了,还是口头应付?事不过三,你家孩子已经让几位任课教师心里产生了'阴影',如果接下来的表现让我们再为难,那不好意思,我们将按照校规来处理了!"

这次师生风波之后,小军老实了不少,上课规规矩矩,该做作业时做作业,该看书时看书,只是,有点不敢正眼看老师。

师生冲突是教育教学中难以避免的事情,一方面我们可以抱怨学生不懂事,太任性,让他们承担应负的责任;另一方面,我们也要站在教师角度反思一下如何减少与学生的矛盾和冲突。我认为,一方面要提高自己的教育教学水平,成为自己所教学科的专家,让学生从心底产生对教师的尊敬和崇拜;另一方面,要提升个人修养,提升综合素质,能巧妙妥善解决师生之间出现的小插曲,减少感情用事、粗暴的处理方法,要做到大人有大量,不要太和学生一般计较,也不要因顾及自己的面子而因小失大。

(作者单位:江苏省昆山陆家高级中学)

11 事不关己高高挂起，是很多同学的价值取向，如何让高中生树立更强的责任感？

嵇 怡

校园中每天都有一些小意外发生，出现一些让我们班主任始料未及的事情。

早上到校突然发现教室后门的锁坏了。随口问起坐在后门口的一位男生，他告诉我是昨天夜自修下课期间两个同学吵闹时弄坏的。损坏公物自然得赔偿，课间我便把两个当事人叫到办公室询问，两人竟都一口咬定说："我没有！是他！"

有同学违反学校规定，在课堂上偷偷使用手机，被任课老师发现并暂时没收了。但是这位同学非但不认识自己的错误，而且还在课堂上大发脾气，认为这是老师侵犯了他的私人财产权。

某同学逃避劳动，不仅不参加班级大扫除，还和劳动委员发生争执。找他了解情况，他还理直气壮地说："我不就是做作业做得太投入忘了吗？有那么严重吗？"

午餐后回教学区的路上，对地上的垃圾视而不见的情况时有发生，如果拉住一位学生，他可能会告诉你："这不是我扔的！"真的是事不关己高高挂起。

看到学生类似的表现，我心里高兴不起来：怎么现在学生的责任感这么差呢？每当我们站在路口时，我们都要做出选择——向左走，还是向右走?校园生活也同样如此,我们时时刻刻都处在选择的十字路口,如何选择才能培养起我们的责任心呢?

不容否认,现在的高中生有他们可爱的一面,比如思想活跃,敢说敢做,评人论事不拘一格,敢于从不同角度思考问题,这是以前的学生所不能比的;但是现在的高中生基本都是独生子女,他们渴望得到别人理解却不懂得体谅别人,只知道接受爱而不知道爱别人,只知道指手画脚指责别人而不知道首先应该从自己做起。这些现象都让我们意识到让这些学生具备应有的责任感是多么重要。

苏霍姆林斯基说过:"孩子在他周围——在学生走廊的墙壁上、在教室里、在活动室里——经常看到的一切,对于他的精神面貌的形成具有重大意义。我们要'让学校的墙壁也说话'。"因此,我们不妨先利用班级环境建设尤其是软环境的建设,包括班风学风、校规校纪、师生礼仪、人际关系等,让这些高中生增强责任意识。

继而我们可以将责任感强的学生树为典型,提倡他们的价值观念,通过他们的人格魅力、优秀品质、模范行为来影响学生群体。在学校,与学生接触最频繁的是我们做班主任的,学生受我们的影响也最大,所以用行动做出榜样,使学生"耳濡"和"目染",久而久之,一定能影响学生。正所谓"话说百遍,不如手做一遍",我们身体力行的一些细节和动作会给学生以积极的心理暗示,成为学生仿效的榜样,进而产生"无声胜有声"的独到效果。

2013年有部电影叫《私人定制》,冯小刚导演以他的冯氏幽默帮助许多怀揣着"奇葩梦"的客户量身定制"圆梦方案"。圆梦过程中,不论是"客人"还是"圆梦四人组"都有思考,有感动,有深入灵魂的碰触。我认为,对学生责任感的培养和强化也可以采用这样的形式:围绕责任感主题,为学生量身定制些简约活泼的班会,可以是小游戏,可以是视频资料,让学生去体味,去感悟——这样教育的效果是不是会更好些呢?责任大讲坛上让学生讨论,新闻调查活动中让学生反思,"同心圆"游戏中让学生体悟责任的重要性,这些都是行之有效的办法。

责任并不是一个甜美的字眼。我们要让学生知道:当自己真正成为社会一分子的时候,责任作为一份成年的礼物已悄然落在肩上。挂在嘴上,不如记在心上;记在心上,不如扛在肩上。

"我的未来不是梦,我认真地过每一分钟……"每当这首歌响起时,我们的心就应该揪紧,就该一遍又一遍地在脑海里想着:我是否曾经浪费了生命,我是否曾经虚度年华?光阴似箭的短暂和成绩提高的举步维艰,决不可以成为这些高中生逃避甚至放弃责任的借口。

(作者单位:江苏省常熟外国语学校)

12　怎样引导学生的审美观？

王晓炜

早上，小王的妈妈突然打电话给我说："王老师，我们家小王最近怎么变了好多，开始学着去打扮了，经常在网上搜衣服买化妆品，是班级的风气出了问题么？"这让我警醒：是啊，回想高二刚开学那会，学生的穿着还挺"素"，但是最近一段时间，学生的穿着慢慢地鲜艳与有个性起来，甚至个别同学开始学会紧跟潮流，烫着大小波浪的发型，穿着那些成熟异常的所谓潮流服饰，与他们的学生身份显得格格不入。

此风不可长。下午，我利用一节课的时间开展了"高中生的审美误区"的主题班会教育。在主题班会课上，我以班级存在的追求时尚与潮流的个别案例为切入点，通过一些案例展示了在追求美的过程中一部分学生学习和生活发生的变化，学习与生活的冲击，以此来告诫他们：对于美的不当追求会对学生自身及家庭带来不小的负担甚至伤害。最后班级共同制订并投票通过了高二(5)班穿着条例。

接下来几天的时间里，班级学生的穿着"素"了起来，发型也统一了起来，我心中窃喜，以为这件事情被我圆满解决了。但是，周末我接到了小甜妈妈的电话，她生气地对我说："你跟我女儿说了些什么？为什么她一回来情绪低落什么都不想干，我女儿不就是爱美么？这有什么错？"听了这话我感到万分的委屈与伤心：我到底做错了什么？

小甜是高二(5)班班长，性格外向开亮，学习成绩优秀，但是特别喜欢打扮。为此我专门找小甜谈了一次，她告诉我："您在上次班会课上说了不能追求时尚和潮流，只能穿一些'素'的衣服，但是这些追求是我从小到大的爱好，难道人就不能有爱好么？"我这才意识到自己在处理学生追求潮流与时尚的方法太绝对化、理想化，在班会课上我只是说了追求潮流与时尚的误区,天性就喜欢打扮的小甜在那次班会课后感到异常的压抑与痛苦,感觉老师把她生命中最美好的东西拿走了。青少年对美的炽热的追求,对人生的热爱,对美好生活的向往难道有错么?其根本性的问题在于她需要我们告诉她什么才是美、如何追求美。

了解了问题的关键后,我又召开了一次以"十八岁的美丽"为题的主题班会。首先,我以多张图片展示街头巷尾的奇装异服,并且通过案例展示了这些将"奇"与"怪"当成美在各种场合所造成的不良影响,揭示了猎奇的美并不是真的美。接着又展示了小品:在校内两名学生对学习和生活有着截然不同的态度,其中一名同学自由散漫、松松垮垮,另一名同学积极帮助他人,每一天都过得很充实。这个小品揭示了在我们生活中其实更需要精神的美。

然后,我请来了美术老师郭老师,让他讲讲艺术中的审美。郭老师通过《清明上河图》,揭示了勤劳朴实的劳动人民的高尚美;通过徐悲鸿的《田横五百壮士》,揭示了忧国忧民的社会责任感与爱国主义思想的美。我这样做的目的是希望通过艺术来唤醒学生崇高的审美趣味。最后,我请来了学校的心理咨询师谢老师,请她针对成长过程中的心理现象与审美误区做一个心理疏导。

这次班会后,我与班级的任课老师碰了一个头,跟他们说明了这次引导学生的过程,让他们在平时上课交流的过程中不断予以渗透和加强。同时,我也给每位家长发了一条消息,希望他们能够正视孩子在青春期出现的爱美心理,做好正确的引导。

两个月过去了,班级学生的衣服依旧鲜艳,但是却不再奇异与迎合潮流,而是干净整洁、端庄大方,课余时间的话题也由讨论衣服化妆品变成了讨论学习中的困难与心得。小甜依然穿得挺漂亮,但是从她妈妈的反馈可以知道,她放学回家不再在淘宝上看衣服与化妆品了,有时甚至会帮助妈妈洗碗打扫卫生,这次我的心真的放下来了。

记得有一首歌叫《十八岁那年的雨季》,是啊,十八岁是人生最美的季节,同时也是人生"雨"最多的季节,我们要合理引导,用心经营,让这最多的"雨"成为他们成长过程中必不可缺的养分,让他们茁壮成长!其实十八岁可以更美!

(作者单位:苏州市吴中区甪直高级中学)

13 班里传起流言蜚语、八卦新闻该怎么处理？

嵇 怡

翻看班级日志,我看到一个男生写的一段"说明"。他说自己最近陷入谣言之中,总被周边的同学起哄,说他与一女生有不同寻常的关系,于是趁班级日志传到自己手上,赶忙澄清事实。

看了之后,我一方面觉得这个大男孩很有办法,居然借班级日志来公开说明自己的态度,让全班同学都知道他内心的真实想法,另一方面我也深为现在班里学生的流言感到担忧。

流言,在我们周围还少吗?所谓众口铄金,积毁销骨!我们的学生一方面要求老师不要戴着有色眼镜看自己,不要看见异性同学走在一起就胡乱猜测,以为他们就是谈恋爱了,然而轮到他们自己呢?比起老师来,似乎有过之而无不及!但是他们却不以为自己这样乱说有什么问题,反以为同学之间好玩,说说也无所谓。但是危险就在这里,很多学生本来其实没有什么关系的,但在好友和其他同学的怂恿和谣言下,慢慢就产生了情愫,最后还真谈起了恋爱。

之前当班主任的时候就碰到班上一个女生在周记本上告诉我,她想请求同学们不要乱传她与一位男生的谣言。当时我就很惊讶,我相信这位女生是不会如同学们所说的那样的,然而事实证明我当时绝对是小看了流言的不良影响。因为在我找这个女孩谈话时,她坦承每天听到那样的流言很不安心,严重影响了自己的学习,而且那个男孩居然开始向她表白,这让她心慌意乱。我一面帮助她分析情况,一面教她如何处理情感问题。好在这个女孩没有被流言击倒,较好地处理了这件事。

为什么现在的学生喜欢制造八卦新闻呢？我想，第一应该是学生没有正确认识同学相处的关系。有时某两个异性同学稍微走得近点，他们就大肆渲染，以为谁对谁有意思，把同学之间的关系给粗俗化了。第二可能是有些学生觉得高中的学习太过单调枯燥，于是想借此来取笑，制造点乐趣，却没有想到这样的举动会伤害别人。第三是面对流言，某些学生并没有采取应对措施，而是任其泛滥，结果一传十、十传百，越传离事实越远。还有一个重要原因就是，现代社会娱乐化倾向越来越严重，八卦新闻满天飞，我们的学生或许就是在无形之中受到影响，不自觉地学起八卦来，捕风捉影，说三道四，把子虚乌有的事情说得像真的一般。

现在，我的班级中又出现了这样的八卦新闻，我觉得该妥善处理一下。

著名社会心理学家奥尔波特和波斯特曼认为，流言常常出现在那些对公众来说既具切身利害关系又模糊不清的事件上。作为班主任要利用班会课寻找契机，对出现的流言及时表态，说明自己的立场和态度。往往在我们的观点明确之后，不少学生也就能意识到自己的做法欠妥，从而停止散布流言，流言止于智者。

当然，我们还可以让学生通过交流、对话与对方"共情"，即让他们有共同的心情，互相理解对方。对于"传流言"的学生要引导他们换位思考，让他们从被传者的角度出发，设想如果是自己被流言击中，会有什么样的表现，比如情绪会不会波动，学习会不会耽误等。由此让学生知道，传闲话会给他人带来伤害，从而远离流言蜚语。充分运用班干部的能力来解决此类问题也不失为好办法。我们可以请班干部密切关注班级学生的情感动向，一旦有新的问题出现，及时与班主任联系，以从源头开始防范流言。在情况严重的时候甚至可以组织思想纯正、学习上进、组织能力又强的学生组成一个"止流"团，对班级出现的流言蜚语进行澄清。

学生的主要任务是学习，我们必须引导他们把精力放在学习上，让这样八卦的新闻慢慢减少。我们必须把这种现象扼杀在摇篮中！但同时也必须让学生知道，人生中难免有遭遇流言的时刻，不妨把应对流言的经历当作另一种形式的学习和成长。

（作者单位：江苏省常熟外国语学校）

14　高中生痴迷玩手机，怎么办？

卫娟娟

某校曾经发生过这样一则案例：某天，一位班主任发现自己的工作手机不见了，她找了周围可能放的地方都没有发现。时间久了，这件事她就慢慢忘记了。无独有偶，在一个月后的某节课堂上，有老师发现一个男生竟然在课堂上公开玩手机游戏，把手机没收之后，让大家惊讶的是，这部手机正是之前该班班主任丢失的那部！更令人不可思议的是，这位同学因沉迷于手机游戏透支流量，已经欠费1000多元！

这是一个比较极端的个案，但事实上，有部分高中生的确深受手机毒害。就在这学期刚开学不到两周，我班的几位家长就私下向我求救："老师，我们家孩子说别的同学都在带手机，他为什么不可以带？""某某同学的父母给他买了苹果手机，你们怎么不给我买？""不买手机，我就不想上学了，没劲！"

很多老师和家长都很头疼：由于孩子痴迷手机，学业不断下滑，或者沉迷于虚幻世界，和周围同学格格不入；更有甚者，为了名牌手机，一些孩子竟采取不合法的手段去获取。

专家认为，对于青少年来说，长时间痴迷手机会导致孤独、抑郁、封闭等不良心理或行为。玩手机成瘾学生的兴趣和注意力大部分转移到了手机上，一些学生沉迷于手机游戏、手机短信，消耗了大量的学习、锻炼、休息时间，造成了严重分心，削弱了学习的动机，降低了学习的效率。此外，玩手机成瘾对青少年的人际交往以及价值取向都会产生影响。

无疑，学生手机管理是当前班主任班级管理中的一项棘手工作。在某些学校,某些班级,班主任靠强硬的班级制度要求学生不得带手机入校,对手机说学生"不",一旦发现,会采取一些纪律处分措施。因为老师不让学生玩手机,学生自杀和发生暴力事件的案例经常见诸报端。可见即便如此,也不能杜绝部分学生对手机的"依恋",因为高压之下必有对策,也正因为如此,很多同学会选择在周末和节假日"疯狂去玩",弥补平时在校所受到的束缚。由此可见:强制手段不可取。那么,发现孩子玩手机成瘾该怎么办?

我觉得,不论是家长还是老师都要对玩手机有个客观的认识,手机只是一个工具,孩子热衷于玩手机只是一个表象。孩子对手机痴迷的成因在哪里?他们的心理世界怎样?他们生活和学习的环境如何?这些问题更需要我们做细致的分析。我觉得此时更需要家校联合、共同应对。

1. 家长平时注意言行举止,自己不做"低头族"。随着智能手机的普及,信息时代真正来临了,它影响到每一个人的生活方式。别说未成年人抵抗诱惑能力差,就连成人也经常玩手机到半夜,甚至一刻也离不开手机。如果孩子天天目睹父母玩手机玩得不亦乐乎,当然也会潜移默化地深受影响。

2. 家长应培养孩子有多种兴趣爱好,开阔其视野。很多孩子因为觉得生活无聊,做什么事都提不起兴趣,故而把手机作为唯一的娱乐方式,针对此,家长应该通过各种途径培养孩子多方面的兴趣,比如阅读的爱好,书法、绘画的兴趣等,只有孩子的业余生活丰富了,才不大可能沉迷于电子产品。

3. 学校课程设置要丰富多样,鼓励学生多参与室外体育活动。高中生面临着高考的巨大压力,学习科目又多又难,很多同学倍感辛苦和单调。如果学校课程设置松紧适度,给学生一定的自主学习空间和放松时间,多增设体育课、社会实践活动,在丰富多彩的团体活动中,引导学生与周围同学进行积极健康的交流和互动,也有助于学生远离虚拟的网络世界。

4. 对待手机问题,既要有原则底线,也要有弹性。最起码的规定是:手机不能在教学区域出现,不能干扰正常上课秩序;住宿生不得玩手机过晚,以免影响上课时的精神状态。这些原则性的规定要统一要求,让学生在外在纪律的压力下减少过度依赖手机的机会。

对于学生使用手机,要注意以下几个方面的问题:第一,要懂得在正确的时间和空间使用;第二,应该发挥手机的正常功能,而不要去涉及其他不正确、不健康的东西;第三,不要使用过度,不要养成对手机的依赖;第四,注意手机使用时的安全问题,比如防止手机辐射或其他伤害等;第五,要充分认识到拥有手机的正确观念,不要养成相互比较手机档次或者手机功能的虚荣攀比心理。

　　手机作为现代生活中的一种交流工具,本身并没有好坏之分。但对于学生使用手机的管理,无论是家长还是学校,都要根据学生的现有特点去寻找疏导方法,在此基础上,一是引导学生改变观念,二是在制度上对其进行约束,三是从心理方面进行干预。我们站在学生的角度,和他们真诚地沟通,让他们认识到这件事的利弊,然后引导他们去思考、去讨论这个问题,一起寻找合理使用手机的方法,会更有利于中学生的健康成长。

(作者单位:江苏省昆山陆家高级中学)

15 班主任如何在班级管理中处理好"自由"和"纪律"的关系?

卫娟娟

但凡做老师的,尤其是做班主任的,都会被学生的纪律问题所困扰,经常会面临"放手就乱"和"一管就死"的两难困境,"自由"和"纪律"孰轻孰重?如何兼顾此二者?这个问题的确非常考验班主任的管理能力。

小杨,是我们学校本学期刚聘任的新老师,年轻漂亮,温柔贤淑。她带着大学生还未褪去的青春光环成了一帮高中生的"大家长"。刚接到一个新班,看着只比自己小几岁的学生个个都单纯而阳光,小杨觉得一定要大展宏图,陪这帮孩子一起成长,一起体验生活。

除了吃饭和睡觉,小杨把自己整个身心都奉献给了学校和学生:早晚自习,不管是不是她值班,她都坐在教室看着学生们写作业,学生一有学习上的问题,她必然想尽办法帮他们解答;学生忘记带饭卡,小杨就从食堂打饭过来给他们吃;学生说肚子不舒服,小杨会立刻带着去医院看;学生说心情不好,小杨就像大姐姐一样陪着聊天宽慰。每逢节假日,小杨要把学生一个个送走她才回家,然后还不忘在班级群里叮嘱学生不要忘记写作业。刚开学一个月,小杨的班级一片祥和融洽,学生们觉得这个班主任好,懂得理解他们。小杨也觉得学生不错,还蛮听话。

国庆节过后,小杨班级开始频频出现问题:晚自习喧哗声一片,分不清是上课和下课;好几个住宿生不整理床铺,卫生一团糟,晚上玩手机被宿管没收了一堆;更令人不可思议的是,几个宿舍的男同学串宿舍玩游戏,玩到深夜一两点还不睡觉。班级里事情层出不穷,一桩还未解决,另一桩就出来了,竟然班级里的核心成员——女班长和男副班长还谈起了恋爱!

小杨老师被这些层出不穷的事情困扰着,筋疲力尽,渐渐地,她笑容少了,愁苦多了;表扬和鼓励少了,批评和责备的声音多了。看到很多老教师不动声色地把班级管理得井井有条,学生个个毕恭毕敬,小杨很是敬佩,于是她照搬老教师的一些经验做法,开始了"整风"运动。她自己定好班规,然后告诫学生只要违反就被处罚!学生各个环节完成度不好的,小杨就开始一遍遍地教育。学生看到杨老师一改往日的温柔和宽容,变得"凶神恶煞",非常不能接受,有的同学甚至公然站出来和她唱反调,更多同学是见到她都躲得远远的。以前看起来很美好的教育生活消失了,小杨现在觉得怎么做都是错,内心充满了挫败感。

作为办公室的同事,看到小杨这么一个认真负责的好老师遭遇这些,我也非常理解她当下的感受,说实话,当初自己刚毕业那会又何尝不是如此呢?班主任究竟该如何处理好班级管理中"自由"和"纪律"的关系呢?

说到底,自由和纪律是一对既对立又统一的矛盾体,二者既相互区别,又相互联系。没有规矩不成方圆,一个班级要想正常运行,首先要建立完善的规章制度。人治不如法治,单靠班主任的体力付出,班级是没有办法长期健康地运行下去的。

那么,如何建立班级规则呢?班主任要发挥民主集中制这个机制的优势。既然问题源自学生,解决之策也应该来源于学生,只有引导学生发现自己身上存在的问题,才可能帮助他们一起寻求对策。比如一起开个主题班会讨论:我们需要什么样的学习环境?理想的、和谐的学习环境应该是怎样的场景?如何实现这个理想目标?每个人在良好环境的构建中能发挥什么作用?集思广益,吸取合理建议,逐步形成统一的班级规则。

有了规则,在执行的过程中还需要及时地监督、反馈、修订。另外,每一项制度都有它特定的应用场合,而且它是弹性化的,并非死搬硬套的教条。

蒙特梭利认为:自由与纪律是内在紧密相连的。没有纪律,谈不上自由;没有自由,纪律也无法实现。内在的自由意味着有能力选择自己认为什么是对的和好的。内在的限制意味着有能力约束自己的行为帮助自己的成长和发展。纪律引导我们自主做决定,拥有自由。

刚开始,小杨老师的班级只一味给予学生无条件的尊重和自由,长期下来,学生就没有边界感,不清楚哪些事情不该做,哪些事情会侵害他人权益。小杨老师在意识到规则很重要后,自己去设定规则,这种做法也不妥当,因为没有各位成员认同的规则无法赢得全体的普遍敬畏和尊重,也就很难执行下去。

(作者单位:江苏省昆山陆家高级中学)

后记一　我不想迷惑年轻的老师们

于　洁

经常有老师问我："于老师,你怎么写得出那么多文章的?"我有点随意地回答："因为有很多事情可以写啊,每天真实地发生在课堂里,记录下来就可以啦。"

"可是这些事情也发生在我的课堂里,为什么我就写不出来呢?"

我有点答不出来了。因为我发现,我只了解我自己,我不了解别人。我虽是旁观者,却不一定能看清别人写不出东西来的原因。也许他根本就没有意识到自己课堂里发生的这些事情;也许看见了也就是看见了,没有要写下来的意识;也许想写却不知道从何说起。

这么说也许还有点讲不清道理,那么我举个跑步的例子,你也许一听就明白了。

他还站在起跑线上犹豫着要不要跑步,我已经跑了10多年了,我如果对他说："跑呀,一点也不累的,跑步的好处可多了。"他开始跑了,一两圈后累得气喘吁吁,也许再也不跑了。只有咬牙坚持到和我一样不跑会不舒服的时候,他才会真正明白跑步带来的愉悦感。

当我一年一本地印出来了漂亮的学生成长纪念册,当我一年一本地出版我的教育叙事,当我一天一篇地在博客上写着班级故事,当我做着班主任教着两个初三班级的语文还主持着一个工作室和每周一个沙龙还全国各地培训教师,当我忙里偷闲享受美食还发表着散文和小说……你说："于老师,我也想像你一样。"

我不想欺骗你,不想迷惑你,我只想直白地告诉你:没有20多年的积累,你不可能像我一样。不要羡慕我现时的明艳,它的背后浸透了奋斗的血泪。

走到今天,我只相信这几个字:长期坚持,熟能生巧。

工作第一年做班主任的时候,两眼一抹黑,凭着直觉,跟着感觉,加上看着老教师的做法,很快就迷失了方向。我想像 A 老师一样每天对学生笑眯眯的,却发现她的学生安安静静的,我的学生却要把教室吵翻天;我想像 B 老师一样严肃着一张脸,却发现他的学生和他很亲,我的学生对我很疏远。每次走进教室我都矛盾纠结:到底该换一张怎样的面具面对我的学生?这样的我,是不是和年轻的你一样?

除非天才,名师们有谁没有过这样的经历?记得有个做了 20 多年班主任的名师对我说起当年的经历,真是生动形象如在眼前:"我看自习课,有个家长找我,我在走廊里和家长说话,教室里开始叽哩扎喇,我一脚门里一脚门外,一边和家长说话,一边用眼睛狠狠地盯着教室里。"我听了想笑,却又笑不出来。不是每个名师都那么实诚。站在山顶的时候,心情很好,风光无限,一路艰难坎坷埋怨牢骚和曾经试图的放弃之心,已经抛诸脑后。身轻如燕笑容满面,让人以为登山如此轻而易举。

光是班级的纪律问题就经历过很多次的尝试和波折。抓、放、再抓、再放,终于明白一开始要培养好习惯,再慢慢逐步放手,再慢慢明白他们终究是孩子,不可能完全那么自觉,不可能人人那么自觉。

管理一个班级,没有绝对的民主,也不能绝对地集中,虚虚实实中终于慢慢掌握了一个管理的度。

短则五六年,长则 10 多年,若你坚持 20 多年,一定不会慌里慌张,必定游刃有余了。教育是一种慢的艺术,这句话用在学生身上对,用在老师身上也对。只要你一直在坚持着,一直在琢磨着努力着,渐渐就会找到事物的本质和物外之趣。

记得看电影武术片,讲一个小孩成长为一个功夫大师,电影里几秒钟的功夫,孩子在春夏秋冬四季风景练功的镜头快速闪过,最后定格为一个强健的武功高手。

电影终究是电影,无法放映 10 多年寒来暑往的分分秒秒,无法再现岁月里流淌的汗水与泪水。

还记得庖丁解牛吗?若是放电影,该是刷刷刷的刀飞闪,转眼皮是皮、肉是肉,一副完整的牛骨架。游刃有余是因为熟能生巧,熟能生巧是因为无数次的失败与失败后的再练习。

你看大江流淌汪洋宽阔,仿佛自然而然天生这般模样,可知百川汇海连小溪也不放过;你看高树参天枝繁叶茂,仿佛轻而易举年轮圈数,可知盘根错节连水滴也如数吸收。你还要知道,成了江海,成了高树,所以更加有能力吸收,于是有了波涛汹涌的磅礴气势,有了绿荫如盖的皇皇风姿。

我这么说,是想更直白地告诉你:成功从来没有捷径,量的积累才有质的飞跃。

20多年前我和你一样,以为名师的班级里永远风平浪静一片祥和,后来才知道也是波涛汹涌此起彼伏,原来他只是比我多了一份淡定。他经历得多了,自然知道出了问题走什么程序,然后怎么往好的方向转变。

20多年前我和你一样,以为学生和家长会很容易地就知道老师的良苦用心,结果农夫与蛇的剧情一再上演,吃了亏以后才知道名师与家长、学生和谐沟通不只有言语,还有家访与书信。

20多年前我和你一样,以为可以安安静静教书,后来才知道各种琐事一大堆分身乏术手脚并用也不够,名师的做法是不发牢骚、想尽办法、统筹时间、尽力而为。

20多年前我和你一样,每天忙得像头被蒙住了眼睛拉磨的驴,一天天过去又像飞过天空没有留下痕迹的鸟。茫然中才知道文字是沙滩上的脚印,走过了回头就能看到。

我不想迷惑年轻的老师们,当你听了讲座感觉醍醐灌顶,心潮澎湃感觉浑身充满力量,准备回到班级大干一场时,我很想给你一盆冷水;当你学了招式感觉脚步轻盈,与学生过招却被学生见招拆招时,我很想给你安慰。

遭遇过教育的失败,才会感受到教育的美好;跋山涉水才能看到路两边的风景;吃过苦头才终于尝到了甜头。

孔子说:"吾十有五志于学,三十而立,四十而不惑,五十知天命,六十而耳顺,七十而从心所欲不逾矩。"人生的每一个阶段都有一种新的感觉,只要好好活下去,就能看到从前没有的风景,感受到从前没有的心情。教书也是这样啊,每一个10年都是一段历练,春天耕种,秋日收获,不能催熟,不能越季。当你看到别人从心所欲无招胜有招,捡个树叶就成了飞刀时,你也该想到你还站在起跑线上,他已经历千山万水。

  我不想迷惑年轻的老师们,饭要一口一口吃,路要一步一步走。你觉得累,是因为你在走上坡的路,持之以恒地走下去,就会离目标越来越近;第一次被嶙峋的山石割伤,第一次被湍急的水流滑倒,不要害怕,次数多了,就会熟能生巧,知道如何避开如何稳住脚步如何保持平衡。

  到那时,才会真正看到名师们描绘的教育的美景。会当凌绝顶,一览众山小。长叹一声:"原来他们没有骗我,真的很美。"那时,周身疲惫烟消云散,身轻如燕想要飞翔。

  可是,你不要对着山下还在苦苦攀爬的人们说:我爬上来很轻松的,一点也不累。

  成功必定浸透着奋斗的血泪。

  我们都不要迷惑年轻的老师们。

(作者单位:江苏省昆山市葛江中学)

后记二　我曾遇见这样的老师：管子的故事

潘其勇

管子并不是水管子，而是一个老师的绰号，他的真名叫上官寿银，因为名字太长，所以同事和学生私底下就称他"管子"。管子是六合县瓜埠中学的语文组组长，兼1997届高三(2)班班主任，高三(2)班、(5)班语文老师，我当时就在2班当语文科代表。

管子个子不高，有点胖，夏天的时候，每天穿着老头衫大短裤，右手捧着雀巢咖啡的大水杯，左手提着装满课本和材料的布袋在校园里走来走去。他烟抽得很凶，作文本上红色评语里都夹着很重的烟味。

管子在学校的人缘并不好，据说有好几个老师都不喜欢他。因为他的直言和不留情面的批评，很多学生对他的评价也不高。我却觉得他是我学生生涯里最重要的老师，没有之一。

印象比较深的是一次月考，他站在台上宣布语文成绩，怎么也宣读不到我的，我很纳闷。最后，他叫道："潘其勇，你站起来。"我更加惶恐。只见他用左手的拇指和食指拎着我试卷的一角，走到墙边贴《扬子晚报》美文的地方停下来说："这个文章应该贴在这里，下面我来读给大家听一下……"

我当时写的什么现在也记不清了，似乎是一篇议论文。下课后，同学们过来打趣。下午放学后回到宿舍，5班的同学们也过来调笑说：管子把你的文章在5班也念了，还讽刺了他们虽然是理科重点班，却连个像样的作文都写不出来。

再后来，学校举办的各种征文比赛我就都拿一等奖了。

我清楚地记得他站在办公楼的露台上向着我们三楼教室大叫我名字的

情形,如果我不在,他就会让同学去找我,让我去帮他处理各种事情。有很多事情应该是班长做的,而他似乎很自然地第一个念头就是站在露台上叫我的名字。

我很感激他,要知道在整个高中阶段,我最好的成绩是排名全校100名以外,在文科班也是10名开外,从来不应该也不可能进入老师的视野。在当时这意味着高考失败然后回到乡下跟着亲戚学门手艺,组建自己的家庭,然后寄希望于自己的孩子走到外面的世界去看一看。

还有一件事是我听说的,没有考证过。

高三的最后一次家长会结束,我送妈妈到车站,回到宿舍后,班长见到我说:管子说了,学校语文最好的应该是潘其勇。

当时高考在即,几次模考我考得都不好,语文成绩虽说不错,但不是次次都排第一,我多少有些郁闷。我不知道这话是真是假,但是我还能记得自己在听到这句话后站在宿舍门外思绪万千的情形。

后来1班的语文科代表,他姓李,有一次和我争辩,他激动地说:"那你高考语文能考120吗!"我冲动地答复:"能!"

上大学的第一年,我回瓜埠中学看管子,特地走到他家里去聊天,聊到很晚。他问我怎么回去,我说有学弟在,可以住在学生宿舍,他送我去宿舍。路上我不知道怎么脱口而出对他说:"管老师,其实我一直当你是朋友的。"他哈哈大笑起来,拍拍我的肩膀说:"我们就是朋友啊。"

后来表妹放假回家见到我使劲埋怨,说我去了学校怎么不去看她(表妹也在瓜埠中学,比我晚两届),我问她怎么知道,她说:"我的同学说了'那个六合县语文考第一的人住在我们宿舍的'。"

管子上课从来不直接讲课文,总是会说起他上晓庄师范时的情形。他在右肩的部位比画着告诉我们:"当年我是这边打着补丁去学校报到的";再有就是:"我当年下了晚自习,饿得发慌,就去喝点自来水,然后躺着睡觉……"

他总是说:"书上这点内容,考试是一分都考不到的,你们整天趴在书上干什么!"有一年学校图书馆出新,大量的旧书和杂志要卖掉,但卖掉前每个学生可以去免费拿一本。我赶紧过去抱了62本1983—1994年的《人民文学》,我清楚地记得。

高三复习那段时间,我看了大量的小说和杂文,语文课上也偷偷地看,管子肯定是看到的,但他从来没有点破。上了大学后才知道,20世纪80年代后期和90年代早期是中国"先锋文学"的勃发时期,大量的优秀作家和作品涌现,可以称之为中华人民共和国成立以来的文学黄金时期。

我很庆幸,我没有趴在语文书上或者去书店买些模拟试卷来一遍一遍地做。

我偶尔还会关注高中的消息,很不幸,瓜埠中学在2006年被撤并了,老师们也各谋出路,五零四散。管子调入了六合一中,但不再教书,而是负责后勤工作。

我无法用现在的评价标准去衡量管子是不是优秀的教师。有很多孩子讨厌他,但总有些孩子会永远记得与他在一起的点滴,铭记他对自己说过的某一句话、做过的某一件事。

他的身上有无数普通教师的影子。他们站在露台上大声地喊叫孩子的名字,他们批评责骂着孩子,他们拍拍孩子的肩膀哈哈大笑……

我也无法定义好老师的概念,我只是希望在你的生命里也会有这样的朋友在曾经的岁月里凝视过你,能够脱口而出你的名字,然后慢慢忘记,然后记不清你的模样。

这些记忆的碎片再也无法拼凑起你青春年少时的身影,但是又怎么样呢?这也算是一种相遇吧,所有的相遇都是久别重逢,我们重逢在记忆里,也是一件很圆满的事。

(作者单位:江苏省教育科学研究院)